イギリス
オランダ
ドイツ
フランス
スペイン
アルジェリア
イラク
アフガニスタ
パキスタ
スリナム

記憶の地層を掘る

アジアの植民地支配と戦争の語り方

今井昭夫・岩崎 稔 編

生井英考、朱建栄、平山陽洋、バン・ヒョンソク、バオ・ニン
レムコ・ラーベン、大久保由理、中野 聡

御茶の水書房

カバー・扉／画　宮城晴子
（「層」シリーズより）

はじめに　記憶の地層を掘るということ

《記憶の地層を掘る》――このように題した本書の意図について、編者として説明しなくてはならないだろう。わたしたちは、東アジアや東南アジアという言葉で表される何がしかの空間を知っている。もっとちゃんといえば、そういう空間をわかったつもりでいる。本書が「地層」というメタファによって表わそうとしたのは、そうした想像された心象空間が、非常に多くの記憶を堆積させ、複雑なものであるということである。また、コロニアリズムの記憶、アジア太平洋戦争期の占領と再植民地化の記憶、抵抗と独立戦争の記憶、内戦と解放の記憶、そして内的分裂と創出される国民国家の記憶などなど――こうした幾つもの時代の、幾層もの記憶に降り立つことなしには、この地域のひとびとの暮らしも、街の光景も読み解くことができないということである。それは、そもそもわたしたちの生の構造そのものが、つねにすでに複合的な集合的記憶によってはじめて可能になるという基礎認識から発している。本書では、そうした「記憶‐内‐存在」とでもいうべきわたしたちのあり方を、東南アジアという空間における歴史的争点をめぐって、具体的に光を当てようとしたのである。

　記憶の層は不確かな想像力の構成物であり、つねにそこに加工やすり替えもある。虚偽でありつつ、しかも強い呪縛力を持つことだってある。これらについても地質学のメタファにこだわって言うのであれば、記憶は堆積するばかりでなく、自らの圧力によって、あるいは外的な力によって変成岩になる、というわけだ。断裂も、脱落も、あるいは近づきようもない禁忌すらあるだろう。

　集合的記憶というものは、それが学以前の記憶であるかぎり、一方では歴史学という制度と対立し、国民国家と骨がらみになっている近代的な知の制度によって抑圧されたり、消去されてしまったりする。だからこそ、「記憶」は、学問的な知の手ぎわでは十全に捕まえることのできない、まぎれもない真正性の徴として強調されることがある。その他方で、集合的記憶は、つねに虚偽や事後的な再構成性を、それ自体の次元として抱え込み、矛盾や変化をはらんだダイナミクスとして存在しているということを指す問題系としても主題化されるときがある。こうした諸相のあれこれをすべてふくめて、ポストコロニアルなリアリティを「記憶」の問題として考察しようというのが、さしあたってのわたしたちの姿勢であった。(1)

*

収められている諸論考を理解するための手助けとして、本書がなるにあたってのいくつかの具体的な経緯と事情を説明しておく必要もあるだろう。この本は、単純な記録ではないにしても、東京外国語大学海外事情研究所の活動として組織されたふたつのシンポジウムのなかから生まれ出たことだけはたしかだからだ。

最初のひとつは、オランダ戦争資料研究所（ＮＩＯＤ）が構想した『日本人、オランダ人、インドネシア人――日本占領下のインドネシア（オランダ領東インド）』展を東京外国語大学海外事情研究所が受け入れて、巡回展を府中新キャンパスで開催するにあたって（二〇〇一年一月九日から一月一七日）、それに対する共感と異論を含んだ再検証の企てとして開かれたシンポジウム「占領の記憶をどう描くか」（二〇〇一年一月十四日）であった。この展覧会とシンポジウムは、その実現過程そのものが、「戦争の記憶」という問いがはらむ多くの難点と困難を知らしめるような、ちょっとした事件だった。これがいかなる経緯で進行し、何が争点となったのかについては、本文のなかで、

「記憶の快楽と感情記憶の貸借表――『日本占領下のインドネシア』展をめぐる混乱と教訓」（一五九頁以下）という文章が、あらためて立ち入って解説しているから、具体的にはそちらを参照していただきたい[2]。

簡潔に述べるならば、二〇〇一年一月に東京外国語大学海外事情研究所は、この展覧会とシンポジウムのためにオランダから歴史家レムコ・ラーベンを、また国内からもアジアの歴史認識に関する専門家を招いたことがあった。ラーベンは、この展覧会の展示の意味を説明する側であるだけでなく、国民国家オランダの物語から植民地支配の歴史がいかに消去されてきたのかをテーマとしている数少ない研究者のひとりでもあった。そのシンポジウムでは、ラーベンだけでなく、そもそもこの展覧会の意味を全面的に否定するオランダ史の専門家である佐藤弘幸にも「史実を無視した一方的な『記憶』――いわゆる『オランダ戦争展』の悲喜劇」という報告を行ってもらい、そのため、真っ向から対立する意見が交わされるという険しい状況が生まれることも覚悟したのである。たまたま東京外国語大学に勤務していたこの佐藤弘幸と編者である今井昭夫、岩崎稔は、たしかに同じ大学の同僚であったのだが、展覧会の評価についてだけでなく、オランダ領東インドの占領の記憶についても、まったく見解を異にしていた。佐藤のスタンスは、新しい歴史教科書をつくる会の心性に相似たものが多く、歴史修正主義のそれであると言っても、おそらく不正確なレッテルばりにはならないだろうと思っている。一月十四日当日のシンポジウムの、緊張をはらんだ記録は、海外事情研究所の雑誌『クァドランテ（四分儀）』の第三号（二〇〇一年三月刊行）に、罵声や立ち往生の状況も含めてそのまま掲載されている。シンポジウムではラーベンと佐藤の報告に対して、ほとんど同時期に開催された女性国際戦犯法廷のために尽力していたひとりでもある関東学院大学の歴史家林博史と、かつてジャワに進駐した経験があり、そうした戦争の記憶を個人としても書き残そうとしていた著述家大庭定男、当時は東京外国語大学の同僚であり（いまは上智大学教授）東南アジア史の専門家である根本敬が、それぞれコメンテーターとして加わった。そして、冷静沈着な司会者であったブラジル史の鈴木茂や本書のもうひとりの編者であるベトナム史の今井昭夫、それに、妨害にいっこうに動じることなく適切なコミュニケーションを可能にしてくれた、いまは東京経済大学に勤める本橋哲也の通訳にも助けられて、おしかけた右翼の怒号に抗して最後までやり抜くことができた。

展覧会は、右翼団体からの事前の脅迫が続いたにもかかわらず、東京外国語大学海外事情研究所の同僚や学生の協力によって、万全の体制をとって実現し、無事終了することができた。シンポジウムそのものは荒れ模様であったものの、これら波乱に満ちた企てのなかから、本書に収録した各論考のいくつかが生まれたのである。レムコ・ラーベンの報告原稿「オランダの植民地の過去とポスト・コロニアルの倫理」はもとより、その後書かれた大久保由理の論文「断裂する日本占領下の記憶」も、この企画に協力するなかで、自ら「戦争の記憶」という問題系を、日本占領下の別の地域、つまりグアムに応用したことによって可能になっている。いずれにしても、これらの論考は、たとえどんな脅迫があろうともオランダ戦争資料研究所の展覧会を受け入れるという決断がなくては生まれなかったものであり、戦争の記憶をめぐるある国際的対話（対話と呼ぶにはいささか手荒いものであったが）の産物であると総括できる。

*

本書の背景をなす二つ目の企ては、その翌年の二〇〇二年一月一四日に行なわれた『ハリウッドではないベトナム戦争』と題するシンポジウムであった。この二つ目のシンポジウムは、端的に言って、ベトナム戦争の一般的な表象に対する違和感をもっとしっかり見極めてみようというところに目的があった。シンポジウムの組織者であった今井昭夫と岩崎稔は、考察の手かがりとして、元北ベトナム軍の兵士であり、その兵士の悲哀と痛みに満ちた戦争の記憶、『戦争の悲しみ』を書いた作家バオ・ニンを招いたり、韓国からベトナム戦争における韓国軍の存在を一貫して考察してきた韓国ベトナム戦争真実和解委員会のメンバー、ク・スジョンに報告を依頼したり、ベトナム戦争に実質的に中国軍が参戦していたという衝撃的な現実を吟味して注目されていた東洋学園大学の朱建栄を呼んだりして、ベトナム戦争の記憶を多元的に検討してみようとした。

インドネシアの占領期の記憶をめぐるシンポジウムについては、すでに述べたように、岩崎稔「記憶の快楽と感情記憶の貸借表――『日本占領下のインドネシア』展をめぐる混乱と教訓」を通じて一定の説明が行なわれているが、この二〇〇二年のシンポジウムの方は、その全体を説明する文章が本書のなかに欠けていることから、この序ですこし立ち入って述べておきたい。

実はこの「ハリウッドではないベトナム戦争」は、すでに開催に先立って、組織者としては思いもかけないことに、カナダやアメリカを中心とするベトナム系アメリカ人が管理しているベトナム語のウェブサイトで反響を呼んでいた。そのサイトでは、東京外国語大学の企画内容を紹介したうえで、行なわれる予定の議論に対して三つの疑問を投げかけてくれた。第一に、なぜ日本の東京外国語大学のようなところで、アメリカを除いた形でベトナム戦争を論じるというシンポジウムが行なわれることになったのだろうか、その必然性は何なのか。第二に、このシンポで問題となっているのは、抗仏戦争から対米戦争にいたるベトナム戦争の三十年の事実なのか、それとも、ベトナム戦争についての表象を問題にしようとしているのか。そして第三に、戦後から三十年近くを経たこの時期に、なぜベトナム戦争を取り上げるのか、ということであった。このサイトの存在に気づいたときには、かくも遠い場所から、このようなリアルタイムのすばやい反応と問いかけがあるということに、あらためてグローバリゼーションの時代の速度を実感したものだった。その疑問もひとつひとつがもっともなものだった。そこで、わたしたちは、シンポジウムを、投げかけられたこの三つの問いに対する答えを提示する形で行うことにした。つまり、ここに収録されている諸論文は、その応答のひとつでもあるのである。

要約的に述べるならば、わたしたちの答えはつぎのようなものであった。第一の点については、言いたいことは、「ハリウッドではないベトナム戦争」というわたしたちが立てた標題に尽きる。ベトナム戦争は、その激しい戦火がインドシナ半島のひとびとの暮らしを破壊していた戦時中から、映像として撮影され、報道され、記録されてきた。ベトナム戦争は、テレビという媒体を通じて戦場に関する情報が、アメリカの、そして日本などの社会にそのまま届けられるようになった最初の戦争である。第二次世界大戦や朝鮮戦争も、新聞・雑誌・映画メディアとの特別の関係をもっていたが、リアルタイムで戦場の悲惨さや理不尽さを伝えるニュースが広がるということは、ベトナム戦争以前にはなかったことである。その新しさが、ベトナム反戦運動が広範に巻き起こるひとつの要因になっていた。(そして、米軍やアメリカ政府はその後、このマスメディアの「危険性」を理解し、これを周到に戦場から遠ざけるか、たくみに操作すべく腐心することになったのであるから、ベトナム戦争は「テレビという媒体によってその評価が決定づけられた最初の戦争」であるとともに、「最後の戦争」にされようとしている)。一九七五年四月三十日についにサイゴンが陥落する。その戦争終結期の七〇年代以来、西側世界では、実に多くのベトナム戦争に関する映像作品が生まれている。『地獄の黙示録』『ディア・ハンター』『ハンバーガー・ヒル』『フルメタル・ジャケット』『プラトーン』『七月四日に生まれて』、そして最近の『タイガーランドにようこそ』まで、数えだしたらきりがない。大事なことは、わたしたちはこのベトナム戦争のイメージ、それもほとんどがハリウッド作品である映画のイメージに、ベトナム戦争をめぐる「集合的記憶」を決定的に規定されているということである。あまりにそうした作品の印象が強いために、わたしたちはそれを介してしか、ベトナムを表象できなくなっているといってもいい。アメリカ映画ほど決定力はないにしても、いまひとつの固定的なイメージとしては、北ベトナムが作ったプロパガンダ映画の問題もある。作品としての完成度が低いということもあって、こちらの映像はさして規定力をもたないにしても、しかし、そうしたプロパガンダが前提にする一枚岩的な民族的主体というステロタイプを含めば、それらもまた、ベトナム戦争の理解に対して、やはり誘導路としての強い役割を果たしているということは否定できない。わたしたちは、ベトナム戦争のことを想起したり考えたりしているつもりでも、実は特定の表象やロジックのサーキットをわれ知らずグルグルと回っているだけで、いっこうにことの実相に近づくことができないでいるのではないか。ベトナム戦争について、実は何も知らないでいるのではないか。「ハリウッドではないベトナム戦争」とあえてしたのは、いったんはそうした表象とロジックの外部に出るということを自覚的に遂行しなくてはならないと考えたからである。そこでこのシンポジウムにも、したがって、この論集においても、アメリカからの寄稿はあえて考えなかった。もっとも、アメリカをここで直接の発信者としなかったことは、アメリカというファクターを捨象しようということではない。そんなことはそもそも不可能である。むしろ逆に、アメリカというファクターの規定力に自覚的になるためにこそ、ハリウッド的な表象を括弧入れするという文化的エポケーを試みたにすぎない。

　投げかけられた第二の問いには、ずっと簡単に答えることができる。事実なのか、それとも表象なのか、と尋ねられた。表象である。集合的記憶を問題とする本書では、実証的に何かを検証し、確認するということを目指しているのではない。そもそもシンポの参加者たち、そして本書の執筆者たちは、立場も世代も異なっている。その異なったポジションから戦争がいかに捉えられたのか、いかに記憶されているのか、その対立とズレをそのままに、表象の多声性として聞き取ることが、ハリウッドの大音響を遠ざけたわたしたちにまず必要なことなのではないか。その意味で、実証的スタンスを争うのではなく、心象の出来事としてベトナム戦争を考えてみる必要があった。表象といい、心象といったからといって、何もベトナム戦争の過酷さをないがしろにするわけではない。シンポを通じて述べたかったのは、この戦争を一義的な「事実」に還元するという姿勢からは見えてこない問題の次元であり、いかにこの戦争の記憶が痛みと悲しみの輻輳したものであるのかということであった。本書でも、その姿勢は変わらない。

第三の問いかけは、なぜ今か、ということであった。わたしたちは、ある意味ですでに新しい戦時下にいるという感覚を持っている。アフガン報復戦争やイラク戦争が進行しているなかで、しかもアメリカの軍事力の圧倒的な現前を目の当たりにするなかで、戦争の意味、戦争の表象、戦争とメディアということをどうしても再考せざるをえない。グローバルな、しかもかつてない規模と形態で、わたしたちは戦争に動員されてしまっているのである。だからこそ、あらためてベトナム戦争、ないしはベトナム反戦運動の意味が、わたしたちの現在を理解するためのひとつの鍵としても浮かび上がってくるのである。つまり、日本のある大学でのシンポジウムや、ある論集が、三十年近く前の出来事を取り上げたからといって、それは遠い時間、はるかな空間のこととしてそれが行なわれているのではないのだ。あくまでもそれぞれの今を問おうということなのである。かつてベトナム特需を通じて、また在日米軍基地の機能を通じて日本社会が密接にベトナムにおける戦争に関わっていたように、いまも日本本土や沖縄の基地から、アフガンやイラクで虐殺をくりひろげる米軍の殺人機械が飛び立っている。事態はあの日にパラレルな様相を見せている。たとえオバマ政権がイラク撤兵を決定したとしても、アフガニスタンなどの他の地域の状況がその分次の焦点となるばかりで、新しい帝国的秩序下での新しい戦争ということに大きな変化は望めそうにない。その切迫感がわたしたちにある。

この二つ目のシンポジウムは、実際には、前述のバオ・ニンやク・スジョンや朱建栄とともに、元北ベトナムのジャーナリストであったグェン・ミン・トゥアン、南ベトナム軍の元将校であり、戦後は政治犯として独房生活も経験し、現在はアメリカで作家活動を続けているファン・ニャット・ナム、「ベトナムに平和を！　市民連合」の中心的存在であり、その後無念にも亡くなられた作家の小田実もそれぞれ報告した。これらの発言のどれをとっても、すべて興味深いものであり、東京外国語大学海外事情研究所の雑誌『クァドランテ（四分儀）』の第四号に記録資料として掲載されているが、(3) 本論集にはあえて再録しなかった。それに代わって、シンポジウムの成果をさらに凝縮したものとして、ク・スジョンが出したベトナム戦争をめぐる韓国の戦争責任問題を引き継ぐ形で、バン・ヒョンソクに「ベトナム戦争とヴァン・レーを読む韓国の視線」をあらためて執筆してもらっている。またバオ・ニン自身の別の短編小説「記憶の季節」も川口健一の手で訳出した。この小説が対象とするのは、抗米戦争期に先行する抗仏戦期の複雑な政治状況であり、記憶の地層の奥深さをさらに思い知らされるのではないだろうか。これらに加えて、編者のひとりである今井昭夫の論文「歴史の力か、歴史の重荷か――ベトナムにおける「戦争の記憶」の構図」と、生井英考の「「アメリカの戦争」の記憶―ヴェトナム戦争をめぐって」、そして平山陽洋の「戦争を再記憶化する作法――戦中作家の戦後の軌跡」を収録した。今井と生井の論考は、やはり海外事情研究所での、しかし別の「戦争の記憶」を主題にした研究報告会の成果でもある。とくに生井は、『負けた戦争の記憶――歴史のなかのヴェトナム戦争』（三省堂、二〇〇〇年）という好著を通じて、いちはやくベトナム戦争をめぐる記憶の形成に着眼してきた先駆者であった。朱と生井の報告は、成立事情からして、講演の文体のままになっているが、ふたりの説得力ある語り口をなんとか生かしたいと考えてあえて書き言葉に改めることなく、そのままのスタイルで加筆訂正してもらった。平山は、バオ・ニンのみならず、新世代のベトナム文学のなかでの戦争の表象にまで問題を広げながら、ベトナム語の表現の内側から問題に迫ろうとしている若い俊英である。

もちろん、心象空間としての東南アジアというには、まだまだ論点が穴だらけであることは自覚している。ただ本書は、東南アジア、東アジアを網羅して論じるということを目指しているわけではなく、むしろ「記憶の地層」としてその空間を解読していく一連の作業の第一歩に過ぎない。ただ、本書の編集過程で、せめてフィリピンの戦争の記憶についてだけは議論に加えたいと願っていたところ、おりから『歴史経験としてのアメリカ帝国――米比関係史の群像』（岩波書店、二〇〇七年）を公刊した中野聡が快く論文（「米比戦争の記憶と記憶の米比戦争」）を寄せてくれることになり、わたしたちのいたらざるところを補っていただいた。とくに民衆のなかに潜在していた反乱の記憶についての鮮やかな議論には、身ぶるいするような読後感をもった。

＊

右に述べてきた二つのシンポジウムは、科学研究費「近代国民国家形成における『国民的記憶』の総合的研究」（基盤A、代表上村忠男）と題した共同研究の一環で進められた作業でもあった。そのなかからは、上村忠男編『沖縄の記憶／日本の歴史』（未來社、二〇〇二年）が公刊されるとともに、山川出版社からも、『記憶の場』に関する論文集が本書と並行して準備中である。これらをあわせて、歴史と記憶の問題系に対する多元的な解明の試みとして理解していただければ幸いである。

友人たち、同僚たちの協力や気遣い、そしてさまざまなチャンスに恵まれたゆえにこそ本書がなっているのだが、なおも欠落や限界が残っているとしたら、もちろんそれは、あくまでも編者のいたらなさに起因している。

二〇〇八年八月六日　　編者の一人として　　岩崎　稔

（1）　記憶と歴史については、岩崎稔「歴史学における想起と忘却の問題系」『歴史学の方法的転回』歴史学研究会編、青木書店、二〇〇二年、二六三頁以下参照。それとともに、シュテフィ・リヒター／岩崎稔「歴史修正主義」――一九九〇年代以降の位相」『岩波講座アジア・太平洋戦争1　なぜ、いまアジア・太平洋戦争か』倉沢愛子他編、岩波書店、二〇〇五年を見よ。

（2）　岩崎稔「特別ワークショップの記録、『占領の記録をどう描くか』」『クァドランテ［四分儀］』第三号、二〇〇一年、東京外国語大学海外事情研究所、二六頁以下とともに、今井昭夫「『日本人、オランダ人、インドネシア人――日本占領下のインドネシアの記憶』ワークショップ傍聴記」同上、六三頁以下を参照せよ。

（3）　小田実「ベトナム戦争とべ平連」『クァドランテ［四分儀］』第四号、二〇〇二年、東京外国語大学海外事情研究所、五一頁以下、グエン・ミン・トゥアン「ベトナム北部における戦争の記憶」同上、一五頁以下以外にも、遠藤聡「ベトナム戦争の多面的記憶」七一頁以下がシンポジウムの全体像を報告している。

目次

Ⅲ　「南洋」における戦争と占領の記憶

記憶の地層を掘る

——アジアの植民地支配と戦争の語り方

I

「敗者」と「勝者」の戦争の記憶

——アメリカとベトナム

「アメリカの戦争」の記憶
——ヴェトナム戦争をめぐって

生井英考

はじめに——「戦争の記憶」を語ること

「記憶」を通して戦争を語る、ということを口にしても余り怪訝な顔をされなくなってから、もうどのぐらい経つでしょうか。——いきなりこんなことを言うと驚かれてしまうかもしれませんけれど、しかしかつて戦争の記憶を語るというのは、いわゆる戦争体験者に限られた歴史的な権利でした。「特権」という言い方をしないのは、それが義務でもあるからだろうと思うからですが、いずれにせよかつて「記憶」は「体験」と分かちがたく結びついているものとされて、非体験者が「戦争の記憶」を口にするのはそれなりに覚悟のいることだった。

いまでは状況はまったく違います。いまは歴史学者でさえ「記憶」についてためらいなく語りますし、マスメディアが博物館の戦争展や靖国神社問題などを話題にするたびに「戦争の記憶を未来にどう語り継いでゆくかが問われています」なんてコメントするのは、もう決まり文句の一種だといっていい。

もっとも、こんな言い方したからといって何か小言をいおうとしているわけじゃありません。戦争の話になると、とかく人はしかつめらしい顔をしてみたり狷介になったりするものですが、少なくともこの場合はそうじゃない。ここで論じるのは「アメリカ合衆国におけるヴェトナム戦争の記憶」という主題ですが、そうだとすると「記憶」と「戦争」の関わりについては他の戦争の場合よりも敏感にならざるを得ないからです。というのも、そもそも「戦争の記憶」というものを社会がこれほど問題にし始めたそのプロセス自体が、実はヴェトナム戦争の「戦後」とぴったり重なっていたんですね。もっと端的にいうなら、ヴェトナム戦争の後、この敗因をどのように考えたらいいのか、これまで対外戦争に一度として負けたことのなかったアメリカがこの経験をどう受け止めたらいいのか、それをめぐる葛藤のなかで、少しずつその経験の総体を「記憶」という観点から見直してゆこうとする動きが出てくるわけです。

よくいわれるように「記憶」は「歴史」とは違って過去に属するのではなく、あくまで現在に属していますが、アメリカにおけるヴェトナム戦争の戦後と記憶化のプロセスを見ているとまさにこれが実感されます。というわけで、ここでは「アメリカにおけるヴェトナム戦争の記憶」が生まれて変化してゆくさまを振り返ると同時に、「戦争」と「記憶」の関わり方そのものについても少し考えてみたいと思います。

一 「アメリカの戦争」とは何か

まず「アメリカにおけるヴェトナム戦争」とは何かについて。

ヴェトナム戦争はしばしば「アメリカ史上最長の戦争」だった、といわれます。The Longest War in American History というこのフレーズはクラブ・ミュージックのナレーションにさえ使われた決まり文句で、実際、アメリカの正規地上軍の派兵期間だけに限っただけでも足かけ八年間におよびますが、同時に、この戦争は実は「宣戦布告なき戦争」でもあって、つまりは正規の手続きに沿って行なわれる通常の戦争ではなかった。要するにこれは本来「アメリカの戦争」ではなかったはずのものなんです。では、なぜそれがあれほど大規模な軍事介入となって、アメリカ史上にまで拡大してしまったのか。それについては専門論文も多数ありますからここでは省略します。その代わりこの混乱から生じた注目すべき点を「記憶」というテーマの文脈に沿って挙げておきたいと思います。

第一は戦争の名称です。「ヴェトナム戦争」という呼び方は日米を含めて世界の大半の国々で普通に耳にするものですが、最近のアメリカの若い研究者たちの書いた博士論文などには「ヴェトナム紛争」（Vietnam conflict）という単語が散見されるようになりました。むろんこの言葉自体は以前から使われていたものですが、彼らと話をするとヴェトナム戦争当時のアメリカがカンボジアやラオスにまで自ら戦域を拡大して文字通り「第二次インドシナ戦争」にしてしまったことなど、まったく視野に入ってないことが案外多い。しかしヴェトナム戦争の前に戦われたフランス対インドシナ植民地戦争の戦費の大半は実はアメリカの負担によるものだったわけで、この点でも「ヴェトナム紛争」という呼称は単なる限定的軍事介入としてヴェトナム戦争を矮小化してしまう可能性があるというべきでしょう。

第二はこの戦争の始まりをめぐる問題です。

先ほども言いましたが、ヴェトナム戦争は「宣戦布告なき戦争」と通称されます。正規戦ではなく、地域紛争介入から限定戦争・特殊戦争として展開されたこの戦争では議会承認を得た宣戦布告行為がなかったために、開戦時期が定かでない。そのため、これは戦争の開戦責任を誰に帰すのかという問題を提起します。ヴェトナム戦争は不人気なリンドン・ジョンソンに開戦責任があるとされることが多いのですが、一連の政策決定過程を丹念にみるとジョン・F・ケネディが情勢を抜き差しならないところまで追い込んでいたことは明らかです。にもかかわらずヴェトナム戦争の「記憶」が社会的に呼び出されるとき、ケネディはその神話的・伝説的な記憶のイメージのために免罪される傾向が強い。しかしもともと政権就任以前からインドシナ半島に強い関心を示したのはケネディですし、就任後にまずラオスに首を突っ込み、ついでヴェトナムへと介入先を変えたのもケネディだった。そして何より「特殊戦争戦略」と呼ばれるものを策定してヴェトナムへの軍事介入を理論化し、統合参謀本部の反対を押し切って陸軍特殊部隊（グリーンベレー）を制式化するのと並行してヴェトナムの軍事援助顧問団（ＭＡＶ）を軍事援助司令部（ＭＡＣＶ）に改組したのはケネディだった。つまり介入拡大の素地を作ったのはケネディであって、ジョンソンはその枠組みの上で行動したに過ぎないとも言えるわけです。

しかし、この考え方は大衆的に流布しているケネディ神話に水を差すものであるために、大衆的な歴史認識のなかではジョンソンを悪者にして事足れりとする傾向が非常に強い。裏返して言うと、ケネディの死がアメリカのよき日々の弔鐘だったという感覚はいまなお根強いんですね。

二　あらかじめ失われた記憶

しかしそれ以上に問題が大きいのは、いつ戦争が終わったか、という点です。アメリカにおけるヴェトナム戦争の「戦後」を考えるときに、ひとつ気をつけなければならない重要な点がこれです。というのもアメリカの国民感情において、ヴェトナム戦争の終わりは他国の常識とは違っているからです。

日本でもどこでも歴史教科書の「ヴェトナム戦争」の項目には、戦争の終わりをたいてい一九七五年と記載してあります。しかしアメリカではこれが一九七三年だと一般に信じられている。なぜならこの年はアメリカの正規地上軍がインドシナ半島から撤退を完了した年で、これをもって大統領ニクソンは「ヴェトナム戦争の終結」を宣言したからです。しかしその後も特殊部隊を含む軍事顧問は残留していましたし、米空軍はタイのウボンとウドンターニの二ヵ所にあった航空基地から、また米海軍はフィリピンのスービック湾にあった巨大な海軍基地からインドシナ方面への出撃任務に出ていた。戦死者も激減したものの、その後もつづきます。つまり撤退したのはあくまで「正規地上軍」つまり特殊部隊など以外の、陸上任務の部隊だけであったわけですが、アメリカの一般庶民感情――つまり息子や夫や兄貴を徴兵で陸軍にとられる人々の立場からすると、身内が地球の反対側のアジアの片すみであえなく死んでしまうという不安からようやく解放されてほっと安堵のため息をついた、ということになる。というわけで一九七三年は「アメリカの戦争」としてのヴェトナム戦争が終わった年になりました。

さて、そこでアメリカにおけるヴェトナム戦争の「戦後」と「記憶」は、世界史のそれとは微妙にずれることになります。

まずヴェトナム戦争が終わった後、アメリカ社会は「集団的な健忘症」の時期を迎えました。これは政治コラムニスト、ジョーゼフ・ハーシュが記事のなかでアメリカ人たちはヴェトナム戦争について何事もなかったかのように何も語らない、と言ったことを受けて政治学者のジョージ・ヘリングが「この戦争の直後には、アメリカ国民は意識的・集団的な健忘症を経験した」と書いていることから来ています。ちなみにヘリングはヴェトナム戦争が終わった後、最も早い時期に戦争の通史を書いた外交史家のひとりで、その『アメリカの最も長い戦争』は初版以来ずっといままでも改訂をつづけながらヴェトナム戦争史の基礎文献のひとつとなっていますが、この本のなかでヘリングも一九七三年と七五年をめぐるアメリカ社会の意識を面白いかたちで反映させています。というのも一九七九年に出た彼の本（初版）の目次立てでは、一九七三年四月までで本文の記述が終わって、それ後の七五年までのことはエピローグのなかで触れられているだけなんですね。

実は彼の本でそのあたりの記述を最初に読んだとき、私は「この戦争の直後」という言葉を日本での常識に従って一九七五年四月のサイゴン陥落直後の数十ヵ月間、と解釈していたんです。ヘリング自身は特に年号を明記していませんしね。ところが、それではどうも話がうまくつながらない。七五年から七七年にかけてのあたりというのはアメリカのインドシナ政策の失敗をめぐって批評家やジャーナリストたちが喧々囂々の議論を交わしていましたし、映画などポピュラーカルチャーのなかでもヴェトナム戦争の見直しが始まっていた。つまり健忘症どころじゃなかった。

そこでふと考えたのが、アメリカ人にとってのヴェトナム戦争の終わりは、世界の他の国々の常識とは違っているのかもしれないということでした。そう仮定するとこれがぴたりと当てはまる。つまり一九七三年の米地上軍撤退からサイゴン陥落までのおよそ二年間というのは、確かに論壇でもヴェトナム戦争に対する関心が急低下していましたし、あれほど燃え盛ったはずの反戦運動が急にしぼんだように沈静化した時期でもあった。皮肉なことに反戦運動というのは、平和な時期には用無しなんですね。そしてこのときアメリカ社会は、あたかも戦争のことなどなかったかのように振舞うことで退行的な姿勢へと引きこもっていた。これを比喩的にいうと、アメリカにおけるヴェトナム戦争の記憶はあらかじめ失われた状態から始まった、ということになるでしょうか。いや、故意の集団的健忘症ですからむしろ、あらかじめ記憶を消し去った状態から記憶化の過程が始まった、といったほうがいいかもしれない。

しかし忘れたふりというのはどこかに無理があります。「ふり」はいつかは覚めるほかない。サイゴン陥落というのはまさにその意味で健忘症からアメリカ社会を叩き起こす効果を発揮しました。そこで覚醒の時期がやってくる。文化的な面で言うとこれは二段階に分かれます。最初は一九七六年から七九年まで。この期間はハリウッドがヴェトナム戦争映画というジャンルを急速に押し広げた時期にあたります。具体的にいうと七六年にマーティン・スコシージ監督の『タクシー・ドライバー』をはじめ『ローリング・サンダー』『ドッグ・ソルジャーズ』といった暴力的な一群が一斉に登場する。これらの共通点は「帰還兵の暴力」を描いた映画だということです。しかもその暴力は——

『タクシー・ドライバー』が典型的ですが——ほとんど理由も動機も不明な、不条理そのものの凄惨な殺戮です。何しろ七七年に公開された「良識的反戦派」のヴェトナム戦争映画である『帰郷』でさえ、「ハノイ・ジェーン」ことジェーン・フォンダのヒロインが心を寄せる帰還兵は、ほとんど余人にはおしはかりがたいトラウマとの葛藤で自殺してしまうわけですから。

しかし七八年以後になると帰還兵映画が後退し、代わって戦地での模様をいわゆる戦争映画式に描く作品が出てくる。そのなかで影響力の大きかったのが一九七八年に公開されたマイケル・チミノ監督の『ディア・ハンター』と、翌年に公開されたフランシス・コッポラ監督の『地獄の黙示録』です。わけても前者のもたらした反響の大きさには驚異的なものがありました。なぜか。それはこの映画が戦地の兵隊たちが受ける極度の緊張感と異常な心理状態を観客に追体験させる、という点で異様なほどの作用を示したからです。たとえば、これが出品されたベルリン映画祭では解放戦線の捕虜になった主人公たちが「ロシアン・ルーレット」方式でリンチにかけられるという場面が人種偏見だとして物議をかもしましたが、制作者側からみるとあの場面はまさに主人公たちのトラウマを観客に共有させるために欠かせないものだった。映画史の面からみても、実はこのあたりから映画的心理操作というものがヒッチコックに代表される客体的なサスペンスではなく、観客自身にトラウマ体験を強いる主観的なテラー（テロル）によるものへと変化しています。そこでは観客は単に主人公に同情や共感を寄せる存在ではなく、主人公に成り代わって彼らの心的体験を再現—表象する存在となる。受動的なスペクテーター（観客）ではなく能動的なパーティシパント（参加者）への変貌です。

そして、ここから一九七九年以降の第三の段階が始まります。それがいわゆる「癒し」の時代です。

三　癒しの壁

「ヴェトナム戦争の記憶」を表わすアメリカの最も代表的な文化的存在としてよく知られるものに、ワシントンに建つヴェトナム戦没者記念碑（Vietnam Veterans Memorial）があります。片翼がおよそ八〇メートル弱もある巨大なV字型の壁面、それも地面を掘り下げて造られた、いわば「下降する記念碑」です。

日本ではこの記念碑について国立記念碑だという誤解が一部にあるようなんですが、これはすべて民間の基金によるもので、その始まりから現在に至るまで国費は出ていません。ジャン・スクラグズというひとりの帰還兵が戦場で死んだ仲間たちを弔うことができないかと個人的に始めた記念碑建設の思いつきが一九八〇年代初頭のアメリカで非常に大きな社会運動にまで発展して、ついに首都ワシントンのなかでも最高の一等地に巨大でしかもユニークな、これまでにないタイプの記念碑を建立するに至った。その費用はすべて一般からの募金によるものです。募金者のなかには元大統領や有名な政治家、軍人、芸能人の類いまで含まれていますが、それはいずれも私人としての資格によるもので、公的補助ではない。建設地は連邦議事堂前からポトマック河にかけて広がる国立公園のなかですから公務員としてのパーク・レンジャーが警備に当たってはいますけれど、設備の維持はヴェトナム戦没者記念碑基金という、いまはスクラグズが理事長になっている民間組織ですべておこなっています。

この記念碑がどのようにして建てられたのかについては長くなりますから詳細は省略しますが、ふたつの点だけ触れておきます。

ひとつはこの記念碑がアメリカの市民運動の最も典型的な事例のひとつだということ。いま言いましたようにこの記念碑の建設費はすべて募金でまかなわれましたが、その運動母体はスクラグズが仲間のヴェトナム帰還兵に呼びかけたことから生まれました。もっとも最初はメディアに相手にもされませんし、左右両派から嘲笑に近い扱いを受けた。何といってもヴェトナム戦争は不名誉な汚れた戦争で、負け戦のうえにアメリカ兵による残虐行為のイメージばかりが強調されましたから、反戦派からすれば記念碑など右翼的反動でしかなく、逆に保守派からすれば負け戦の記念碑などつくろうというのは左翼の悪い冗談にしか聞こえないわけです。しかしスクラグズは挑撥に乗らず、逆に左右両派の大物を巧みに取り込んで一種の国民的運動へと存在を高めていった。さらに力をつけたのはヴェトナム帰還兵で政界にパイプを持つ弁護士たちを運動のメンバーに迎えたことで、これによって組織は先述したヴェトナム戦没者記念碑基金という公的団体になると同時に、議会へのロビー活動を展開するようになった。その一連のやりかたを見ていると、明らかに一九六〇年代以来の市民運動のやりかたを集大成したものであると同時に、その後の市民運動のひとつの大きなモデルになっていることがよくわかるんですね。

ふたつめはこの運動が非政治性を前面にはっきりと掲げたことです。先ほども言いましたが、この運動に対して左右両派はきわめて冷淡でした。そして市民運動は必ず電話による募金活動を展開しますが、その過程では挑撥に近い言葉を相手からかけられることもある。そこでスクラグズは運動に集まったヴォランティアたちに、この運動員であるかぎり、けっして個人的な意見や考えを表明してくれるなと厳命したという。つまり相手から何を言われても挑撥に乗らず、国家の命令に従って戦死した兵士たちの弔いのためだという点のみを強調して「ナショナル」（国民的）な運動へと育ててもらいたいというわけです。とはいえ、もちろんこれが「非政治性を掲げた政治性」であることはいうまでもないでしょう。

さて、そんな過程を経て建設された記念碑ですが、そのデザインには重要な特徴がいくつかあります。それを整理すると、記名性、鎮静性、内省性ということになります。

第一の記名性は記念碑にアメリカの戦死者全員の氏名が彫ってあることで表現されます。もともとはデザインを公墓したときの条件で、一九五九年以降、軍人としてインドシナ半島で亡くなったアメリカ人合計五万九千名弱の氏名が亡くなった年号順に刻印されている。下地はチャコールグレーの大理石で、戦死者の名前がずらりと彫ってある眺めは何ともいえない印象です。一人ひとりが別々の存在でありながらなお集合的であることの迫力です。しかもぴかぴかに磨き上げられた大理石はあたかも鏡面のように、こちらの姿を映し出します。つまり戦死者の名前の列の上に自分の姿が幻のように浮き上がって見えるわけです。無名戦士の墓というのはナショナリズムによって束ねられた抽象的な集合性を表わす記念碑ですが、このヴェトナム記念碑はそれとは似て非なるきわめて独創的なものです。これ以後の記念碑の多くが、沖縄の「平和の礎《いしじ》」も含めて、この記名方式を採用していることはけっして偶然ではない。ちなみにその後、この記念碑がアメリカ側の戦死者しか列記していないことについてヴェトナム側の戦死者、つまり「他者」をともに弔う発想はないのかという議論が提起されましたが、私のようにこの記念碑が海のものとも山のものともつかない机上の計画に過ぎなかったころから見ている人間からすると、この記念碑が成功したからこそそうした議論も起こってきたのだということも感じます。

第二の鎮静性は全体のフォルム、すなわちこれが「下降する記念碑」であるという点です。そもそも記念碑には顕彰碑《モニュメント》と鎮魂碑《メモリアル》とがあります。顕彰碑というのはある個人や集団の偉業を称え、栄誉をことほぐためのもの。それに対して鎮魂碑はある個人や集団の死を嘆き、追悼するものです。しかしそのいずれにせよ、歴史的に見ると記念碑は地面から上空にそそり立っているのが常道です。たとえば初代大統領ジョージ・ワシントンを称えるワシントン・モニュメントはアルカイックな意匠の巨大な塔が天空に向かって聳え立っています。そしてこれと向かい合わせに建つリンカーン・メモリアルはリンカーンの暗殺死を悼むものですが、故人の坐像を納めた古代ギリシャ様式の建物が丘の上にそびえ、訪問者はそれを見上げるかたちになっています。しかしヴェトナム記念碑では下り坂をゆっくりと降りて壁の前に歩み寄るという身体動作によって、従来の記念碑のような英雄的高揚感とは違う感情が生まれてくる。その感覚こそ、ヴェトナム戦争という「負けた戦争」に対するアメリカ社会の集合的心性を的確に表わしている。この碑をデザインしたのは当時弱冠二一歳の大学生だった中国系女性のマヤ・リンですが、ほとんど僥倖というべき妙案ですね。

そして第三の内省性。これは沈降するフォルムからも、また戦死者の名前の上に自分の姿が浮かぶという鏡面的な印象からも得られる要素です。それともうひとつ、記念碑上の名前の配列もあります。というのも戦死者の名前は片翼の端から始まるのではなく、V字型の真ん中の蝶つがいのヒンジに当たるところから始まっているからです。そこから東へ向かってつづいた名前は、東端まで来ると宙を飛んで西端からまた始まる。そして西端から東へと向かっていって、また真ん中で最初の地点に戻る。つまり最初の戦死者と最後の戦死者が記念碑の真ん中で出逢うことで、V字型の記念碑全体がすっぽりと繭のように自分自身を包み込んでいるわけです。あるいは両翼が精一杯に腕を伸ばしながら訪れる者を柔らかく抱きしめているようなものだと言ってもいいかもしれません。

「癒し」(healing) という言葉はこの記念碑の建設と並行してアメリカで流行語になり、やがて日本でも元の文脈とはまったく切り離されたかたちで定着しましたが、その最初の発信源がここにあったことは間違いありません。

四　戦争の記憶化

さて、ここからが核心です。すなわち一九八二年に記念碑が完成してアメリカ社会はヴェトナム戦争の体験を本格的に記憶化し始めます。「記憶化」というのは妙な言葉ですが、具体的にはふたつの面がありました。ひとつは帰還兵たちの個別体験を社会が擬似的に追体験し、彼らの記憶を社会全体の集合的記憶に拡大・増幅することです。

そもそもヴェトナム戦争当時、帰還兵たちの体験は社会の関心の外にありました。ところが一群の映画や記念碑建設が彼らの存在に目を向けさせたことで状況が変わり始める。さらに影響力を発揮したもうひとつが帰還兵たちの体験記、すなわち手記とオーラル・ヒストリーです。手記のほうは小説家やジャーナリストになった帰還兵たちが手ずから書いたもので、初期のものにはティム・オブライエンの『もし僕が戦場で死んだら』(一九七三)やフィリップ・カプートの『戦場の噂』(一九七八)、またずっと後になりますが、トバイアス・ウルフの『ファラオの軍隊で』(一九九五)などが評判を呼びました。しかしそれ以上に重要なのは、「オーラル・ヒストリー」の名の下で社会的には無名の、物を書くなどということに無縁の帰還兵たちの体験談が一斉に世に流布したことだったんです。

その代表が、自身も陸軍の帰還兵であるジャーナリストのアル・サントリが出した聞き書き集『我々の持てしすべて』(一九七六)でしょう。この本は出版されるとたちまちベストセラーになっていまでも新刊として入手できますが、面白いことにこれにつづいて黒人兵だけ、女性看護兵だけ、さらには南部出身者だけの聞き書きといったものまで派生して出てきた。そうしたものを通して高位高官の軍関係者や有名作家ばかりに限らない、たとえばスラムで育った貧困階級出身の帰還兵たちの残虐行為体験といったものまでが縷々語られて、世に知らしめられていった。まさにヴェトナム戦争の物語化です。

ではそれは何をもたらしたのか。一言でいうと彼らのトラウマ的な物語が社会全体に拡大されることで、単に帰還兵をアメリカの戦争の犠牲者として認めるだけでなく、あたかも自分たちの社会自体が犠牲者だったかのように感じる思考のパターンを生み出したことでした。戦場体験の表象を通して、記憶が話者から聴者へと転移する、あるいは転写される。そこに働く理屈は、歴代政権の政策の誤りによって戦場の兵士たちも分裂した銃後の社会も、結局は権力の犠牲となってしまった——という型どおりの恨み節なのですけれど、映画やオーラル・ヒストリー形式で描かれたトラウマの物語への共感と思い入れがこの恨み節を比類ない文化的神話へと育ててゆく。これもまた国民国家の一面です。国民国家というのは権力が上から下へと制度や秩序を押しつけてゆくだけでは機能せず、むしろ「国民」としての民衆が下から強力に支えなければ成り立たない。そこで触媒の役目を果たすのが文化的な神話です。たとえば第二次大戦では、アメリカをヨーロッパの西方に広がる楽園であり、世界史における「よき例外」であるとする例外主義の神話が戦争の大義をつくりだし、肯定的に作用しました。それに対してヴェトナム戦争では、不名誉な負け戦へ導いた政府権力に対する失望が神話的思考を逆方向に作用させ、いわば倒立した神話を生み出したのだと整理できるでしょう。粗っぽくいうと「例外」としてのアメリカ国家の「選ばれた民」である米国民が、ヴェトナムでは国家に裏切られた「選ばれた犠牲者」になってしまう。

そしてこれがヴェトナム戦争の「記憶化」の第二の面へとつながります。すなわちヴェトナム戦争は官僚主義化した現代の政治権力に対する民衆の大規模な異議申し立てを惹き起こし、「反権力の愛国者」を生み出すことになった。この反権力は国政レヴェルでは「ワシントン政治への不信」となって表わされます。たとえばニクソン失脚後に副大統領から昇格したジェラルド・フォードが選挙に敗れた後の大統領の顔ぶれを見ましょう。まず「覚醒の時代」に平和主義を掲げて登場したジミー・カーター、それがイランの米大使館人質事件で失敗した隙を突いたロナルド・レーガン、その副大統領から昇格して湾岸戦争を勝利させながらも一期で終わってしまったジョージ・H・W・ブッシュ（父）、彼を破って再び南部から登場したビル・クリントン、そしてジョージ・W・ブッシュ（子）……。この面々のなかで上下両院議員歴のある者は父ブッシュのみで、後はすべて中央政界の経験のない州知事出身です。それが常態化するほどヴェトナム戦争以降の米国民の反ワシントン感情は根強いものがある。またこの反権力感情は「第四の権力」と通称されるマスメディアにも向けられる。特にヴェトナム戦争は報道陣が歴史上最も自由に戦争報道をおこない、政府批判を展開したジャーナリズム史の画期でしたが、それだけに戦時中の報道が軍の足を引っ張り、敵を利することになったという反撥が戦後になって出てきます。いや正確にいうと一九六八年の有名なテト攻勢の段階でメディア批判は軍部から出てきていたわけですが、それが戦後になると元リベラルの転向論者たちによって大々的なメディア批判、権力批判が展開されるようになる。そしてこの転向論者たちが、いわゆる新保守主義の最初の世代だったわけです。

実際、新保守主義を「反権力の愛国主義」と定義すると、彼らの出自と自意識が明確になります。すなわち反権力の部分は彼らが左派の出自と思考法を持っていることを表わし、愛国主義の部分は右派の奉じる国民国家の思想を引き継いでいる。かくてヴェトナム戦争の記憶化は、いわば「挫折したリベラル・モダニズム」に対するアメリカの神話――ポストモダン時代に流行ったリオタールふうにいえば「大きな物語」――の再興というかたちでおこなわれることになった。そしてそれが一九八〇年代以降の保守化と、冷戦の終結に始まった世界の民族主義的・一国主義的傾向と相まって「九・一一」以後の極端なナショナリズムの拡大の素地をつくっていた、と見ることができるでしょう。

五　癒しと記憶の両義性

こうしてみると一九八〇年代以降の「癒し」とは実はある種の「トラウマ化」の別名であり、それがアメリカにおけるヴェトナム戦争の「記憶」の原基なのではないかと思えてきます。スーザン・ジェフォーズという大衆文化論の研究者によれば、再軍備と政治的保守化を強力に推進したレーガン政権期の最も顕著な文化現象は「アメリカの再男性化」（Remasculinization of America）と名づけることができるといいますが、私は単なる男性神話の再構築というよりむしろ、癒し、内省、鎮魂、追悼といった非軍事的表象が他者のトラウマの転移ないし転写を促していることのほうに注意を喚起したいと思うわけです。

これはいささかならず悲観的な観察です。が、同時にうなずける仮説でもあるはずです。たとえば例のヴェトナム記念碑はデザインの青写真が発表された当初、運動組織内部の保守派メンバーから強硬な抗議と告発を受けて一時は計画中止に追い込まれそうにまでなりました。抗議の理由はデザインが尊厳に欠けるというもので、陸軍士官学校出のウィリアム・カーハートという人物はそれを「恥辱の黒い裂け目」と罵倒した。で、これを受けてリベラルの批評家たちは、デザイナーが中国系の女性であることへの人種偏見、帰還兵たちの男根主義と女性蔑視――「恥辱の黒い裂け目」と呼ぶ男にとってV字型のVとは女性器《ヴァジャイナ》のことだというわけです――などの存在を指摘しました。またデザインを否定されたマヤ・リンも激しく反撥し、カーハートらと鋭く対立した。しかしそれからちょうど二〇年経った二〇〇一年の初夏、CBSが製作放映した短いドキュメンタリーによると、長年この碑に反撥を抱いていたカーハートはようやく最近決意してここを訪れて、はらはらと落涙したという。それは涙によるわだかまりの浄化というだけでなく、この記念碑がいかに効果的に帰還兵たちの心の傷をわかりやすく訪問者たちに伝染させることができているかを確かめて安堵した、と解釈することもできるでしょう。

一方、この碑の成功とその後のキャリアによっていまやアメリカを代表する建築家のひとりとなったマヤ・リンは、昔の自分がカーハートらの批判に猛反撥したことについて「あれは若気の至りだった」と苦笑してみせながら、この碑を訪ねるのはむしろ「帰還兵たちの心を覗き見る」ような気がするので余り訪ねないようにしているという。これはまさに記念碑がトラウマを転写する媒介となっていることを言い当てた発言でしょう。

実際、こうした傾向はその後ますます強まっています。たとえば「九・一一」以後、頻繁にメディアに登場した消防士たちをめぐる英雄物語は、単に理想化された労働者階級の男性イメージのさらなる強化というだけでなく、現代的な装いをまとった殉教者の神話を通して広汎な読者大衆の心にトラウマを再生産する一助となっている。またいまや「前」大統領となったブッシュと二〇〇四年の大統領選を戦ったジョン・ケリーは、ヴェトナム戦争での軍歴を顕示するだけでなく、実際の戦闘体験については何ら自慢話めいたことをけっして口にしない――どころか明示的にそれを避ける――ことを通して、トラウマを内に秘めた真のヒーロー像を選挙民の前に描き出そうとしました。さらにまた二〇〇四年に除幕されたナショナル・モールの第二次大戦記念碑（the National World War II Memorial）は、かつてあれほど繰り返し「大義ある戦争」「よい戦争」「誇りある戦争」と称されて英雄化されてきた第二次大戦の経験を、「追悼碑《メモリアル》」を通して歴史のトラウマとして描き直そうとする試みにほかならないでしょう。

ちなみに、いわゆるドイモイ（開放）政策によってすっかり変貌した現代のヴェトナムで最も姿の目立つ外国人旅行者は、日本の若い女性たちとアメリカのヴェトナム帰還兵たちだといわれます。前者はともかくとして、後者の彼らは僻地医療から地雷除去、養子縁組の世話など種々さまざまなヴォランティア活動を実に精力的に展開しながら、それを人生の大きな生きがいにもしています。その姿がある意味で、トラウマ化された記憶に依存しながら国民国家社会としての体裁を維持する現代のアメリカと二重写しになって見えるかのようだ――というのは余りにも底意地の悪い見方でしょうか。

歴史の力か、歴史の重荷か
——ベトナムにおける「戦争の記憶」の構図[1]

今井昭夫

はじめに

東南アジアにおける「戦争の記憶」について考える場合、われわれ日本人がまず考えておかなければならないのは、第二次世界大戦期における日本の軍事支配の記憶の問題になるかと思います。あの戦争が「自存自衛」や「アジアの解放」のための戦争であったか否かの議論はひとまず置くとして、日本の軍事支配の歴史的評価の問題は日本人だけの閉じられた議論にしてはならないと考えます。日本人の一方的思い込みだけではなく、もう一方の当事者たるアジアの人々がどう思い、どう評価してきたのかという声に日本人はもっと耳を傾け、相互の「対話」をはかっていく必要があるのではないでしょうか。

もっともアジアの人々の「戦争の記憶」の持ち出し方にも、かれらの側の内政上の「事情」があることを考慮しておく必要があります。東南アジア史研究者のダイアナ・ウォンの論文「戦争の記憶と歴史の物語」[2]は、シンガポールにおける日本軍事支配の記憶の問題を扱っています。この論文によれば、一九九〇年代に入ってグローバル化が進行する中で、シンガポールにおいては新しい国家観にもとづく「建国説話」を創造する必要性が生じてきました。そこで、国家が「戦争の記憶」とりわけ第二次大戦期の日本軍事支配下での苦しみや困難を分かち合った「集合的記憶」を国民統合に活用するに至った、とされています。「建国説話」と日本の軍事支配期の「戦争の記憶」が強く結び付けられている点では、ベトナムも同じです。ベトナムにおいては、一九四五年、日本軍による米の徴発等によって「二〇〇万人」ともいわれる餓死者が発生した苛酷な状況の中から、インドシナ共産党を中核とするベトミン（ベトナム独立同盟）が枢軸国側の日本から政権を奪取して独立を達成したという記憶は、「建国説話」の重要な部分を構成しています。(3) このように、日本軍事支配下の「戦争の記憶」は、シンガポールやベトナムにおいては、「建国説話」と結びついており、さまざまなかたちでその記憶を喚起することは、意図するか否かにかかわらず、当該国の「建国説話」構築に加担する可能性をもつことになります。ですから、日本人として日本の戦争責任について自覚的であらねばならないのは当然ですが、また東南アジアを研究対象とする地域研究者としては、研究対象とする国家・地域における「戦争の記憶」を利用・動員した「ナショナル・ヒストリー」構築の動きについても自覚的になっておく必要があります。日本の軍事支配の実態を究明していくことは前者の自覚につながり、「戦争の記憶」を問題にすることは後者の自覚に関係してきます。

後者の点については、民族解放戦争の「戦争の記憶」についても同じことがいえます。第二次大戦期の記憶が当該国にとって、日本軍事支配下のいわば負の側面であるのに対し、民族解放戦争の「戦争の記憶」は独立国家に政治的正統性を付与する源泉となっています。東南アジアのほとんどの国々は一九五〇年代までに独立を獲得し、一九六〇年代になると開発独裁体制が樹立されるようになり、その政治的正統性の源泉を、民族独立から経済発展に比重を移していきました。しかしベトナムにおいては、民族解放戦争が一九七五年まで続き、ドイモイ（刷新）と呼ばれる改革開放路線が採択されたのは一九八〇年代の後半になってからであり、さらに外資を導入し、本格的に経済発展の軌道に載ったのは九〇年代に入ってからになります。他の東南アジアの国々と比べると、ベトナムを含むインドシナ三国においては、民族解放戦争の記憶がまだ比較的生々しいといえます。ベトナムの場合、第二次大戦の記憶は、抗仏戦争やベトナム戦争の記憶と比べると遠い記憶になり、独立の「建国説話」に比べ、独立を守り南北統一を達成した「建国説話」の方がより鮮烈な記憶になります。

本稿では、ベトナム戦争後の三〇年間余り（一九七五年〜現在）にわたるベトナムにおけるベトナム戦争の記憶を考察の対象とします。ベトナム共産党が公式的に打ち出してくる戦争観・「戦争の記憶」を本稿では「公式的記憶」と呼びます。ベトナムにおける「戦争の記憶」は、この「公式的記憶」をベースに形成・展開してきました。戦時中やベトナム戦争終結直後、戦争を遂行し人民を動員するために、公式的な戦争観が広められました。それは当時、多くのベトナムの人々によって受け入れられたといえます。ベトナムでは公的な言論の場において、戦争観の解釈権は一党支配体制をとるベトナム共産党が握っており、この解釈に基づき、戦争に関する言説や表象が表現・操作されています。「公式的記憶」は、共産党の政治的正統性を弁証する役割をもち、「公式的記憶」を根本的に否定することは、ベトナム国内の公の場では許容されていません。そもそも「公式的記憶」は、上から宣伝して国民の間に定着させようとしたものであって、ベトナム国民の「個人的記憶」やベトナムの社会集団の「集合的記憶」の総和を集約した上で打ち出されてきたものというわけでは必ずしもありません。しかしながら「公式的記憶」は「個人的記憶」や「集合的記憶」とまったく無関係であったわけではなく、時代状況に応じて、それらと関係をもってきました。本稿ではベトナムにおけるベトナム戦争の記憶の変遷を、①ベトナム戦争終結直後、②八〇年代、③九〇年代、④二一世紀初頭の四つ時期に大きく分けて時系列的に考察し、ベトナムにおける「戦争の記憶」の諸相を明らかにしてみたいと思います。

一 「公式的記憶」：政治的正統性をもたらす栄光の歴史

ベトナム共産党は、一九四五年八月革命を担った中核勢力として、ベトナムをフランス領植民地から独立させ、一九四六～一九五四年の抗仏戦争、一九五四～一九七五年の「抗米救国抗戦」を勝利に導き、ベトナムの民族解放・南北統一を成し遂げました。この偉業はベトナム共産党の政治的正統性の主要な源泉となっています。共産党の政治的優越性は、共産党だけが民族独立・統一をもたらすことができた唯一の政治勢力だった点にあると説明されています。このように共産党支配体制の正統化をはかる「政治的資源」として「戦争の記憶」は、ベトナム戦争終結以来一貫して利用・動員されてきており、これが現在に至るまでベトナムにおけるベトナム戦争の「公式的記憶」の核心となっているのです。

（1） ベトナム戦争の「公式的記憶」

国家によって定められた戦争に関する記念日は、ベトナムではかなり数多く設定されています。代表的なものとしては、四月三〇日の「解放記念日（一九七五年のサイゴン解放を記念する日）、七月二七日の「烈士・傷病兵の日」、一〇月一〇日の「首都ハノイ解放記念日」（一九五四年に抗仏戦争が終結した記念日）などがあります。いずれも抗仏戦争とベトナム戦争に関連する記念日であり、それに比して、カンボジア紛争（ベトナム軍のカンボジア駐留は一九七八～一九八九年）や中越戦争（一九七九年）に関するものはありません。これからも窺えるように、ベトナムにおける公式的「戦争の記憶」というのは、抗仏戦争、ベトナム戦争に多く関わっています。カンボジア紛争や中越戦争について、公的に小説、回想記などで言及されることもあまり多くありません[4]。カンボジア紛争や中越戦争に関する言及が少ないのは、これらの戦争が短期間であったこと、カンボジア紛争については国内外に妥当性について疑問視する声があること、中越戦争に関しては隣国の大国である中国の思惑に配慮せざるをえない面があるからだと考えられます[5]。

ベトナムにおける「戦争の記憶」の主要部分を構成しているのは、いうまでもなくベトナム戦争になります。ベトナム戦争は、①南ベトナムの内戦、②南北ベトナム間の戦争、③米ソの代理戦争、など多面性をもった戦争であったことは、つとに指摘されているところです[6]。ベトナム以外の国においては、この戦争は一般に「ベトナム戦争」と呼ばれていますが、ベトナム国内では公式的には「抗米救国抗戦」と言われています。この言い方は、ベトナムにおけるこの戦争に対する公式的な捉え方を端的に表現しています。つまり、ベトナム戦争はアメリカ帝国主義の侵略に対する「抗米救国抗戦」であり、共産党の指導により、ベトナム人民は軍民一体となって英雄的に戦い、輝かしい勝利を収めた戦争であることを強調しています。ベトナム戦争終結の翌年一九七六年のベトナム共産党第四回党大会の政治報告では、抗米救国の事業におけるベトナム人民の勝利は、「最も輝かしい頁の一つ、革命的英雄主義と人類の智恵の全勝に関する鮮やかな姿がわが民族史に永遠に記され、二〇世紀の偉大な戦功、大きな国際的重要性と深い時代性をもった事件として世界史に入れられるであろう」と自らの勝利を高らかに称賛しています。この文言からは、ベトナム戦争での勝利が世界史的意義をもち、ベトナムがマルクス主義的な「大文字の歴史」の前衛だとする自負が窺えます。

ベトナム国内では、「抗米救国抗戦」の正義の戦争としての捉え方が公然と否定されることはほとんどありません。この場合、「防衛者ベトナム⇕侵略者アメリカ」の戦いという図式が前面に出てきます。一方、たとえば海外在住の反共的・反体制的ベトナム系の人々の中には、このベトナム戦争を「内戦」と捉え、「北ベトナム⇕南ベトナム」の戦いで、北が南を侵略してきた非正義の戦争として捉える人もいます。その場合、「ベトナム⇕アメリカ」という図式よりも「北ベトナム⇕南ベトナム」という戦いの図式が前面に出てきます。[7] 彼らにとって一九七五年四月三〇日は解放記念日ではなく、南ベトナムが亡国した「国恨の日」になります。ベトナム国内では、このような論調が公然と出てくることはほとんどありません。ただし国内でも反体制的文学者ズオン・トゥー・フオンのような稀有なケースがあります。フオンは、ベトナム戦争に民族解放の正義があったことを否定していませんが、あの戦争が「抗米救国抗戦」の民族解放戦争という点だけが強調されることに異議を唱え、「内戦」という面やイデオロギー代理戦争という面もあるのだということを示し、ベトナム戦争の多面性をみる必要性を説いています。[8]

ベトナム戦争に関する公式的見解すなわち「公式的記憶」の内容は、国家や共産党によって決められます。ベトナム戦争に関するベトナム側の総括が、ベトナム戦争終結二〇周年にあたり、かつアメリカとの外交関係を樹立した年でもある一九九五年に、『抗米救国抗戦の総括：勝利と教訓』[9] として出版されています。この本では、最後の総括の冒頭で「抗米救国の抗戦におけるわが人民の勝利は、わが党とホー・チ・ミン主席の指導による民族解放・社会解放の最も偉大な成果である」とされています。抗仏戦争と比較して、ベトナム戦争の新しい点として四点が挙げられています。①アメリカ帝国主義の新植民地侵略戦争に対する正義の戦争である。②わが人民の正義の輝かしい抗米救国抗戦は、民族解放の性格を帯びるとともに、祖国防衛の性格を帯びている。③わが人民の抗米救国抗戦は、ラオス人民やカンボジア人民との戦闘同盟の性格を帯びている。④わが人民の抗米救国抗戦は、深い時代的性格を帯びている。これに見られるように、アメリカ帝国主義がベトナムを侵略し、ベトナムはアメリカ帝国主義の侵略に抵抗した正義の戦争を戦い抜いた、という基本的構図をあらためて強調しています。

「公式的記憶」は、さまざまなかたちでベトナム国民に伝えられていきます。戦争についての研究・教育や文学・芸術なども、基本的に、この「公式的記憶」の枠をはみ出すことはできません。ベトナムの小学校・中学校・高校の教科書は国定の教科書で一種類しかありませんが、ベトナム国内における高校用の歴史教科書（第一次世界大戦から現在までを扱う現代史編一九九五年版）では、全二〇〇頁中、約五〇頁をさいてベトナム戦争を記述しています。抗米救国抗戦の意義として、民族的意義（ベトナムにおける帝国主義と封建制度の支配を終わらせたこと）と国際的意義（帝国主義に対抗する世界の革命運動を強化したこと）が挙げられ、ベトナム戦争勝利の原因として、第一に、正しく創造的な自主路線・政治路線を採った共産党の指導が強調されています[10]。

「公式的記憶」が刻印され想起される装置には、政治学習・宣伝、学校教育、文芸、マスコミなどがあります。建造物としては、各種博物館、文化情報省の指定による革命遺跡などがあります[11]。それらの資料の公開の展示においては、帝国主義者・植民地主義者やその傀儡政権がいかに苛酷な統治を行い、ベトナム人民がいかに悲惨な目にあっていたかということ、それらの帝国主義・植民地主義と傀儡政権にベトナム人民がいかに勇敢に戦ったのかが対照的に示されています。

（2）「公式的記憶」の英雄的な語り

「公式的記憶」は政治的言説や歴史認識として語られるだけではありません。ベトナム戦争中から戦後直後まで、文芸の分野においても、戦意高揚・人民動員のため、公式的なベトナム戦争像に基づいてステレオタイプの創作が続けられていました。基本的には、社会主義リアリズムの手法に基づいて「革命的英雄主義」を描く文学が創作されています。ここでいう「英雄」とは、道徳的という意味も含めて完全で完璧、堅忍不屈で機略に富み、共産党に絶対的な忠誠を示す人物だとされます。この最も典型的な例が『あの人の生きたように[12]』（一九六五年）です。グエン・ヴァン・チョイという南部の革命戦士を扱った作品で、当時のアメリカ国防長官マクナマラがベトナムに視察に来た時、彼を暗殺しようとして捕まり、処刑された人物の話です。チョイの英雄的な振る舞いをみならおうとする妻の手記という形式で構成されたのがこの作品であり、チョイは「革命的英雄主義」の典型として取り上げられ、当時盛んに宣伝されました。このようにこの時期の文学作品は、戦意高揚・人民動員のために、模範となる「英雄」の姿を書いてきたのです。その一方で戦意を挫くような描写は禁止され、実際、その禁止に抵触する筆禍事件が起きています。一九七一年、グエン・ズイという詩人は、銃後にいた母親が生活に困って乞食をするという描写をしたために発禁処分を受けています。ファム・ティエン・ズアットという詩人は戦死者の葬儀の場面を克明に描いたために、これも発禁処分を受けています。記録映画や写真といった映像の分野でも、人民軍兵士の死体の映像を映さないようにするなど、この時期には文学と同じような制限が課されていました。

一九七五年にベトナム戦争が終結した直後は、勝利の高揚感もあり、その戦歴を誇る高級軍人のベトナム戦争に関する回想記が幾つか出ています。その代表的なものとしてはヴァン・ティエン・ズン（当時の人民軍総参謀長）の『サイゴン解放作戦秘録』[13]や南ベトナムでの活動歴が長かったベトナム南部解放軍のチャン・ヴァン・チャー上将の回想記『三〇年戦争の終焉』[14]（一九八二年）があります。この二つには、重要な性格の違いもありますが[15]、いずれもベトナム戦争は正義の戦争であることを示し、自分たちの輝かしい戦歴や「われわれの英雄性」を称賛するものでした。ともに世界の最強国アメリカ帝国主義との戦いに勝利したのだという、自画自賛する語りであったといえます。

二　文芸を通して語られた「私的記憶」：栄光の影

八〇年代から九〇年代初頭にかけて、映画や文学において、「公式的記憶」とは趣を異にする「戦争の記憶」が打ち出されるようになりました。ベトナムにおける文芸は、検閲制度によって「公式的記憶」を否定するものは国内では発禁にされるという制約が課されていますが、それは創作者の「私的記憶」が表現される場であることも否定できません。八〇年代、ベトナムは経済的苦境に喘ぎました。ベトナム戦争が終結すると社会主義陣営からの経済的援助は減り、またカンボジア侵攻のために西側からは経済封鎖され、八六年にドイモイ政策が採択されたものの、経済的困難は九〇年代初頭まで続きました。ベトナム戦争で勝利したものの、このような経済的困難の中で、人々は「公式的記憶」だけでは語ることのできない記憶を紡ぎだしてきました。

（1）　七〇代末から八〇年代初頭：語り方の作法の転換

ベトナム戦争についての称賛型の語り方が変化を見せていくのが、一九七八、七九年のカンボジア紛争や中越戦争が勃発した時期になります。その先駆けとなったのが、従軍作家グエン・ミン・チャウの有名なエッセー「戦争について書くこと」（一九七八年）です。従来のベトナム文学の社会主義リアリズムのあり方、とりわけ戦争の描き方を批判したもので、現実とはかけ離れた、こうあるべきだという姿ばかりを、ベトナム文学あるいは戦争の語り方はしてきたのだということを初めて批判的に指摘した画期的エッセーです。これによって文芸における「公式的記憶」の語りの作法からの転換が促されます。「公式的記憶」から「逸脱」した創作としては、グエン・チョン・オアインの『白い大地』（一九七九年）やヴー・キー・ランとグエン・シンの共著『戦火の地の記事』（一九七九年）が、初めて戦争の悲惨さ、勝利の死の代償がいかに大きかったということに触れるようになったといわれています。もちろんこれらの作品において、戦争の正義性・英雄性が否定されているわけではありません。

一九八〇年代に入ると、登場人物の英雄性が少し低下し、人間としての卑小さをあわせ持っている、あるいは戦争による痛みを抱えた人物像と、従来の英雄的人物像が混合された中間的な形態のものが幾つか出てくるようになります。その最も代表的な作品としては、スアン・ドゥックの『風の扉』（一九八一年）が挙げられます。一九七九年以降から八〇年代半ばまでの時期、かつての「勝利は革命の必然」というような捉え方から離れて、より客観的に戦争が見られるようになりました。個々の軍事指導の誤りや、勝利の栄光の中での痛ましい犠牲も描かれるようになりました。人物像はかつての「革命的英雄主義」に基づく非常に完璧で理想的な人物から、確かに戦闘の英雄でもあるけれど、欠点もある、卑小さもあわせ持つ人物として描かれるものが主流になってきます。

この時期、「戦争の記憶」をめぐって最も先鋭的であったのは、いわゆる「修正主義[16]」の映画です。その口火を切ったのが一九八四年の『十月になれば』（ダン・ニャット・ミン監督）です。この映画は、夫が戦死した事実を直ぐには自分に納得させることができず、同居する義父に夫の戦死を告げられず苦悩する若い妻の話です。映画の舞台は戦場ではなく、ベトナム戦争後の「銃後」に設定されています。多大の犠牲を払ってえられた国の栄光を叙事詩的に語る語り口ではなく、国家や国民の「栄光の物語」だけに回収されない、戦死した兵士への個人的な想いや記憶に目が向けられています。戦時の理念や、戦勝によってもたらされる戦後への期待や夢が、実際の現実を前に挫折していく様を描いた作品が幾つかあります。退役した兵士達の、貧困で悲惨な戦後の状況と、戦後社会の道徳的退廃をドキュメンタリー風に描いた『思いやりの話』（一九八七年、チャン・ヴァン・トゥイ監督）や、戦争中に革命幹部をかくまった売春婦が戦後に裏切られて報われなかった『河の女』（一九八七年、ダン・ニャット・ミン監督）などには、戦時中に払った犠牲の大きさに見合った代償がえられていないことや戦後社会への不満が込められています。ドイモイ以降の市場経済化によって、「戦争の記憶」が陳腐化し、世代間のギャップが表面化していることを描いているのは『退役将軍』（一九八八九年、グエン・カック・ロイ監督）と『私を許して』（一九九二年、ルー・チョン・ニン監督）になります。前者では退役将軍である夫が、市場経済化の中で権威を失い、妻の拝金主義ぶりに圧倒されていく姿が描かれています。後者の『私を許して』では、戦後世代であるヒロインが、戦中世代の映画監督に想いをよせますが、「戦争の記憶」に引きずられている彼に次第について行けなくなり、決別するという話です。『私を許して』までの作品の背景となっているのは、まだ経済的な貧しさにあえぐベトナム社会です。この時期の新旧世代論争においては、旧世代からは彼らの世代の払った戦争での犠牲が主張され、新世代からは、ひどい貧困以外にどんな戦後の遺産があるのかという辛らつな反論が出されています。[17]

「修正主義」の映画は、「公式的記憶」とは異なった語り口で「戦争の記憶」を表現していますが、「公式的記憶」への「対抗記憶」となっているとはいえません。「修正主義」の映画は、「公式的記憶」の正義性や英雄性そのものを否定しているのではなく、ベトナム戦争の記憶を通して、戦後社会の精神的堕落・拝金主義や官僚主義・腐敗を批判しています。「公式的記憶」と戦後社会の実態の乖離を埋める役目を結果的にはしているともいえます。したがって「対抗記憶」を形成したというよりは、「公式的記憶」を補完し、「戦争の記憶」を多様化したといっていいでしょう。

（2）　一九八〇年代末以降：「反抗文学」の語り

ドイモイが開始された八〇年代の末になると、いわゆる「反抗文学」の作品が登場してきます。この「反抗文学」の中では戦争の悲惨さが人間の運命や内面世界を通して表現されるようになっています。代表的なものとして、レ・リュー『はるか遠い日』[18]（一九八七年）、バオ・ニン『戦争の悲しみ』[19]（一九九一年）、ズオン・トゥー・フオン『無題小説』[20]（一九九〇年）の三つの作品を取り上げましょう。前の二作品は、ベトナム国内の文学賞を受賞している著名な作品です。三つ目の『無題小説』の作者ズオン・トゥー・フオンは「反抗文学」の最も代表的な文学者で、一九九〇年に共産党から党籍を剥奪され、国内では作品が出版できない状況にあり、そのため『無題小説』は国外で出版するしかありませんでした。上の三つの作品はいずれも、いかに戦争で悲惨な体験をし、戦争が人間性というものを歪めてしまったのかということを強調している点で共通しています。どの小説の主人公も、戦争に従軍している兵士ですが、かつての「英雄」のように、民族解放の大義のために全身全霊を傾けて献身しているといった晴れがましさはなく、戦争のもたらした悲しみを湛えた存在であることが前面に出ています。『はるか遠い日』では、個人の幸福より家族や職場の名誉が上位に置かれていますが、主人公サイの出征への動機は愛国心のためであるとともに、結婚生活の不幸を忘れるためという私的事情によるものだと設定されています。『戦争の悲しみ』では、愛し合っていた二人の人間関係が戦争によって切断されてしまった悲しみが描かれ、集団の英雄的行為としての戦争ではなく、個人の喪失感と悲しみから戦争を捉える姿勢が窺えます。『無題小説』では、飢え、病気（主にマラリア）、精神障害、性欲、野獣などに苛まれるジャングルの兵士の悲惨な様子が詳細に描かれるとともに、人民軍の中で発生していた逃亡兵問題や味方への誤射などにも触れられています。この作品は、戦争中戦うことがベトナム民族にとっての「高貴な歴史的使命」だと思い込まされ、若者はその言葉に魅せられるように動員されていった傷ましさを批判しています。フオンのそういった思いは、戦時中、準軍事組織であった青年突撃隊に参加した女性たちの戦後の悲惨な様子（僻地の農場や林場などで労働し、男性と知り合う機会もなく中年を迎え、独身で子どももなく生活している多数の女性たちのこと）が念頭にあります[21]。

これらの作品に対しては、ベトナム国内ではかなり強い抵抗や反発もありました。とりわけバオ・ニンについては、批判的な記事が新聞・雑誌に相当数掲載されました。特に軍関係者からの反発は強いものがありました。批判点として次のような問題が挙げられています。『戦争の悲しみ』は戦争の悲惨な否定的側面だけが描かれていて一面的であり、「抗米救国抗戦」の英雄的側面が描かれていない。輝かしいベトナム人民軍の歴史を汚すものであり、ひいては戦没者とその遺族を冒涜するものである。救国戦争と侵略戦争を区別していない、など。しかしながら、『戦争の悲しみ』が曲りなりにも公けにされてきたということは、戦争の悲惨さや痛みをもつ「戦争の記憶」のあり方を排除してしまったら、「公式的記憶」の存在も揺らぎかねない、そういう思惑もあって、ベトナム戦争の正義性を否定しないかぎり、こういう傾向のものも完全には拒否することはできなかったのではないかと考えられます。

戦争中あるいは戦争終結直後のベトナム戦争に関する称賛的語りはベトナム人にとって「抗米救国抗戦」を戦うことこそが人道性を発揮することであるという考え方、つまり侵略に抵抗して独立を守る戦争を遂行することこそ正義であり、人道性を確保することであるという見方を、とってきました。[22] 八〇年代半ば以降の戦争についての語りの中でもこういったものはありますが、少し色合いが異なってきている面もあります。たとえばグエン・ミン・チャウの場合がそうで、広く人道性を発揮する英雄的な面もあるが、戦争指導のミスによって悲惨な目にあわされながらも果たさなければならない私的な道義的義務としての面にも着目しています。さらに、ベトナム戦争が正義の戦争であったことは否定しないが、戦争というのは非人道的な行為であって、人間関係、人間性、人格というものを破壊する性格をもったものだという考え方があります。『戦争の悲しみ』の作者バオ・ニンなどはこの立場にたっていると思われます。

文学において、ベトナム戦争の語られ方は、「英雄的な正義の行為の物語」から、八〇年代の末以降、「わたしにとっての悲惨な体験」を語るものが多くなってきたということができます。「公式的記憶」では表れにくい、もしくは隠蔽されていた、非英雄的側面、戦争の悲惨な側面といったものが浮き彫りにされるようになってきたのです。ただベトナム戦争全体の意義を否定するような意見は出てきていません。しかし戦争の悲惨さについて、バオ・ニンの支援者の一人であった文芸批評家ゴ・タオのように、七二年の激戦・クアンチ攻略は「無意味な犠牲」であったとはっきりと断言し、多くの犠牲を生んだ責任を問う声もでてくるようになりました。[23]

三　ポスト冷戦期の「戦争の記憶」

一九九〇年代初頭までの「公式的記憶」は冷戦期型の記憶ともいえます。冷戦期型の記憶とは、東西陣営の対立を背景に、敵か味方かの厳格な二分法に立って、敵である旧南ベトナム政府・軍関係者やアメリカ軍などの国内外の「階級敵」を差別し、共産党をはじめとする世界の「革命潮流」の勝利・栄光を誇示するものであったといえます。一九九一年にソ連が解体し、カンボジア和平に関するパリ協定が調印されると、冷戦構造が崩れ、ベトナムへの西側からの経済封鎖も解かれるようになり、ベトナムを取り巻く国際環境は大きく変化しました。こういった中で、冷戦期型の「戦争の記憶」だけでは状況に対応できず、ポスト冷戦期型のそれへと転換を迫られるようになったといえます。この転換は、抜本的な性格の変化というよりは、冷戦期の「公式的記憶」の中核が保持されたままで、新たな状況に対応した新しい面が加味されたということです。

（1）　愛国主義教育と「戦争の記憶」

八〇年代末から九〇年代初頭にソ連や東欧の社会主義政権が倒れて冷戦構造が崩壊した時、ベトナム共産党は「ホーチミン思想」の公式イデオロギー化と「歴史の力」の動員を図りました。それ以前には「ホーチミン思想」という言い方がされたことはなく、一九九一年の第七回党大会で、はじめてこの言葉が使われるようになりました。これは社会主義イデオロギーに対する信念の危機が高まる中で、「ホーチミン思想」を梃子にベトナムの社会主義体制の正統性を補強するために打ち出されたものだと考えられます。社会主義というのは故ホー・チ・ミンが選択した道だということが強調されました。八〇年代の末に、共産党に対する様々な批判が表面化し、その中には複数政党制を主張する声も国内外から上がっていました。共産党はあくまでも一党独裁体制を堅持することを主張しました。その論拠は政治的安定とその下での経済の発展でした。複数政党制を認めることは政治的不安定につながり、政治的不安定になれば経済的発展を進めることができなくなるという論理で、一党独裁体制を正統化していったわけです。このように「ホーチミン思想」や経済発展の論理による共産党支配体制の正統化の再構築とならんで、冷戦期型の「戦争の記憶」は、「歴史の力」、つまり共産党だけが歴史的に民族独立をもたらすことができた勢力であることを喚起するものとして動員・活用され続けます。さらにポスト天安門事件、ポスト冷戦期の「和平演変」（平和的手段によって社会主義体制を崩壊させること）への警戒のため、「公式的記憶」の中核は変わることなく堅持されているといっていいでしょう。

一方、拝金主義の横行など市場経済化に伴うマイナス面を調節し、グローバル化に対するナショナル・アイデンティティー保持のためなどから、一九九三年のベトナム共産党第七期第四回中央委員会総会では、「民族文化」防衛が中心的課題とされました。さらに九八年の第八期第五回中央委員会総会では、近代化と工業化へ向けての包括的な「文化戦略」が策定され、「愛国主義教育」や「愛国競争運動」があらためて提唱されるようになっています。[24]「愛国主義教育」の中で「戦争の記憶」は重要な位置をしめますが、中国での「愛国主義教育」と違って、ベトナムでは特定の国を批判の対象として集中的に取り上げることはしていません。「愛国主義教育」キャンペーンの代表的な例として、「恩義に報いる運動」があります。この運動は一九九七年から始められている運動で、「烈士・傷病兵の日」五〇周年に際して発動され、スローガンとして「水を飲んだら水源を思い出せ」、「恩義に報いる」などが掲げられています。それらのスローガンは、国のために戦争の犠牲となった人々の功績を忘れるな、ということを意味しており、自国の兵士達の功績を偲び、報いるという方向で戦争の想起が促されています。またベトナム北部では各市町村に必ずといっていいくらい、戦没者共同墓地が造られています。九〇年代に入って、立派な戦没者共同墓地が次々と建設されています。[25] この戦没者共同墓地の慰霊碑には大抵「いつまでも戦没者英雄の恩を忘れない」という文句が刻まれています。

（2） 民族的和解と「戦争の記憶」

社会主義的市場経済の導入、多極的外交の展開、西側からの外資導入などを柱とする改革開放政策を推進する上で、従来の冷戦期型のような「戦争の記憶」の動員の仕方では不適切な面が出てきました。改革開放政策で近代化・工業化を進めていくのには、資本主義国とも関係を強め、国内の必要な人材を階級や地域を越えて結集し活用する必要があり、階級間・地域間（特に南北間）の対立、あるいは西側諸国との対立を助長するような冷戦期型の「戦争の記憶」の動員はトーンダウンせざるをえなくなりました。八〇年代の末に「階級出自主義（「履歴主義」）を緩和するような措置がとられていますが、[26] そこでも「階級敵」を強調するのではなく「民族的調和」や「民族的和解」をはかって、経済発展をめざすような「戦争の記憶」の動員に変わっていく必要があったわけです。

民族和解へ向けてなされてきたのは、敵か味方かの単純な善悪二分法からの脱却と「哀悼の共有」、さらに「内戦の歴史の忘却」です。民族和解でまず問題となるのが、南北間融和の問題になります。この南北間融和が促されている背景には、経済発展をはかるのに南部や越僑（在外ベトナム人）の役割がきわめて重要であることが挙げられます。また「和平演変」への対策として、南北間融和を進め、国民統合を強固にしておくことも必要でした。ブイ・ティンやグエン・ヴァン・チャン（彼らは共産党員で高級幹部であった人たちですが）などの「異議申し立て」を行った人々から、南北統一尚早論や連邦制論などが出されてきたことも、影響を及ぼしているかもしれません。[27] これらに対抗する意味においても、南北間融和が重要な課題になってきたといえます。九五年までに、南北に別れて反対側で戦っていた長い別離の後に兄弟が邂逅するというテーマが文学やテレビ番組で盛んに取り上げられるようになっています。[28]

ベトナム戦争後の文学や映画において、ベトナム戦争中にベトナム南部の農村がサイゴン政府側と解放勢力側に分かれて激しく対立し分裂していたことを真正面から扱ったものは多くありません。稀な例として、小説『ツバメ飛ぶ』[29]（一九八九年）と映画『ナイフ』（一九九五年、レ・ホアン監督）があります。この二つの作品はいずれもサイゴン政府側と解放勢力側が抗争している村に住み、肉親を殺された復讐心を抱く少女が主人公になっています。サイゴン政府側の人物は否定的な人物ではあるものの、まったくの悪人であるとは描かれておらず、単純な二分法はとられていません。これは、戦争中の有名な映画『愛は一七度線を越えて』（原題『一七度線の昼と夜』、一九七二年、ハーイ・ニン監督）と異なるところです。

「哀悼の共有」を示す例としては、映画『遥かな旅』（一九九六年、レ・ホアン監督）があります。死んだ戦友の遺骨をその母親に送り届ける話なのですが、主人公の人民軍兵士とヒロインの南ベトナム解放民族戦線の兵士は戦友で、それにたまたま同道することになったかつての旧南ベトナム政府軍兵士の三人が、一緒になって遺骨を送り届けるという話です。最終的には、亡くなった兵士を悼むことをこの三者が共有することによって、一体感を味わうという構図になっている映画です。「哀悼の共有」を通して、北ベトナムの人も旧解放戦線の人も南ベトナムの人も同じベトナム民族、国民としての一体感をもつような「戦争の記憶」の呼び起こし方が示されているわけです。ただし、現実においてはかつての南ベトナム政府軍兵士はまだ哀悼の対象とされておらず、その共有のあり方には依然制限があります。南ベトナム政府軍兵士は、哀悼や顕彰の対象になっていないのは無論のこと、その傷病兵は今にいたるも国の社会保障の対象にもなっていません。「公式的記憶」においては、「内戦」という「兄弟殺し」の歴史は「忘却」されているといってもいいでしょう。旧南部で人気を博した音楽家チン・コン・ソンの歌に「母の遺産」（一九六五年）という有名な曲がありますが、この歌の歌詞に「一千年の中国の奴隷、百年のフランスの支配、二〇年の内戦の日々」という人口に膾炙したくだりがあります。ベトナム戦争後、一時、チン・コン・ソンの歌は禁止対象になりましたが、現在は解禁されています。しかし「母の遺産」は戦後に刊行されているチン・コン・ソンの歌集などにもほとんど採録されることはなく、埋もれています。

（3） 戦争のコメモレーション：顕彰と優遇

この時期の「戦争の記憶」のあり方に変化を惹き起こした他の要因として、ベトナム戦争のさまざまな後遺症の深刻化があります。「烈士（革命勢力側の戦没者）」の家族（とりわけ高齢化した父母）や傷病兵に対する援護や生活保障、戦争による精神障害者、枯葉剤被害者への対策など、市場経済が浸透するにつれ、ベトナム経済全体は発展しているものの、これらの発展から取り残され気味な弱者への救済が大きな社会問題として浮上してきました。九一年の第七回党大会で傷病兵と烈士の家族に対する生活保障の重要性が唱えられ、九四年には「優遇制度に関する法令」と「英雄的ベトナムの母に関する法令」が制定されました。「英雄的ベトナムの母」とは、戦死した子どもを複数持つ母親などに送られる称号です。「人民武装勢力英雄」、「労働英雄」とならぶ「英雄」称号の一つです。二〇〇二年六月までに、四万三七〇六人（そのうち死亡後に追贈された人が三万一一二四人）が「英雄的ベトナムの母」に認定され、一万五千人以上が国家によって扶養されています。[30] 九五年の解放二〇周年記念では「英雄的ベトナムの母」の顕彰が戦争コメモレーションの中心になりました。戦没者の両親や寡婦ではなく母にスポットライトをあて、顕彰するところにベトナムの特色が表れています。戦争や革命に功績があった人への「優遇制度」は一九五〇年代から導入されていますが、九四年の「優遇法令」ではより体系化されています。この優遇制度では、年金の給付や入学・就職において、戦争や革命に功績ある人の家族に対しては優先的な待遇を与えることになっています。全国で優遇制度を受けている人はのべで八二〇万人います（二〇〇八年七月時点）[31]。これは総人口の約一割に相当します。

ベトナムでの顕彰は、称号と勲章等の授与によって行なわれています。その中では戦争に関わるものが大きな位置を占めています。たとえば一九九八年の国家による顕彰の状況を見てみますと、いかに戦争関連の受賞者が多いかがわかります[32]。ベトナムはドイモイにより「大文字の歴史」を喪失し、それまでの英雄的語りは説得力を減じ、そのかわりにドイモイの副産物として戦争のコメモレーションが盛んになったという意見があります[33]。「英雄宣揚」（「英雄」の称号の授与）に関していえば、ドイモイが開始されてから直ぐにこのような変化が生じたのではありません。概して、八〇年代、特にドイモイ開始直後の数年は「英雄宣揚」は低調であり、九〇年代に入ってから盛んになっています[34]。政治的パフォーマンスにおいて、かつてのような栄光賛美の英雄的語りが相対的に弱まり、そのかわりに社会保障や哀悼などのコメモレーションの面が強まってきたものと考えられます[35]。

（4）「集合的記憶」と「戦争の記憶」

ドイモイ以前、とりわけベトナム戦争中は、「家族」や「村落」といった中間団体への帰属意識は抑制されていた面があり、階級や民族・国家への直接的忠誠が強調されていました。戦争中「青年男女は家族と離れて戦場に赴いた。家族のことにあまり囚われるのは、個人主義的、プチブル的だとみなされる雰囲気があった[36]」と指摘されています。また、「人々は一時的に妻子、家族、郷里と離れ、民族全体にとって高貴で神聖なことに没入した。そんな時、村落共同体の意識は減じ、それに代わったのは民族共同体意識であった。（中略）戦闘生活は国中の多くの場所に彼らを連れていき、彼らはどこでもそこが故郷であると意識できた[37]」といった感想も述べられています。戦争中はこのような「戦争の巡礼」を通して、「階級」以外のサブ・ナショナルな「集合的記憶」は控えめにされ、直接的な国民意識が鼓吹される傾向が強かったのではないでしょうか。

ドイモイ以降、家族や村落の役割が見直されるようになりました。農業においては、従来の農業合作社から個々の農家が農業経営の主体となるなど、家族の位置と役割の回復が求められるようになったので、かつては禁じられていた「家譜」（家系図）が八〇年代末頃から表に出まわるようになりました。夫婦・親子・子弟の神聖な感情、祖先の恩を知る心、親族への関心が大衆キャンペーンなどで打ち出されるようにもなりました。村落においても、村祭りや「郷約」（村落内の掟）が復活するなど、伝統的な村落の紐帯が見直されるようになっています。これは、家族や村落への帰属意識や愛着を通して、国民統合をはかっていこうとする動きだと考えられます。このような動きに伴って、村落などの「戦争の記憶」が掘り起こされるようになっています。たとえば、地方史編纂での戦争関連の記述や資料づくり、村落で建設する戦没者共同墓地等々で具体的なかたちになっています。地方の退役軍人会による手記集なども編纂されるようになりました。このように「戦争の記憶」は、かつての「大文字の歴史」一辺倒から家族や村落といった「集合的記憶」に分節化することによって補強されるようになったともいえます。

「集合的記憶」の事例として、退役軍人のケースを以下でみていきます。退役軍人、さらに広くは戦中世代にとっては、民族解放闘争の「戦争の記憶」は自らの人生の証しや誇りとなっている面があります。このような心情は現体制への忠誠心と結びつけられてきました。社会主義体制を防衛するための「戦争の記憶」として、戦争時の死への脅威やつらい体験への忌避感が利用されている面もあります。ベトナムは長い間ずっと戦争をしてきたため、人々の間にはもう戦争はこりごりだという心理状況があり、いくら現状の政治に不満があったとしても、戦争時よりはましであるという忍従の意識がベトナムの人々の心の中には非常に根強くあり、現実から目を背けて過去の栄光に逃避する傾向がある、それがベトナムの人々の政治意識向上にとっての大きな障害になっている、と文学者ズオン・トゥー・フオンは指摘しています。このような意識構造が、共産党の一党独裁体制下での「政治的安定」を下支えしている、というのです。(38)

もっとも退役軍人の人たちが全てこのような「草の根保守主義」にとどまっているわけではありません。退役軍人は共産党支配体制の有力な支持層であるとともに、ベトナム戦争を担ってきた者の自負からくる強い発言権をもつ批判者でもあります。一九九七年の夏に北部のタイビン省で大規模な農民反乱がありましたが、それも地方幹部の腐敗に怒った在地の退役軍人たちがリーダーとなって起こしたともいわれています。九八年、思想や文化の分野で長年活躍してきたチャン・ド中将は、共産党と政府に対して大胆な政治改革の必要性を説き、党のイデオロギー放棄を要求して、翌年に共産党を除名されています。戦争に功績のある退役軍人たちをいかに宥め、支持層として繋ぎ止めておくかが大事な政治課題の一つになっています。

八〇年代なかばに南部において退役軍人の団体である「旧抗戦者クラブ」が結成されました。クラブは、官僚主義と権威主義と汚職に反対し、ドイモイや「民主化運動」の推進勢力の一つになりました。彼らは、革命のよき成果と純粋さを守ることを望み、同時に自分たちの利害を擁護することも望んでいました。僅かの年金しかなく、権力も俸給もすでにない年配の退役軍人にとって、社会にこのまま汚職や賄賂がはびこり、高度のインフレが続けば、生活は困難になります。「旧抗戦者クラブ」は、当時の退役軍人の不満を代弁して共産党指導部をも批判するようになったため、一九九〇年初頭には解散に追い込まれました。かわりに一九八九年一二月、体制翼賛的な組織として「ベトナム退役軍人会」が設立されました。この組織は、全国的に退役軍人を結集する受け皿としてつくられた組織です。二〇〇七年一二月の時点で約二二〇万人の会員を擁しています[39]。政府や共産党は、「退役軍人会」を通して、退役軍人をコントロールし、強固な支持基盤にしようとしています。そこで退役軍人たちの「集合的記憶」を高め、退役軍人会の結束を強めるために、「戦友意識の鼓舞」が行なわれています。具体的な例としては、「昔の戦場に戻って同隊（戦死した戦友）を探す」運動などが行なわれています[40]。この戦友意識において、かつて同じ軍隊の釜の飯を食ったということで、国家指導者も自分も同じ戦友だという意識でとらえられるわけですから、「退役軍人会」には、国家指導者に対する一体感を持たせ、さらには体制側に取り込んでいくという意味があります。しかし、それと同時に自分は対等である、意見を主張できるという意識にもつながっています。つまり、この「戦友意識の鼓舞」は、支配層との一体感を作るということと、対等意識を作るという二面性（時には両刃の剣となる）をもっているわけです[41]。

（五）　対米関係と「戦争の記憶」

国際関係とりわけ対米関係は「戦争の記憶」のあり方に大きな影響力をもつ要素の一つです。ベトナム戦争の対戦相手であったアメリカとの国交樹立は、ベトナム戦争終結二〇年後の一九九五年に達成されました。「痛ましい過去を閉じて、共に未来へ向かう」と、アメリカとの関係強化を求める動きがある一方で、アメリカに対するわだかまりや警戒感が根強く残り、ベトナムの対米関係は一筋縄ではいきません。ベトナム人のわだかまりを示すものとしては、二〇〇二年にクリントン米大統領（当時）が米大統領としては戦後初めてベトナムを公式訪問した際、ベトナム共産党のレ・カー・ヒュウ書記長（当時）は大統領夫妻を歓迎しながらも、ベトナム戦争を侵略だと位置づけ、「ベトナムは米国に軍を送らなかったのに、米国はなぜベトナムに軍を派遣したのか」と問いかけました。さらに、「戦争のおかげでわれわれは南北統一を果たせた」と辛らつな皮肉を述べ、ベトナム戦争に対するアメリカの責任を追及する発言をしました[42]。この強硬な姿勢は、アメリカの謝罪や賠償を求める国内の声や反米感情を配慮したものだといわれています。

対米関係を深めていくには従来の「公式的記憶」を抑制しなければなりませんが、これは共産党の正統性の源泉でもあり、蔑ろにするわけにはいきません。またアメリカに対しては「和平演変」への警戒心もあります。そのため共産党の「歴史の力」と西側への警戒感を喚起するものとして、従来の「公式的記憶」は存続しています。「アメリカ帝国主義にベトナムは勝利した」とする記憶の直接的な宣伝や動員のあり方もありますが、間接的な記憶の宣伝や動員の利用もあります。たとえば一九九〇年にユーゴスラビアでNATO軍による空爆が行なわれた時、ベトナム共産党機関紙『ニャンザン』は、連日それに対する反対キャンペーンを繰り広げました。それは、市場経済化をめざし、アメリカとの関係改善に腐心していたと思われた中で、どうしてあえてそのような反米的行動をするのか、一見不可解な行為に見えたわけです。では何故そのような反米キャンペーンをしたのかというと、アメリカの帝国主義的な振る舞いに対して、共産党はあくまで反対するのだという姿勢を示し、ひいてはアメリカ帝国主義に勝利したベトナム共産党の栄光を呼び覚ます構図になっているからだ、という見方があります[43]。同様の間接的な記憶の動員は、イラク戦争の時にも見られました。このように「公式的記憶」の動員は、ズオン・トゥー・フオンの言い方を借りれば、ベトナム共産党や人民軍の過去の栄光を呼び覚ましてその存在感や権威を高め、「和平演変」警戒論と結びつけて冷戦期的思考を温存させ、ベトナム人民の政治的忍従を培養するものとなっています。

九五年の国交樹立以降、米越関係は次第に緊密になってきていますが、その一方でアメリカは人権問題（特に宗教の自由）で折に触れてベトナムに政治的圧力をかけています。たとえば二〇〇四年にアメリカ国務省が出した「世界各国の宗教の自由に関する年次報告書」ではベトナムは「特に懸念される国」に指定されており、ベトナムに人権状況の改善を求めています。二〇〇一年と二〇〇四年にはアメリカ下院において、宗教団体や反共的なベトナム系アメリカ人を支持基盤とする下院議員の提案で、ベトナムの人権状況が改善されなければ経済制裁も辞さないという「ベトナム人権法案」が可決されました。この法案は上院では可決されませんでしたが、人権問題はアメリカの対越外交のカードの一つになっています。これに対してベトナム側は、人権侵害というアメリカ側の指摘を否定するとともに、「アメリカ人のなかにさえ、アメリカはベトナムに対して人権のことをいう資格はないと感じている人がいる。アメリカは、ベトナム人民に対して引き起こした罪悪に満ちた戦争の残した現実を克服する道義的責任がある。ベトナム侵略戦争は人権と民族自決権に違反した明白な行為である。人権面に関して、アメリカは自分がかつてしたこと、その政策について、ベトナム人民に対する精神的責任を自ら感じなければならない[44]」と、ベトナム戦争の記憶を持ち出して反駁しています。このようにベトナム戦争の戦争責任を問うことは、アメリカの政治的圧力に対抗する手段になっています。

一方、九〇年代の米越関係で特筆すべきは、「ハノイ対話」が行なわれたことです。この対話は、九五年に刊行された『マクナマラ回顧録[45]』で「ベトナム戦争は間違っていた」と認めたマクナマラ元国防長官の提案により、九七年に当時の両国の戦争指導者たちがハノイにおいて「和平のための機会が見逃されてはいなかったか」というテーマで話しあった会議です[46]。回顧録はアメリカ国内では批判が激しかったようですが、ベトナムでは好意的に受け止められ、ベトナム語にも翻訳されています。ハノイ対話では、アメリカ側が六〇年代の「小状況」の検証に重点をおいていたのに対し、ベトナム側はより歴史的レンジの長い「大状況」の検証やベトナム戦争「水源論」に関心をもっていたように思えます。ともあれ相対した戦争の当事国がその当時の最高指導者たちを含めて、白熱した「対話」を行なったことは空前絶後の事で、おおいに評価できることではないでしょうか。この対話がベトナム側にどのような影響を及ぼしたのかは明らかでありませんが、「果たしてベトナム戦争はやる必要があったのか」、「戦争をしなくても独立を獲得する他の平和的方法があったのではないか」という議論をベトナム国内で引き起こす契機にもなったように思われます(47)。

九〇年代、アメリカ人と「哀悼を共有する」という動きが、少なからず出てきたことも無視することはできません。虐殺事件は「戦争の記憶」の中でも特にクローズアップされるものですが、ベトナム戦争で最も有名な虐殺事件としては、アメリカ軍によるソンミ村の虐殺事件（一九六八年）があります。戦後、ベトナムは現場のクアンガイ省ソンミ村ミーライ地区の展示館において、虐殺に関わったアメリカ兵の一人ひとりの写真を展示し、その悪行ぶりを徹底的に明らかにしようとしてきました(48)。しかしソンミ村の虐殺事件を外向けに大々的に宣伝して反米キャンペーンをするようなことはしてきませんでした。ドキュメンタリー映画『ミーライのヴァイオリンの調べ』（一九九九年、チャン・ヴァン・トゥイ監督）は、虐殺事件の三〇年後に三人のアメリカ退役軍人が現場を再訪し犠牲者を追悼する話です。この映画の中では、虐殺という戦争の罪悪が告発されていますが、同時に米越双方がともに痛みを分かち持っていて、アメリカの退役軍人が戦争の傷跡を癒す努力をしている姿も共感をもって描かれています(49)。

対米関係はベトナムにとって非常に重要な関係であり、これにヒビを入れるような「戦争の記憶」をアメリカに対して真正面からぶつけるようなことはできないものの、国内的には上述の「公式的記憶」を堅持し、必要な時にはジャブのようにそれを繰り出すといったスタンスを取っています。二〇〇五年の解放三〇周年記念日のベトナム共産党機関紙『ニャンザン』社説では「アメリカ帝国主義」に対する名指しでの非難は控えられており、ベトナム戦争の

「抗米」の面を取り上げる声がトーンダウンしています。その一方で、枯葉剤被害者が三〇周年のコメモレーションの中心にすえられています。アメリカはベトナムの枯葉剤被害者への戦争責任と国家補償を否定しつづけているため、二〇〇四年、ベトナムの枯葉剤被害者たちはニューヨークの連邦地裁に枯葉剤製造会社を相手に集団訴訟を起しました。二〇〇五年三月の第一審で訴訟は棄却されています。枯葉剤被害者は二〇〇五年七月に改正されたベトナム国内の「優遇法令」では、その対象とされるようになりました。

九〇年代のポスト冷戦期に入ると、外資が積極的に導入されるようになり、市場経済が浸透しベトナム経済は順調に成長軌道に乗るようになりました。ベトナム社会は多様化し、グローバル化が進展しました。従来の「公式的記憶」の構図はなくなったわけではありませんが、単純な二分法は採用されなくなり、アメリカ人との哀悼の共有も行われるようになりました。社会の多様化に応じて、さまざまな「集合的記憶」で「公式的記憶」が補強されるようになっています。ただ、まだ旧南部人や在外ベトナム人の「集合的記憶」はタブー視されていますが。冷戦期とポスト冷戦期の違いを、あえて図式的にいうと、冷戦期の「戦争の記憶」のあり方は「社会主義的同化主義」であり、ポスト冷戦期のそれは「ナショナリスティックな多文化主義」であるといえます。

四　個人の「証言」への関心の高まり

二一世紀に入って注目すべき動きは、①「民族大団結」（国民総和解）へ向けての動きがより活発化してきたこと、②戦争についての個人の「証言」に関心がもたれるようになっていることです。二〇〇〇年にホーチミン市で開催された「サイゴン解放二五年周年記念式典」では、戦後早くに北の組織に吸収されたために表舞台から退いていた南ベトナム解放民族戦線の旗が公式の場で復活し、解放戦線の役割が再評価されるようになりました。二〇〇一年の第九回党大会では、「全民大団結」路線が採択され、民族総和解路線がいっそう推進されることになりました。二〇〇四年一月には、元南ベトナム副大統領のグエン・カオ・キが亡命先のアメリカから一時帰国し、かつての反共的在外ベトナム人にも帰国の門戸が開かれてきました。「南から見た戦争」にもようやく日が当たるようになってきたとの報道もあります[50]。南部人や在外ベトナム人の「戦争の記憶」が今後どれほど受け入れられ、国内における従来の「戦争の記憶」にどのような変化をもたらすのか、旧サイゴン政府軍の戦没者を哀悼の対象とする時が果たしてくるのかどうか、注目されます。

バオ・ニンの『戦争の悲しみ』以降、概して、戦争文学が振るわなくなったのにたいし、九〇年代末から高級軍人ではない普通の兵士の日記や書簡が刊行され、注目されるようになりました[51]。『ベー・チョック』(一九九九年)、『チュー・カム・フォンの日記』(二〇〇〇年)(その後『戦争日記』と改称)、レ・カオ・ダイ『その日の中部高原』[52](一九九七年、英訳版は二〇〇四年)、さらには二〇〇五年には、『ベトナムの戦時中の書簡集』、『ダン・トゥイ・チャムの日記』[53]、『永遠に二〇歳』が刊行されています。特に最後の二作品は大きな反響をよび、それは、戦争中に読まれた『あの人の生きたように』以来の大きさだといわれています。これらの日記や書簡は、英雄的語りでもなく、虚構でもなく、実際の兵士(多くは戦没者)のありのままの姿を描いたものです。というのは、これらの日記や書簡は不特定多数の読者を想定し公表を前提に書かれたものではなく、少なくとも執筆者段階では政治的意図によって脚色されたものではないからです。日記では、米や塩が不足していた戦争中の窮乏生活や、豪快に湧き上がる戦争の気勢の描写ばかりではなく、恋愛や戦友の友情なども描かれており、これらの全てが戦争において兵士達の生活の全体を形成していたことを明らかにしています。これらの戦時中の若者の日記が大きな関心をよんだのは、幾つかの理由があるように思われます。一つは、戦争体験を教育するという観点からです。二〇〇五年時点で、戦後生まれが約四八〇〇万人と総人口の六割近くをしめるようになり、戦後世代に戦争をいかに語り継いでいくことができるかが大きな課題になっています。近年になってラジオ・テレビなどで一般の元兵士が戦争体験を話す番組が制作され、戦争体験者の「証言」を聞く教育運動も行われるようになっています。(54) 戦争の教育にとって、これらの日記は格好の教材となります。二つは、国民教化という観点からです。戦時中、純粋で一途に理想に生きた若者の姿は、現在の社会悪の蔓延や道徳的堕落に対する清涼剤としての役割を果たしています。実際、刊行直後から、この二つの日記を利用した国民教化キャンペーンが進められています。三つは、日記・書簡といった今まで比較的未開拓であった資料を通して、政治宣伝や学校教育のものとは異なった、直接的で新鮮な戦争像、兵士像が読者に感銘を与えているということです。このように日記が次々と刊行され反響をよんでいるのは、戦後三〇年が経過して、個々人のレベルから戦争がもっていた意義を捉えなおそうとする機運、「個人的記憶」からベトナム戦争を再検証してみようという機運がベトナムの人々の間に出てきた表われではないでしょうか。この動きが「公式的記憶」を補強するものとなるか、あるいは「公式的記憶」離れを助長するのか、いずれの可能性も考えられます。

おわりに

ベトナムにおける戦争の「公式的記憶」は、ベトナム共産党の政治的正統性の源泉として利用され動員されてきました。したがって「公式的記憶」の中核は共産党支配体制が続く限り、堅持されると考えられます。しかし「公式的記憶」のみが、ベトナムにおける「戦争の記憶」ではありません。「公式的記憶」は、八〇年代から噴出してきた「わたしにとっての悲惨な体験」を無視するわけにはいかなくなり、「私的記憶」によって補完されるようになりました。九〇年代には、戦争のコメモレーションが盛んになり、多様な「集合的記憶」も調達されるようになりました。

二一世紀には「証言」という「個人的記憶」が脚光をあびるようになっています。ただし、南部人や在外ベトナム人の記憶は国内では依然として抑制されています。その意味では、ベトナムの「戦争の記憶」はいまだ「片肺」で、「国民の物語」になっていないともいえます。ベトナム国内には、「公式的記憶」に対抗し、否定するような「戦争の記憶」は公になっていません。有力な「対抗記憶」が存在していない中、「戦争の記憶」は共産党の一党独裁制を維持する「保守的」政治機能を果たしている面があることは否めません。ただ、ベトナムにおける「戦争の記憶」は多様化しており、「公式的記憶」が戦争の意義付けを独占し続けることは困難になってきています。「公式的記憶」がベトナム国民にとって「歴史の力」でありつづけるのか、あるいは「歴史の重荷や桎梏」になるのか、今後を注目していきたいと思います。

（1）本稿は、拙稿「ドイモイ下のベトナムにおける戦争の記憶」（『Quadrante クァドランテ』第二号、東京外国語大学海外事情研究所、二〇〇〇年三月）を加筆・修正したものです。

（2）『世界』一九九九年、八月号、二二六～二三三頁。

（3）このことについては、古田元夫「戦争の記憶と歴史研究」（小森陽一、高橋哲哉編『ナショナル・ヒストリーを超えて』東京大学出版会、一九九八年）参照。

（4）近年出されたもののなかで注目されるのは、グエン・ヴァン・ホン大佐の回想記『強いられた戦争』（二〇〇四年）です。この本ではカンボジア進攻の指揮や作戦上のミスなどについても言及されています。Nguyễn Văn Hồng, *Cuộc Chiến Tranh Bắt Buộc*, Nhà Xuất Bản Trẻ, TP Hồ Chí Minh, 2004.

（5）二〇〇二年に江沢民・中国共産党総書記（当時）が訪越した際、ベトナム側に対して、高校歴史教科書や共産党史の書物での「友好的な記述」を求めたという。松尾康憲『現代ベトナム入門』（日中出版、二〇〇五年）二一九～二二三頁参照。本書は増補改訂版が二〇〇八年に出ています。

（6） 松岡完『ベトナム戦争——誤算と誤解の戦場』（中公新書、二〇〇一年）、遠藤聡『ベトナム戦争を考える』（明石書店、二〇〇五年）など。

（7） このような立場で書かれた文学作品としては、グエン・モン・ザックの『他郷』（一九八九年）、カオ・スアン・フイの『銃後に折れた三月』（一九八六年）などがあり、いずれも旧南ベトナム出身者によるもので、アメリカで出版されています。

（8） ズオン・トゥー・フオン著、今井昭夫訳「鴉の群れの羽ばたきの音」（東南アジア文学会編『東南アジア文学』一〇号、一九九九年七月）五六～六六頁。二〇〇七年現在、フオンはフランス在住。

（9） Ban Chỉ Đạo Tổng Kết Chiến Tranh Trực Thuộc Bộ Chính Trị, *Tổng Kết Cuộc Kháng Chiến Chống Mỹ Cứu Nước Thắng Lợi Và Bài Học*, Nhà Xuất Bản Chính Trị Quốc Gia, Hà Nội, 1995.

（10） ベトナム共産党政治局戦争総括指導委員会が編纂して二〇〇〇年に刊行した『ベトナム革命戦争　一九四五—一九七五年　勝利と教訓』では、巻末に一〇〇頁余りの統計データ篇が付けられています。ここでは、ベトナム戦争中の外国からの援助について、援助物資の総重量の表が一つあるだけで、援助国別の援助金額や人員数などについては記載されていません。またアメリカ軍やサイゴン政府軍の被害・犠牲者についてのデータはいろいろありますが、ベトナム戦争単独での革命側の戦死者数は集計されておらず、三〇年間の戦争の犠牲者数がまとめて記載されています。それによりますと、戦死者一一〇万人、負傷者六〇万人、行方不明者三〇万人、民間人の死亡者二〇〇万人となっています。

（11） 首都ハノイには軍事博物館（一九五九年創設）、ホーチミン市には戦争証跡博物館（一九七五年創設）があります。その他主要都市にもたいてい戦争記念博物館があります。

（12） ベトナム外文出版社編、松井博光訳『あの人の生きたように　グエン・バン・チョイの妻の記録』（新日本新書、一九六六年）。

（13） バン・ティエン・ズン著、世界政治資料編集部訳『サイゴン解放作戦秘録』（新日本出版社、一九七六年）。

（14） Trần Văn Trà, *Những Chặng Đường Của <B 2–Thành Đồng> TậpV Kết Thúc Chiến Tranh 30 Năm*, Xuất Bản Văn Nghệ Thành Phố Hồ Chí Minh, 1982.

（15） 古田元夫氏によれば、ベトナム戦争の勝因を、前者は党中央の正しい指導の結果だとしているのに対して、後者は地方や下部のイニシアティブの重要性を強調しています。古田元夫「ベトナムにとってのベトナム戦争」『東南アジア—歴史と文化』二〇号、一九九一年。後者はその後、発禁処分を受け、二〇〇五年に再刊されています。

（16） Mark Philip Bradley, “Contests of Memory: Remembering and Forgetting War in the Contemporary Vietnamese Cinema”, Hue-Tam Ho Tai ed., *The Country Of Memory*, University of California Press, 2001, p. 198.

(17) *Far Eastern Economic Review*, May 11, 1992.
(18) レ・リュー著、加藤則夫訳『はるか遠い日』（めこん、二〇〇〇年）。
(19) 本書巻末の文献案内の3を参照。
(20) Dưởng Thu Hưởng, *Tiểu Thuyết Vô Đề*, văn nghệ xuất bản, California, 1991.
(21) フォン、前掲論文。青年突撃隊の女性戦士像は戦争表象としてもよく用いられます。代表的なものとして、一九六八年に犠牲となった一〇人の若い女性戦士を埋葬しているハティン省ドンロックの戦没者墓地公園とその記念館があります。青年突撃隊・隊員の「戦争の記憶」については、拙稿「戦場に捧げた青春――旧北ベトナムにおける青年突撃隊・隊員たちのベトナム戦争――」（『Quadrante　クァドランテ』第九号、東京外国語大学海外事情研究所、二〇〇七年三月）参照。
(22) ここでは絶対的非戦主義は否定されます。ベトナム戦争中の南部においては、非戦主義をめぐる議論もなされていました。野平宗弘「ファム・コン・ティエンにとってのハイデガーと禅」（『言語・地域文化研究』第一一号、東京外国語大学大学院、二〇〇五年）参照。本論文はその後、野平宗弘『新しい意識　ベトナム亡命思想家ファム・コン・ティエン』（岩波書店、二〇〇九年）に所収。
(23) David Ignatius, "Vietnamese begin to question if war was worth sacrifices" *Washington Post*, November 12, 1991.
(24) 拙稿「ドイモイ下のベトナムにおける包括的文化政策の形成と展開」（『東京外国語大学論集』第六四号、二〇〇二年）参照。
(25) 二〇〇五年七月時点で、全国に約三〇〇〇の戦没者墓地があり、三八九〇の戦没者慰霊碑があります（*Nhân Dân* 17-7-2005）。
(26) 一九八七年頃より出身成分が問われなくなり、家譜などの文書が表に出てくるようになりました。桜井由躬雄「ベトナムにおける新出史料の紹介―とくに村落地方文書について―」一九九三年四月二四日、東南アジア史学会関東例会。
(27) Nguyễn Văn Trấn, *Viết Cho Mẹ Và Quốc Hội*, Văn nghệ xuất bản, California, 1995. pp. 225-227.
(28) Hue-Tam Ho Tai, *op.cit.*, p. 181.
(29) グエン・チー・ファン著、加藤栄訳『ツバメ飛ぶ』（てらいんく、二〇〇二年）。
(30) *Nhân Dân* 21-7-2005.
(31) そのための財政支出は毎年一一兆ドン余りになっています（*Nhân Dân* 27-7-2008）。
(32) 一九九八年の国家による顕彰の状況

勲章・称号・徽章	授与された人数
金星勲章	二八人

ホーチミン勲章	二八人
「英雄的ベトナムの母」の称号	一一三九人
「人民武装勢力英雄」の称号	六六三の団体・個人
「労働英雄」の称号	二二の団体・個人
「人民教師」の称号	一五人
「優秀教師」の称号	五一一人
独立勲章	四六八四人
労働勲章	一六一九人
抗戦勲章・徽章	二六六七四四人
軍功勲章	一三人
友好勲章・徽章	五六人
祖国安寧徽章	二二〇二人
決勝軍旗徽章	一八二人

（出所：*Nhân Dân* 5-3-1999）

(33) Hue-Tam Ho Tai, *op.cit.*, p4.
(34) 拙稿「ホー・チ・ミン時代の『英雄』たち ―ベトナムにおける「英雄宣揚」と人民動員―」（『東京外国語大学論集』第七〇号、二〇〇五年）参照。
(35) ベトナムにおける戦争のコメモレーションについては、拙稿「ベトナム戦争のコメモレーションに関する研究について」（『Quadrante クァドランテ』第一〇号、東京外国語大学海外事情研究所、二〇〇八年三月）参照。
(36) *Nhân Dân* 24-9-1993.
(37) Chu Huy, "Lễ Hội Làng Quê Ngáy Nay" *Văn Hoá Dân Gian*, số 1, 1993. p.12
(38) ズオン・トゥー・フオン、前掲論文。
(39) *Cựu chiến binh Việt Nam*, Số 200, Tháng 12-2007. p. 3. ちなみにベトナムには全国的な遺族団体はありません。
(40) 共産党や第七軍区司令部によって一九九七年から発動されています（*Nhân Dân* 19-10-1999）。遺骨とお墓が見つかっていない戦没者は三〇万人以上（*Nhân Dân* 27-7-2005）。これまでにベトナム政府は七三万人以上の戦没者の遺骨を戦没者墓地に納めています（*Nhân Dân* 11-4-2005)。

(41) 退役軍人の実態については、拙稿「現代ベトナムにおける退役軍人と退役軍人会——ベトナム北部ナムディン省ハイハウ県ハイソン社の事例——」（『東京外国語大学論集』第七三号、二〇〇七年）参照。

(42)『朝日新聞』および『日本経済新聞』、二〇〇〇年一一月二〇日付け記事。

(43) ズオン・トゥー・フオン、前掲論文。

(44) *Nhân Dân* 19-7-2004.

(45) ロバート・マクナマラ著、仲晃訳『マクナマラ回顧録——ベトナムの悲劇と教訓』（共同通信社、一九九七年）。

(46) この会議の記録としては、東大作『我々はなぜ戦争をしたのか——米国・ベトナム、敵との対話』（岩波書店、二〇〇〇年）およびロバート・マクナマラ編著、仲晃訳『果てしなき論争』（共同通信社、二〇〇三年）。

(47) たとえば、Lưu Văn Lợi, "Có khả năng tránh được cuộc chiến tranh Việt Nam không ?" *Xưa và Nay* Số 113, Tháng 4-2002. pp. 13-14.

(48) 展示館のパンフレットおよび *A Look Back Upon Sơn Mỹ*, Quang Ngai General Museum, 1998. 参照。本稿の初稿執筆時はそうであったが、その後展示館は新装改築され、一人ひとりの写真は撤去されました。

(49) 旧サイゴン政権やアメリカ側、そして在外ベトナム人などが取り上げる虐殺事件の記憶として、テト攻勢の時（一九六八年）の解放戦線側によるフエ市民虐殺事件があります。この事件の事実について吉澤南氏は否定的です。吉澤南『ベトナム戦争　民衆にとっての戦場』（吉川弘文館、一九九九年。復刊が二〇〇九年）二五五〜二五八頁。この本では、南ベトナム解放戦線＝南部の自立した民衆運動、と捉えられています。フエ出身の音楽家チン・コン・ソンの歌「死体の上で歌う」（一九六八年）は、この事件をテーマとしています。管見の限りでは、この歌も「母の遺産」と同様、戦後にベトナム国内で発行されているチン・コン・ソンの歌集にはほとんど採録されていません。ベトナム南部にあるクイニョン大学教員バン・マイ氏（一九六三年生まれ、女性）のチン・コン・ソン研究書が二〇〇八年に出版され、話題となりました。その本の中では、「死体の上で歌う」や「母の遺産」も分析の対象とされ、ベトナム戦争の「内戦」性や南北のベトナム戦争観の違いなどが浮き彫りにされました（Ban Mai, *Trịnh Công Sơn vết chân dã tràng.* NXB Lao Động. Hà Nội. 2008)。この本に対し、ベトナム戦争を偏って見ているとして、発行を差し止めるよう求める批判記事がベトナム共産党機関紙『ニャンザン』（二〇〇九年五月八日付け）などに掲載されました。

(50)『朝日新聞』二〇〇五年四月二九日付け記事。

(51) もちろん高級軍人の回想録も枚挙に暇がないほど多数刊行されています。二〇〇八年にベトナム国内で出版されたヴー・ゴック・ティエンとレ・マイの短編小説集『石の龍』とホアン・ミン・トゥオンの長編小説『神聖の時』は、人民軍側の恥部をも描いており、注目される。この二冊は刊行後すぐに発禁処分となった。

(52) レ・カオ・ダイ著、古川久雄訳『ホーチミン・ルート従軍記　ある医師のベトナム戦争　一九六五―一九七三』(岩波書店、二〇〇九年)

(53) ダン・トゥイー・チャム著、高橋和泉訳『トゥイーの日記』経済界、二〇〇八年。

(54) たとえばベトナム教育心理協会「伝統・歴史教育センター」は、課外活動として、「歴史的証人」との交流を通して、民族伝統や民族史を生徒に学んでもらう活動を行なっており、これまでにのべ五〇万人もの参加者がいたといいます (*Nhân Dân* 7-8-2005)。

中国はベトナム戦争にどう関与していたか
――歴史の再検証と二一世紀への教訓

朱建栄

今までのベトナム南北双方および韓国側からの証言を聞いて、ひとつ共通点があることに気づきました。それは、どちら側も、この戦争についてあまり思い出したくないということです。それはなぜか。中国を含め、あるいは旧ソ連、アメリカを含め、関係諸国ともこの戦争について当時から各々の判断がありましたが、あとでそれぞれ、思い違い、誤算があったと気づいたからではないかと思われます。当時は表向きに大義名分をもって自分こそが正しいと主張したものの、本当は色々な思惑を織り交ぜて判断、決定していたということもあって、それを進んで公表するのに、いささか躊躇があったということも考えられます。国民にこれまで自分のやり方の正当性を主張してきた。しかし事実は必ずしもそうではない。国民に向けた総括と反省がまだ行なわれていないと言うことができます。もちろん、冷戦が終わり、世界各国の人も、かつてのような悲惨な事実を二度と見たくない。ですから早く乗り越えていこうという、祈るような気持ちもあって、結局当時の現実を見つめようとしないことにもつながったと思います。

もう一点、冒頭で岩崎稔氏がわざわざ断っているように、本書にはあえてアメリカの方に執筆してもらっていないということですが、わたしは、結果的に見てこれがよかったと思います。冷戦終結後、アメリカが今唯一の超大国になっていて、おそらく本書で掘り下げられる議論も、アメリカの前では言いづらい部分もあるのではないかなと思います。そういう意味でアジアの視点を中心に議論しようという本書の努力と設定に感謝の意を表したいと思います。

わたしが取り上げるテーマは、中国のベトナム戦争との関わりです。それは、おそらく戦後史の中でも最大級の謎の一つです。中国は北ベトナムにのべ三十二万人以上の支援部隊を送り、ピークのときには十七万以上の中国軍が北ベトナムに駐屯していました。アメリカもまた中国軍の駐屯地に向けて繰り返し爆撃をし、アメリカの爆撃によって中国軍は少なくとも千数百人が死亡、四千人以上が重傷を負っています。また中国軍の記録によれば、千七百七機の米軍機が中国軍によって撃墜されたということですが、にもかかわらず、アメリカも中国もベトナム戦争を通して中国軍が北ベトナムにこれほど多く駐屯したということ、両軍が激しい戦闘を行ったことについて公式には一言も触れていないのです。

戦争終結後になっても——七〇年代の末にようやく少し出たのですが——今でも、ベトナム内部でも、中国内部でも、アメリカの中でも、すすんでその歴史の総括はあまり行われていないわけですね。歴然とした事実であったにもかかわらず、なぜ隠し通していたのか。その理由は、あとで触れていきますが、この戦争が米中間の直接戦争にならないようにということは、中国にとって最大の目標の一つであり、アメリカにとってもそれがもっとも重要な戦略の一つだったといえます。中国は、ベトナム戦場でアメリカと直接対戦していないということで、他の地域でもすべてアメリカを名指して対決する必要はなくなります。当時、朝鮮半島の三八度線を境界線として、南北両軍が依然待峙していたわけですね。米中がベトナムで戦っていることが公になれば、朝鮮半島でも戦わない理由がなくなるわけです。一方アメリカにとっても中国の参戦を認めてしまうと、この戦争についてアメリカ国内で行っていた説明をかなり変えざるをえない。それまでは、この戦争は共産主義の拡張ドミノを防ぐためのものだと言い続けながらも、同時にこれは、けっして世界大戦にはならないということを、国内向けに言っていたわけです。一時期、朝鮮戦争でもベトナム戦争でもアメリカが中国に対してもっと強い軍事圧力を加えようとしたときに、イギリスが先にアメリカのところに飛んで絶対中国を巻き込んだ戦争にしちゃいけない、そうでないと世界大戦になるということを警告していました。米中の直接衝突を認めてしまうと、アメリカは同盟国との関係にも軋轢が生じます。

このような複雑な背景の中で結局その事実がつい最近まであまり公表されていなかったのですが、わたしは、それを検証してみようと考えて、『毛沢東のベトナム戦争』[1]という本を出しました。ここでは、具体的な史実については紙数の関係であまり詳しく説明いたしません。簡単に言いますと、六〇年代の初め頃から、中国と北ベトナムとの間に、米軍が戦争を北ベトナムないしは中国に拡大する可能性があると、そういうふうに読んでいました。そこで六三年に中越間で秘密協定が交わされ、北ベトナムに米軍が攻めてきたら中国軍が参戦しますが、米軍が北上しない場合は中国軍も参戦しない、そのような合意ができていました。実際に六五年夏の中国軍の正式派兵に至るまで、ほぼこのような合意に沿って準備が進められていたのです。

六五年の二月にアメリカが北に対して恒常的な北爆を始めました。中国が特に警戒したのは、その年の三月五日に米軍の海兵隊がダナンに上陸し、それまでの米軍顧問の指導による戦争から、米軍の地上軍が直接参加する戦争になったことです。中国は、それを非常に重くみて、いよいよ決断せざるを得ないというところに来たという判断があったわけです。四月の初めに、まさにこの油の上に火がつく事件がありました。米軍の戦闘機が中国軍の介入などを警戒して、北ベトナム沖の海南島上空に侵入したときに、中国軍の空軍機がスクランブルを行なって、そこで直接戦闘になったのです。ただ、その闘いではアメリカも中国もおそらく想定をしていなかったので、米軍パイロットが慌ててミサイルを発射し、結局味方の飛行機を撃墜し、それが海南島に落ちました。米軍機の侵入とミサイル発射を中国は最大の危機と考えました。米軍がいよいよ中国に戦争を仕掛けてくるのだと、口実を作って中国領まで空軍を追撃したり北ベトナムへの陸軍派遣をしたりしようとしたのではないか、という判断になったわけです。

その後の六五年四月から六月までの、日本の各新聞を検証してみました。当時中国の中で臨戦状態に近いような総動員体制になったといった話はほとんど伝わっていません。日本の報道は大体アメリカ側の発表をうのみにしたものですね。しかし、実際に四月十二日には中国共産党最高指導部は全国に対し戦争動員令を発しました。中国北部の軍隊を南の方に配置がえもしました。そしてソ連とのイデオロギー論争がピークに達していたが、急にソ連に対しての呼びかけが柔らかくなって、いざ米軍との戦争になれば人民解放軍とソ連赤軍はかつてのように肩を並べて戦うんだろうという論文が五月九日の時点で発表されたのです。しかし、一方ベトナム戦争への介入の仕方に関しては中国は内心、米中間の本当の戦争になることを一番避けたかったのです。おそらく米軍側も同じでした。米中間は中国の建国以後互いに批判をしながらも、つねに裏でいろんなパイプを使って、正面衝突にならないよう相手にメッセージを送り、そして相手からもメッセージを読み取ろうとしたのです。

パイプの一つはワルシャワでの米中大使級会談です。もう一つは両国とも友好関係を持つ第三国を通じたものです。五〇年代の朝鮮戦争のときの第三国パイプはインドの中国駐在大使だったし、六五年の時点ではパキスタンのルートだったのです。しかしそれはいずれも双方の危機意識を完全に相手に伝えることはできなかったのです。最近アメリカで公表された史料でようやくわかったことに、五月の末にアメリカが中国に対し、われわれは地上軍を北ベトナムまたは中国に出すつもりはない、中国はそれに対し、われわれは南まで地上軍を送るつもりはないというメッセージ交換はイギリスを通じて行われたのです。そのメッセージの交換を間接的に裏づけるものとして、当時の米国務次官補のウィリアム・バンディがラスク国務長官に行った報告の中で、イギリスの中国駐在臨時大使に対し、こういうふうに北京に伝えていいとイギリス側に依頼したという文書が見つかっています。米軍が北ベトナムに入らないこと、米中衝突がありえないという前提の下で、その直後の六月九日、中国軍が国境を越えて大挙、北ベトナムに入りました。北ベトナム側が中国のこういう米国側との極秘のやり取りを知らされていなかったのかどうか、判断材料が不足ですが、中国はその情報を北ベトナムとシェアしていた可能性が大きいと私は判断しています。

それを背景に六月初頭の段階で、ハノイ側に対して中国は次のように伝えました。北にアメリカの地上軍さえ入ってこなければ、中国の後方支援部隊が北に入っても、米中間の戦争はないので、北ベトナム人民軍は安心してホーチミン・ルートを開拓して南の方に戦いに行けと。そのような判断と決定に至ったわけですね。とくに興味深かったのは一九七二年二月ニクソン訪中で米中は接近したのですが、アメリカは中越の間にくさびを打とうとして、直後から北ベトナムの海岸に対して魚雷を敷設し、北爆を大規模に再開しました。それに対し中国は、ニクソン訪中で両国間関係の緩和を模索しつつ、七二年の五月から七三年の八月まで掃海艇を中心に再び後方部隊を大量に派遣し、とくに経済支援はその前より何倍にも増やしました。

では、六五年六月の、中国軍出動の狙いとその効果は実際にどうだったのかをちょっと考えてみたいと思います。第一、中国軍の後方部隊の出動というのは、米地上軍の北上を阻止する重しとして大きかったわけですね。戦争というのはまず戦略です。――米中関係という大きい碁盤の上で、今の段階ではあまり重要じゃない遊びのような石を置いて相手を牽制する――というような狙いがあったことは間違いないと思います。北ベトナムの防衛をになった中国軍は自国への戦争拡大を防ぎつつ、いざとなれば、南ベトナムの戦局にも影響を及せる、との思惑があったと考えられます。他方、米軍もジョンソン大統領は後に、中国軍が南下するかどうかがそのベトナム戦争介入に関する政策決定を左右する最大の外部要因の一つだったと認めています。六五年六月以降は南ベトナムに大挙増兵することになりましたが、中国軍の南ベトナム戦場への出動はないと判断したからという側面があります。他方、北ベトナム軍が戦争を動かすためのホーチミン・ルートの開拓は、ほぼ六五年半ば以降から大規模に始まったのです。それから南の方に正規軍を送っています。毛沢東の戦略というのは相手の設定した戦場、思惑で戦うのではなく相手の裏をかいて戦うということです。実際に、後に中国と対立したレ・ズアン・ベトナム労働党の書記長も戦後には中国のこの参戦について一定の評価をしていました。七五年の訪中で、「あなたたちがわたしたちに真心を込めた支援をしてくれなかったら、わたしたちはおそらく、さらに二百万から三百万人の余分の犠牲を強いられただろう」と述べました。ただ、ここでは中国軍の参戦は、それがもっぱらベトナムのためであったというつもりはありません。明らかに中国の参戦というのは、次に触れる旧ソ連、ベトナム、そして中国国内の政治などへの関連効果をねらったものだったのです。

ひとつはソ連との間がちょうど決裂寸前に至っていたので、国際共産主義運動の中で、自分こそ本当にアメリカと戦っているのだと示す必要がありました。ソ連は機会主義で、口先では強いことを言うけれども実際は弱腰だと。そのような主張で、特に第三世界の共産党からの支持を得ようとしたわけです。事実、その後国際共産主義陣営が分裂したとき、ヨーロッパはほとんどソ連派だったのですが、アジア、オセアニア、ラテンアメリカの共産党は多く中国側につきました。

北ベトナムとの関係では、中国自身がそれまでいろんな歴史的交流もあって、もちろん警戒しあう部分もあったのですが、ホー・チ・ミンという大きな存在が決定的でした。ホー・チ・ミン主席は若いときから中国に頻繁に行き来し、六二年から六九年九月の死去まで、一、二回を除いて誕生日は全部中国で過ごしていたのです。双方ともプライドの高い民族で警戒しあう部分もあったのですが、親中的ホー・チ・ミンの存在で十数年間この蜜月が作られたのです。

一方、中国は、北ベトナムに対しわれわれの援助で戦えばいい、どうしてソ連の援助が要るのか、と言い続けました。六四年の末にフルシチョフが失脚しましたが、それまでソ連はベトナムに介入しようとしていませんでしたが、六五年に入ってからブレジネフ政権は中国の批判をかわし、共産主義陣営での影響力拡大を狙って北ベトナムに軍事支援をしつつ、アメリカと駆け引きをするようになりました。そこでベトナム側としては、中国一辺倒の方針を修正するきっかけを得ました。たしかにそれまでは中国側に立ってソ連修正主義批判もやったのですが、今ソ連が強い支援をしてくれる、特に中国にないようなハイテク兵器も供与してくれることになりました。その間、中国から「ソ連とつきあうな」と何度も言われましたが、それに当然不満がでてくるわけです。ファム・ヴァン・ドン元総理に取材したときに、彼はこう言いました。自分が周恩来のところに行って、「周総理、これこれという支援物資が欲しい」と言ったら、周恩来は、全部あげようと言ったそうです。それで、「わかった、ありがとう、次はわたしはモスクワへ行く」と言った途端、周恩来は、なぜモスクワに行く必要があるのか、われわれのところで十分足りたのではないかと、そのような話が出るということなのです。そこでファム・バン・ドンは周恩来に対し、社会主義国間の団結も必要だし、中国にはないハイテク兵器の供与を求める必要もある、と説明したわけです。ベトナム側は今度逆に、中ソ両大国をベトナム支援の競争に巻き込ませたのです。

中越間においては中国の支援、つまり軍隊の派遣によってこの結びつきがピークに達した時点で、ソ連という要素と他の要素が新しく入り、中越関係は実はそこで国益上衝突する要素が表面化してきたのです。中国軍は北ベトナム派遣に際し、かつて朝鮮戦争に参戦したときと同じような、現地住民と親切に接し、いい「軍民関係」を作ろうとしました。しかし思わぬ反発を呼びました。かつて北朝鮮の軍はほとんど壊滅していたので、中国人民志願軍は自分の国内でやったやり方で北朝鮮の民衆のために庭を掃除する、井戸で水を汲み上げて運ぶ、医療活動をしてそれなりに通りました。しかしそれと同じやり方を北ベトナムで実行したら、われわれの政権に対する不信感をあおり、中国への別の忠誠心を作るために来ているのではないか、とハノイ側に受けとめられた。実際に華僑の問題も複雑に絡んでいたので、そのような中で支援は欲しいのですけれども、自分の民族のプライドや国内体制は中国軍の出現によって動揺させられたくなかったということがあったわけです。それで、六六年頃から中国軍は、自分の北ベトナム駐在部隊に対し、すすんでベトナム人民には奉仕はしないようにせよ、相手から頼んできたら拒まないけれども、自分からはすすんで現地住民に治療したり物資をあげたりしないように、そして、住民と交流する場合はなるべく事前にベトナムの政府と相談してやるようにと、そのような神経を使う指示を出すようになりました。

そして、中国軍が参戦したわずか一年後の六六年に、ハノイの『歴史研究』という雑誌に、中国の歴史記録に記されている記述をとりあげ、二千年前に漢王朝と戦った徴《チュン》姉妹のことを論じた論文を載せはじめました。中国の影響下には入らない、というメッセージを中国、おそらくソ連にも送ったと考えられます。

一方、中国国内政策との関連で言うと、毛沢東は権力闘争絡みで、また国民への政治教育という内政上の考慮もしていました。当時ソ連の官僚主義を見て、また国内で劉少奇らがソ連の路線に追随しようとしていると決め付けた毛沢東は、劉少奇らを切って、同時に中国で思想の革命をやって、ソ連と違う理想社会をつくろうと考えたのです。それが、ベトナム戦争がエスカレートしたさなか、毛沢東が文革を発動した考え方です。

すなわちベトナム戦争では、中国が出なければアメリカに弱く見られるのでとにかく出る。しかし同時にアメリカとは直接対決をしない。そこでアメリカは南部で地上軍を派遣し北は空爆する、中国は南には出ないが、北には人民解放軍が防御に当たるというような図式に収まったのです。このことは、毛沢東が国内で文化大革命を展開するための、一つの環境的整備にもなったのです。

次に、中国軍の北ベトナム派遣の影響について検討してみましょう。わたしは自著のなかで、五つのラインに沿って中国とベトナム戦争の関連を分析してみました。第一に中国とアメリカとの関係。第二に中国とソ連との関係。第三に中国と北ベトナムとの関係。第四に中国の軍事戦略。第五に中国国内、政治闘争との関係ということです。そのように複合的に分析を進めてみたのですが、面白いことに、実は六四年から六五年にかけて、この転換期を経て、それまでのこの五つのラインの目指す方向がいずれもズレたんです。

まず、米中関係を見ます。本当の米中接近は七〇年、七一年まで待たなければならなかったのですが、さっき言った最初のメッセージ交換成功が六五年五月にあり、米中間はまたベトナム戦争への介入の度合い、方式に関して暗黙の了解ができました。そこで六六年の初めにアメリカは中国を初めて the People's Republic of China と呼んだのです。中国国内の文革などの原因により、米中間はすぐ接近にいたりませんでした。しかし、そこで米中両国が朝鮮戦争時代以降の軍事対峙・対決から緩衝地帯を作るようになり、後の米中接近への反転がここではじまったと思われます。

中ソ関係については、六〇年頃から中ソ対立関係が相当深刻化していたとされているのですけれども、実際には六五年までの双方の関係においては、少なくとも党、軍の面でまだ一定のつながりはありました。最後の中ソ両党トップの交渉が六四年末に行われたのです。しかし、六五年をもって、中ソは完全に党の関係を断絶し、そして軍はソ連軍を敵とみなすことになりました。六五年九月二九日、中国外相陳毅元帥が発表した談話では、これからアメリカが攻めてくる場合に、修正主義者（すなわちソ連）が北方からそれに呼応して攻めてくるかもしれないが、われわれはそれには恐れない、ということをはじめて言明しました。一九六九年の中ソ国境戦争の伏線が六五年に作られたわけです。

三番目に、中越関係は最大級の交流が行われた六五年に離反が始まったのです。七〇年代に入ると双方とも相手に対してもはや夢を持たなくなりました。中越間をつなぐ最大の絆ホー・チ・ミン主席も六九年に亡くなりました。ソ連は中国に代わって北ベトナムへの最大の軍事支援国になりました。後の中国側の証言でも分かるのですが、七〇年代に入ってからの北ベトナムへの軍事経済支援は同盟強化のためではなく、中越間が公然と対立するような関係を避けるため、となっていました。その後、北ベトナムは中ソ対立の間でますますソ連に偏っていきました。後の中越国境戦争に至る心理上の決裂はそのかなり前から発生していたのです。

中国の軍事戦略はどうか。建国以後、全てアメリカの攻撃を想定した積極的防御の戦略だったのですが、六五年から数年間の内に、中国は米ソ二方向の防御戦略を取ったのです。米ソ両軍が呼応して北と南を攻めてきたら、中国軍は国土が広いので、いったん引き上げて北の黄河と南の揚子江の間に後退して、そこから反撃に出るという戦略まで作りました。中ソ国境のところでは、かつて日本軍が終戦当時、ソ連軍の機甲部隊を防げなかった荒原地帯だったのですが、中国はそこに人工の山をたくさん作りました。機甲部隊の進路に無数の堅塁を作り、ソ連軍の攻撃を阻止し遅らせるというような戦略もたてました。

中国の内政について言えば、ご存知のように六六年から、文化大革命に突入していくわけですが、指導部内の対決もベトナム戦争がエスカレートする過程で激化し、取り返しのつかないものになったのです。

最後にわたしはこの研究を通じて、また本書の他の議論もふまえて、二十一世紀への示唆と教訓にはどういうものがあるかを考えてみたいと思います。

第一に、一国の進路は根本的には外国の干渉によるものではなく、その国民が自分で決める、という歴史的な教訓についてです。北ベトナムの勝利は外来支援というよりは、やはり基本的にはベトナム民族が自分の独立と統一を実現するための戦いの結果だったことです。外因というのはプラス・アルファのものではあっても、その内因がなければこのような勝利はありえなかったと思います。そして、この二十一世紀においても自分の国や民族を守るために、ハイテクの武器の威力は怖いのですが、やはり自分の民族、自分の国の団結、それがあれば打ち勝つと思います。二十一世紀でも、ただの物量作戦によって最後に勝利するとは限りません。昨今アメリカの軍事行動についても、歴史を反省して、もう少し考える必要があるのではないかと思います。

第二に今日の話も踏まえて感じたことですけれども、戦争は各国政府当局の思惑で始まりますが、最も悲惨な目にあうのはその国の民衆です。したがって二十一世紀において各国民衆の最重要課題と使命は各国政府の戦争発動の思惑を阻止すること、他の国も一緒に戦争の阻止に加わるべきだと、このような国際的協力が歴史の教訓の上で生かされるべきではないかと思います。

アフガンの戦争でアメリカは相当力んで戦いに行ったのですが、いとも簡単に勝ってしまった。それによってかえって今後もっと物量を頼りに、介入とか戦争に踏み切るという可能性が増えるのではないかと思います。歴史の中においてアフガン戦争というのは最終的にどうなるかは十年、二十年後を見ないと分かりません。したがってわれわれとしては、二十一世紀に対する展望を、もっと長い歴史的総括の上に立って出す必要があるのです。ただの物量優先論に引きこまれないように、自分の国、平和を守る決意、そして各国民衆間の団結、協調をもっと大切にすべきではないかなと思います。二度とベトナム戦争のような悲惨な戦争が起こらないよう祈りつつ、この報告を終わります。

（1）　朱建栄『毛沢東のベトナム戦争—中国外交の大転換と文化大革命の起源』東京大学出版会、二〇〇一年。

II

記憶の地層に分け入る

――ベトナム戦争文学の深層

戦争を再記憶化する作法
――ある戦中作家の戦後の軌跡

平山陽洋

一　戦争の表現と記憶をめぐって

ベトナム戦争が終結してから現在にいたるまで、三〇年を過ぎる歳月が流れた。その間、戦争を主題とする文学作品が、ベトナムにおいて数多く生みだされてきた。そのうちのいくつかは外国語に翻訳されており、ベトナム語を解さない読者であっても、それらの翻訳を介して、戦争についての文学的表現の機微と息づかいとにふれることができる。たとえば、日本語を含め各国語に翻訳され、ベトナム国内外に評判を呼んだバオ・ニンの小説作品『戦争の悲しみ』を手にとる読者は、この小説を読みすすめるうちに、過去の戦争の混乱した諸相を生々しく蘇らせる作家の筆致に、たしかに心を動かされていくことだろう(1)。

もとより、それら幾多の文学作品のなかで描写されているのは、過去の戦争のあるがままの姿なのではない。たしかにそこでは、戦争中の出来事や人びとの経験についての物語が叙述されている。しかし、その物語とは、戦争の実像をつまびらかに明らかにするものであるというよりも、作家がみずからの文学的な想像力によって戦争を語り直したものなのである。それゆえ、いわば、虚構《フィクション》という表現形式によって過去の戦争の諸相を再演する試みとして、ベトナム戦争が終結して以降の戦争文学が企てられてきたのである。

戦争文学という企ては、たえずある種の不穏さをはらんできた。というのも、虚構としての戦争の物語は、想像され語り直された作り話としての本質をもつ。それだけに余計に、過去の戦争がいかに語られうるか、いかに表現されうるかという問題が、その物語が創作される過程において、自覚的に問われることになったのである。さらに、その際に問われているのは、表現の問題であると同時に記憶の問題なのでもある。つまり、戦争についての表現を探求する文学的な企てにおいては、人びとの生を根底からゆさぶった過去の戦争が、そもそもどのようなかたちで記憶され直されうるのかという問題もまた、繰り返し問いただされていったのである。

先にふれた『戦争の悲しみ』、一九八〇年代の後半に執筆が開始され、一九九一年に上梓されたバオ・ニンの初期作品にあたるこの小説で実践されているのも、戦争の表現と記憶をめぐるそのような文学的探求の試みであると考えることができよう。というのも、この小説においては、いわゆるメタフィクション的な手法が用いられていて、ベトナム戦争後に戦争文学を書くことを志す者が主人公に設定され、その人物の姿や心情が細やかに描き出されている。そうして、そのような人物に光があてられることによって、文学的な創作において戦争を語り直し記憶し直すことの意味が、幾度も直截的に、厳しく問い返されていくのである。そして、主人公が戦争について書くという行為の意味を問いつつその行為を遂行する緊迫した場面が、この小説のなかで次のように生々しく描写されていた。

この小説に手をつけてから、キエンは瀬戸際まで追い込まれていくような圧迫を感じている。書くことは、たしかに自分にとっての希望であり、また使命であると思う。けれども、そのように感じる自分がいる一方で、なにかをまっとうに表現することなど実はできはしないのではないかという思いに苛まれる自分もいる。こうなってくると、もはや自信もなにもあったものではない。一ページを書き終えて次のページに筆を運び、一章を終えて次の章に移るが、少しずつ文章を書きすすめるたびにキエンは、ますます暗澹たる気持ちにとらわれていく。まるで、文章を書いている自分と対立し、自分に対して敵意を剝きだしにしさえする大きな力が止むことなく働いているかのように、かれが心に深く抱いていた文章や人生についての確固たる信念や自分勝手な思い込みといったものが、すべて根底から引っくりかえされていってしまうのである。それでもキエンは、小説を書くという営為から手を引くことができず、くる日もくる日も、みずからの筆によって導かれる制御しがたい逆説に身をゆだねる。そうして、小説の最初の章からして、だれもが納得するような古典的なプロットからはずれてしまう。そこに描かれた空間と時間は、整合的な順序もなにもなく、無闇にごちゃごちゃと混乱していて、登場人物たちの人生の歩みも、作者の適当な思いつきに委ねられているだけであるかのよう。(2)

『戦争の悲しみ』に描かれた主人公キエンの姿、戦争を語り直し記憶し直すためにひとり煩悶するその姿は、この小説の作者であるバオ・ニンの姿を、読者にたしかに連想させるだろう。さらに、キエンの姿から思い起こされるべきなのは、ただバオ・ニンひとりの姿だけではなく、ベトナムにおいて戦争を描くことを企ててきた幾人もの作家たちの姿でもあるかもしれない。というのも、戦争文学という企てに携わってきた作家たちは、バオ・ニンも、その他の作家たちも、多かれ少なかれ、文学という媒体《メディア》に依拠しながら、戦争を表現し再記憶化するという営みにみずからの心血を注いできたのであるから。

それでは、ベトナム戦争後という時間のなかで、戦争文学という企てにおいて、過去の戦争について表現し再記憶化する技法が、かれら作家たちによってどのように探求されてきたのだろうか。この小稿では、あるひとりの作家を取りあげながら、その作家によって試みられた、そのような文学的探求の軌跡について紹介したい。(3) そして、この作家の戦後における文学的探求の軌跡は、一九七八年に書かれた戦争を回顧するあるエッセイのなかで、『戦争の悲しみ』における主人公キエンの苦闘を髣髴とさせる叙述とともにはじまる。

二 戦争文学の再出発

ふたつの抗戦について書く、戦争について書く。部隊に所属し文筆活動をおこなう同志たちの多くが、すでに中年の齢に達したいま、戦争について書くことを、自分たちが背負った責任、わたしたちがいまだ返済しえないでいる負債であるかのようにいう。償うことができず、忘れることもできない負債。戦争を書くとは……。戦争を書くということは、文学上のテーマ選択をたんに意味するのではない。しかし、それでは、いったいほかになにが、そのことのうちに見出されるのだろうか。もちろん、みずからの血と肉とがそこにある。生き残った者もいれば、死んでしまった者もいる。みずからの思い出があり、部隊の仲間たちや同志たちがいる。みずからの生があり、民族の生がある。

何年もの抗戦、いくつもの作戦。銃と背嚢とともに、まだまだ続くことを承知しながら足を運ぶ、いくつもの行軍。何百、何千もの手帳のページは、雨水や土ぼこりで汚れてしまいはしたが、そこには数多くの出来事と人物たちがいまだ語られることなく眠ったままにある。書かなければならない、書かなければならない、わたしたちは繰り返しみずからに言い聞かせる。けれども、いったいどのように書けばよいのか。(4)

一九七八年、第二次インドシナ戦争が終結して三年が経過したばかりのこの年に、「戦争について書く」という題のエッセイが、雑誌『軍隊文芸』第一一号に掲載された。右に引用したのは、このエッセイの冒頭の文章であるが、ここで吐露されているのは、戦争終結後に作家が感じた使命感、過ぎ去ったばかりの戦争について、その生々しい記憶を掘り起こしつつ、なにかを表現しようとする使命感であるだろう。実際、かれは、「戦争について書く」という文学的な企てを、「償うことができず、忘れることもできない負債」として引き受けてみせるのである。しかし、作家が感じているのは、戦争についてなにかを表現しようとする使命感だけなのではない。かれは、そのような使命感に駆られながらも、同時に、みずからが感じるある困惑を隠しきれないかのように自問の言葉を記している。「書かなければならない、書かなければならない、けれども、いったいどのように書けばよいのか」、と。

「いったいどのように書けばよいのか」。この問いに表わされた戸惑いの感覚は、もちろん、戦争中の無数の出来事や人びとの経験を、「何百、何千もの手帳のページ」から拾い集めて、文学という虚構《フィクション》の形式において再構成し再記憶化することの困難からくるものであるだろう。作家は、戦争についてのいまだ生きられた記憶に改めて表現を与えることの困難に、戦争が終わってまだまもない時期に早くも気がついているのである。そうして、「戦争について書く」というエッセイのなかで、作家は、ちょうど『戦争の悲しみ』の主人公キエンと同じように、戦争を語り直し記憶し直すことの意味を、繰り返し、厳しく問いただしていく。かれは、みずからが直面する困難、戦争の表現と記憶をめぐる困難について次のように書き記してもいる。「わたしたちは、戦争を終えて間もない状況にある。それゆえ、文学的な創作をなさんとする者の眼前に、いくつもの変化や出来事が、みずからの想像力や創造力を覆う山であるかのように現出している」（VVCT, p.39）。しかし、そのような困難に直面しながらも、いや、そのような困難に直面しているからこそ、作家は、過ぎ去ったばかりの戦争についての表現を新たに模索し、みずからの小説を創出しようと決意する。もちろん、その決意の表明は、漠とした不安を表わす言葉で縁取られている。

わたしたちは、いったいいつになれば、戦争を題材にした小説を得ることができるのか。人生の規律に関わる独自の主題に徐々にふれていこう、できる条件のなかから始めればよい。けれども、いったいいつになれば、戦争のなかで鍛え上げられたはずの筆先が、戦争という環境のなかで作家が感じた人生の教訓についての理解を、紙のうえで提示することができるようになるのか。そして、戦争とは別の環境においてその教訓を活かすことが、いつになればできるのだろうか。(VVCT, p. 45)

「戦争について書く」というエッセイのなかで示されているのは、いわば、戦争について書くことの困難と向きあいながら、なおも書くことを遂行しようと決意する作家の、戸惑いと不安に満ちた創作宣言である。この創作宣言をなした者は、グエン・ミン・チャウという名の作家であった。グエン・ミン・チャウは、一九三〇年に北ベトナムのゲアン省に生まれ、第一次インドシナ戦争が戦われていた最中の一九五〇年に軍隊に入隊した。一九六〇年代にはいると、グエン・ミン・チャウはベトナム人民軍政治総局文芸部に配属されることになり、軍属作家としてのかれのキャリアが始まった。そして、一九六五年以降、合衆国空軍による北ベトナム爆撃が恒常化されるのをきっかけとして戦争が一挙に激しさの度合いを増していくなかで、かれの文学作品が続々と生みだされていく。一九六六年に長編小説『河口』が刊行され[5]、一九七〇年には短編小説集『それぞれの空』が出版される[6]。つづいて一九七二年に、長編小説『兵士の足跡』発表[7]。つまり、グエン・ミン・チャウの作家としてのキャリアと感性は、まさに戦火に抱かれるかのように「鍛え上げられた」ものだったのである。

そのグエン・ミン・チャウが、戦争終結後の一九七八年に、「戦争について書く」というエッセイを書き上げた。古参の、とまではいわないまでも、すでに新進の作家でもなかったグエン・ミン・チャウが、戦中のみずからのキャリアがあるにもかかわらず、戦後に改めて「戦争について書く」ための創作宣言をおこなったのである。たしかに、かれがその宣言において示そうとしたのは、まずなにより、作家としての本分をもう一度確認し直し、表現による再記憶化が困難な戦争についての表現を新たに模索するという決意であったろう。けれども、そこでは、そのような決意とともに、自分を含めた作家たちの過去のキャリアと作品に対する深い反省の思い、つまり、すでに「戦争について書く」ことを実践してきたはずの作家たちが、いままで戦争について多弁に語りながらも実はなにも表現しえてこなかったのだという苦い悔恨の思いもまた、表明されていたのである。

戦争について書かれたわたしたちの作品に目を通すと、登場人物たちが、普通、現実とかけ離れてあまりに美しく一面的に描かれている傾向がある。実際の生活において示される人の性格の多様性が、文学作品のページのうえにおいては隠されて見えなくなってしまっている。このような事態となったのは、もちろん、抗戦を宣伝する都合によってのことではある。しかし、もうひとつ別の理由として、英雄という人物について、わたしたちがぞんざいな観念しかもたないという事情が考えられるのではないか。今日まで、わたしたち文筆家は、社会主義諸国の文学経験を幼稚なレベルにおいて受容するにとどまり、なかには、革命の英雄という人物をまるで超人でもあるかのようにみなそうとする者までいる始末である。しかし、なぜ、英雄という人物についての了解がそのようなものに留まりつづけてしまっているのだろうか。(VVCT, pp. 42–43)

それゆえ、一九七八年にグエン・ミン・チャウが自覚した創作上の課題は、いわば二重のものであった。一方でかれは、戦争の諸相を表現することの困難と向きあいながら、その諸相を描きうるだけの新たな表現の創出を試みなければならず、また他方でその試みは、戦時にみずからも生みだしてきた「英雄」という皮相的な表象に対して内在的な批判を展開するものでもなければならない。つまり、グエン・ミン・チャウにとって、みずからの脳裏と作品のなかに刻まれた「英雄」表象を解体することなしには、新たな戦争文学の創出もまたありえないのであった。そして、この二重の課題を同時に引き受けることから、戦後におけるかれの戦争文学の再出発がまさにはじまるのである。

旧来の文学作品で用いられた表現を解体しつつ新たな表現を模索するという二重の課題は、グエン・ミン・チャウの世代の作家たち、つまり、戦中においてすでに一定のキャリアを形成していた世代の作家たちにとくに意識されたものであったのかもしれない。逆に、戦争が終結したあとになってはじめて文学に携わることになった世代の作家たち、たとえばバオ・ニンのように、第二次インドシナ戦争の時代に青少年期をすごし、戦後になって初めて文学作品を書くことを志した世代の作家たちの場合は、事情がやや異なってくるだろう。というのも、かれらの場合は、批判的に向き合うべき過去の経歴、つまり、戦争中にみずからが「英雄」表象を生みだしたという直接の経歴をもたない。それゆえ、かれらが描きだす戦争文学にあっては、旧来の文学作品における表現を解体するという主題が、そこに内包される必然性がことさらには生じてこないのである。もちろん、かれらにおいても、「英雄」表象を批判するという大きな問題意識が共有されていることはたしかだろう。しかし、かれらにとっては、あくまで戦後においてはじめて自分たちの戦争文学が「出発」するのであって、そしてその「出発」は、過去の経歴と作品とに呪縛されずにすむという点において、グエン・ミン・チャウの「再出発」とは異なってくる。

改めて確認すると、バオ・ニンの場合には、『戦争の悲しみ』を書く作業とともに、かれの戦争文学が「出発」した。『戦争の悲しみ』から強く伝わってくるのは、すでに先に見てきたように、断片化された戦争の記憶を拾い集めながら、それらを表現することで再記憶化しようと苦闘する主人公キエンの切実な思いなのであった。そのような作家の思いが描かれたこの作品には、いわば、「悲しみ」に包まれた過去の記憶の断片が無数に呼び寄せられているのであって、そういった作品の世界にあっては、過去の「英雄」表象が回帰してくる余地は少したりとも存在しない。韓国の詩人である文富軾が、その著作『失われた記憶を求めて─狂気の時代を考える』においていみじくも示唆しているように、『戦争の悲しみ』のなかでは、「英雄」がどこにも描写されておらず、むしろ、戦争によって打ちひしがれた人びとの生の諸相が生々しく浮き彫りにされているのである(8)。

バオ・ニンの戦争文学のそのような「出発」と、グエン・ミン・チャウの戦争文学の「再出発」とは、やはり異なる。先にも述べたように、グエン・ミン・チャウにとっての新たな戦争文学創出の試みは、まずなにより、過去のみずからの作品との対決と、そこで描かれた「英雄」表象の解体とを遂行するものでなければならないのであった。実際、グエン・ミン・チャウは、「戦争について書く」を発表した後、一九八〇年代にはいると、そのような対決と解体とを具体的に物語化した小説を生みだしていくのである。それでは、その物語化によって拓かれる戦争文学の地平とは、いったいいかなるものであったのか。その地平を切り拓くために作家の想像力が呼び寄せる言葉たちは、どのような相貌をみせることになるのか。

三　想起される戦時の物語と理想像

エッセイ「戦争について書く」が執筆されてから四年後の一九八二年に、グエン・ミン・チャウの中編小説「急行列車に乗る女」が発表された。「急行列車に乗る女」は、週刊の文芸新聞である『文芸』誌上に掲載されたのだが、その翌年の一九八三年にはグエン・ミン・チャウの短編・中編小説集が刊行されており、この小説集もまた『急行列車に乗る女』と題された。[9] そのなかにはもちろん、前年に発表された同名の小説が収録されている。この「急行列車に乗る女」という作品は、一九八〇年代にはいってグエン・ミン・チャウが実践していった戦争文学創出の試みを印づける、かれの代表作のひとつであった。

中編小説「急行列車に乗る女」のなかでつづられているのは、あるひとりの女性の物語である。この作品のなかで、クィという名の女性が戦中から戦後にかけての時間に経験した幾度かの恋愛についての語りが、彼女自身の口を介して語られていくのである。そして、その語りの聞き手となるのは、彼女と偶然知り合うこととなった「わたし」という人物である。それゆえ、「急行列車に乗る女」という小説は、ひとりの登場人物が別の登場人物に語る恋愛譚が作中に嵌め込まれるかたちで叙述されていくという、そのような構造をもつ作品であった。

「急行列車に乗る女」のそういった語りの構造にふれるとき、グエン・ミン・チャウの過去の作品を知る読者であれば、この作家のある別の短編小説を思い起こしたかもしれない。作中の登場人物が自身の恋愛経験を他の者に語って聞かせるという物語の構造は、実は、第二次インドシナ戦争時のかれの代表作である短編小説においてすでに採られたものでもあったのである。「月のかけら、森の果て」と題された数十ページほどのその小説は、一九七〇年に刊行された短編小説集『それぞれの空』に収録された作品であり、一九七三年にはロシア語に翻訳されソ連で紹介されてもいる。もっとも、この「月のかけら、森の果て」においては、作中の物語の語り手が女性ではなく男性である。しかし、この男性によって語られるのは、後に書かれる「急行列車に乗る女」と同様に、その人物が経験した恋愛の物語であった。

「急行列車に乗る女」はまた、作品の語りの構造だけでなく、登場人物の設定においても「月のかけら、森の果て」

を思い起こさせる。恋愛譚の主人公となる女性が、いずれの作品においても魅力的な女性性の体現者として描かれているのである。たとえば、「急行列車に乗る女」のなかでは、「わたし」がクィの女性としての魅力を評する次のような一節が記されている。

　この補助医の女性の目立った特長について語っておこう。彼女の声は穏やかに澄んでいて、その容姿と同じく柔和さをたたえている。その顔立ちは少しやせぎみで、決して驚くほど美しいというわけではないのだが、わたしが感じるところでは、聡明なこと限りない。そしてとくに、これだけくるくるとかわる豊かな表情をもつ人物には、子ども以外では会ったことがない。(10)

たしかに「わたし」は、クィの「顔立ち」について「驚くほど美しいというわけではない」というやや素っ気ない感想を述べている。しかし、クィは、現在彼女が勤める軍の病院のなかで入院患者の男性たちの意識と視線をあつめる魅力的な女性として描かれており、かれら男性患者は、クィが診察や投薬のために自分たちの病室を訪れる機会があることを心待ちにしている。さらにクィは、ただたんに女性的な魅力に満ちあふれた人物として描かれているだけなのではない。「わたし」がクィの「顔立ち」を「聡明なこと限りない」と評しているが、実際、この「急行列車に乗る女」という作品のなかで、クィは、頭の回転がよくてきぱきと仕事をこなす有能な女性としての印象を読者に与えてくれている。

「急行列車に乗る女」におけるクィは、いわば、戦時に生みだされた理想的な女性像、女性の「英雄」を象徴する人物なのである。そして、そのような女性像は、グエン・ミン・チャウが戦争中に「月のかけら、森の果て」のなかで、軽妙な文章のリズムとともに描いてみせたものでもあった。先にも述べたとおり、この作品は、登場人物の男性が自身の恋愛について語るという構造をもつのだが、その男性が恋愛の相手である女性について、次のように紹介をしてみせていた。

……実の姉が、ダーサイン橋の一帯を管轄する交通団の幹部をやってるんだ。四、五年前のことになるんだが、そのころ中部高原地方のX道路を走ったことのある人間なら、ダーサイン橋を建設する工場がすごく活気にあふれた場所だったこと、覚えてるんじゃないかな。

その工場ができたばかりのときから、姉のティンがそこで働いていてね。彼女は石切部隊にいたんだけど、この部隊には女の子がたくさん所属していたんだ。何百人もいたんだよ。そして、姉の部隊に、グエットという名のひとりの女の子がいた。そう、「グエット」は「月」という意味さ。きれいな名前じゃないかい？ 彼女は平地の学校をでたばかりで西部高原地方の建設現場にやってきたんだ。グエットは、とても優しくてしっかりしていて、僕の姉は彼女のことを妹のようにかわいがっていた。僕に送ってくる手紙のなかで、彼女がどれだけすばらしい女の子かってことを、いつも長々と書いていた。それで、あるとき届いた手紙のなかで姉は突然こう切りだしてきたんだ。「いいアイディアが浮かんだの、グエットをあなたに紹介しようと思って。こんなすばらしい女の子、一生探し回ったってそうそう見つけることはできないわよ！」ってね。そして次によこした手紙のなかでは、グエットに顔見せにやってこいと、やたらうるさく書いてくる始末。「わたしのアイディアを、グエットにもはっきりと伝えたわ。彼女、顔を赤らめてなにもいわずに黙ってた。それで、あなたのことについてもう少し詳しく話したの。家をでて入隊した話。彼女はすごく熱心に耳を傾けて聞いていたわ。あなたもできるだけ早くこっちにきてね。グエットもいまは、あなたにとても会いたがっているんだから。一度会って話をすれば、きっとすべてうまくいくわよ！[11]」。

「急行列車に乗る女」の背後には、「月のかけら、森の果て」の作品世界が見え隠れしている。作品の語りの構造にせよ、女性の登場人物の設定にせよ、戦後に書かれた「急行列車に乗る女」は、おそらく、戦中の作品である「月のかけら、森の果て」の世界をかなり意識しながら書かれたものであっただろう。実際、後に読み解いていくように、「月のかけら、森の果て」に描かれた世界を読者に想起させるかの情景描写が、「急行列車に乗る女」の冒頭を飾ってもいた。ともあれ、まずは、「月のかけら、森の果て」という作品、戦後の作品の背後に透けて見えるこの戦中の作品にもう少しばかり焦点をあわせて、そこでどのような物語がつむがれていたのかを見ておこう。

「月のかけら、森の果て」のなかでグエン・ミン・チャウが描いてみせたのは、グエットというひとりの有能で魅力的な女性のイメージであり、グエットについて語るラムという名の男性とグエットとのあいだでの、淡い恋愛の物語であった。もちろん、男女の恋愛を描くこの小説においても、戦争の緊張感が大きな陰を落としている。そもそも、「月のかけら、森の果て」が書かれたのは戦争中のことであったし、小説のなかの時間も、あくまで戦時に設定されていたのである。また、小説における人物設定も、実は戦争と大きく関わっていて、主人公の男性も女性も、小説のなかでそれぞれ戦時体制に動員された人物としての役割を担わされていた。女性は岩山で橋を保守する任務にあたり、男性は兵站業務を担当する輸送部隊に属している、というように。

とはいえ、「月のかけら、森の果て」という小説は、苛烈な戦争に立ち向かう人びとの勇猛果敢な姿といったものを描くことに重きをおいた作品ではなかった。グエン・ミン・チャウがこの小説のなかで描きだした人物のイメージは、プロパガンダ文学にありがちなそのような戦時の英雄像とは、やや毛色を異にしていたのである。むしろ、その小説のなかでひときわ目立っていたのは、グエットという女性の人物描写である。そして、繰り返し描かれるグエットのイメージは、戦時に与えられた任務をこなす有能さをもちあわせた女性の姿に、典型的な女性性の表象が巧みに重ね合わされたものであった。

……この数年、彼女に言い寄る男がたくさんいたそうだけど、そのたびに彼女は、自分にはほかに約束した人がいるからといって申し出を断ったらしい。姉が伝えるところによると、彼女は再び姉と一緒に働くことになって、しかもそこは、敵の爆撃にさらされるひどい場所なんだ。彼女はいま、以前よりもっと優しく勇敢になり、そしてなにより美しくなった。(MTCR, p. 119)

愛されるべき魅力的な女性としてのグエットは、戦争のただなかにあっても、ひとりの男性への思いを大切に胸に抱きつづける。彼女は、勇敢に労働に従事しながらも、あくまで優しく美しい。グエットのそのようにフェミニンなイメージは、もちろん、グエン・ミン・チャウが戦時に描きだそうと試みた、かれなりの女性の理想像であり「英雄」像であっただろう。そして作家は、戦争という極限的な時代状況にあったにもかかわらず、いやむしろ、そのような状況下にあったからこそ、「月のかけら、森の果て」という作品のなかで、魅力的な女性の登場人物を巧妙に配しながら淡い恋愛の物語をつむぎだしてみせた。

叙情味たっぷりに浪漫的に、そして軽やかな文体によって描かれる恋の物語は、戦時の社会を生きる際に人びとが感じる不安を癒し、拡大する戦争の傷跡から人びとの眼をそらさせただろう。その虚構《フィクション》としての物語の現実的な効力とは、その物語が読者の心情に感傷的に訴えかけ、その心情を慰撫して結束させるというかたちで発揮されたはずである。それゆえ、「月のかけら、森の果て」という短編小説は、わずか数十ページの短いものでありながらも、戦時に生きる読者のあいだで社会的共感を呼び起こしうるだけの現実的な効力を秘めた異色の作品、心的動員の文学の小さな名作《マスターピース》だったのである。(12)

戦時のおとぎ話という趣をもつこの作品の世界を、小説の題名にも使用された「月」のイメージが彩っている。主人公の女性の名前とも重なる「月」というイメージは、この小説のなかでたしかに重要な機能をはたしており、「月」の淡く柔らかな光が、小説というひとつの小世界を遍く照らしだし、戦時におけるふたりの男女の恋愛を幻想的に祝福するかのようである。しかし、「月のかけら、森の果て」が書かれてから一〇年以上が経過し、戦争が終結して七年がたった一九八二年に発表された中編小説「急行列車に乗る女」においては、「月」のイメージの描かれ方が反転する。この戦後の作品の冒頭に、軍病院で「わたし」が経験した不安な一夜の情景が描きだされており、その情景のなかで「月」の光が浮かびあがらせるのは、ひとりの女性の顔の不気味な輪郭《シルエット》であった。

わたしがクィと知り合って何年もたつ。彼女との出会いは、少しばかり変わったものだったかもしれない。わたしが車に運ばれて軍病院にたどりついたのは、朝の三時のことだった。そのときはとりあえず応急室に寝かされて、翌日の昼までには落ち着いた場所に移送される予定となっていた。つまるところ、病院での最初の夜は、待合室でひとり寝かされたわけである。しかし、その夜、震えあがるような叫び声が隣室から聞こえてきて、わたしは突然目を覚まし、恐怖に恐れおののいた。

そのときになって、わたしはひとつのことに気がついた。わたしの横たわっている部屋のなかに、出入口の扉とは別に窓がひとつ設けられていて、その窓が外とつながっていたのである。窓は、建物の裏手にある川辺に面するように仕切られており、丸い鉄の枠で囲われていた。その窓の向こうに、ひとりの人間の顔の輪郭が浮かびあがっていて、その顔が部屋のなかをじっと見つめている。いつその顔がそこに現われたのかはわからない。

その夜は月夜だった。月の光が明るくきらめき、外の川辺を照らしだしていたことだろう。けれども、窓のあたりは幅広のバナナの葉々と密生した果実植物の枝々とで覆われつくしていて、そこに届く月の光はわずかばかりである。かすかな月の光に浮かびあがって、ひとりの女性の顔がそこに現われていた。女の黒髪がその顔を隠すかのように垂れ落ち、その女が若い女か老いた女か判別することさえできず、その顔の美醜もわからない。わたしの病症はあまり思わしくなく、わたしは一人用のベッドのうえに横になりながら、十本の指でベッドの鉄枠を必死に握りしめて苦しみに耐えていた。左だろうが右だろうが、少しでも首を動かそうものなら、目の前の世界がぐるぐると回りだしてしまう。その夜、窓の向こうに現われた黒髪の女の口から、どのような言葉が発せられたか、わたしはほとんどなにも覚えていない。わずかに覚えていることといえば、女がなにか長い台詞をしゃべったということ、そして、その台詞のなかに、不安がらぬようわたしに伝える言葉があったということである。女によると、隣室で大きな叫び声をあげている人間は、頭蓋骨を損傷して脳に障害が生じた同志であり、明日の朝早くには、かれは飛行機でハノイの一〇八号病院に搬送されるということだった。(NĐBTCTTH, pp. 199–200)

元来は無機的なはずの月の光をイメージとして使用し、そのイメージのもとでいかなる情景を描くかは、作家の文学的な想像力によるであろう。そして、「急行列車に乗る女」の冒頭においてグエン・ミン・チャウという作家が描写してみせたのは、月の光のイメージを伴う不気味な情景であった。むろん、この情景が暗示するのは、「月のかけら、森の果て」を髣髴とさせるような男女の恋愛、祝福されるべき男女の恋愛ではないであろう。逆に、小説の冒頭に描かれたその不気味な情景は、ひとりの女性をめぐる不吉な物語がはじまろうとしていることを読者に秘やかに告げてくれている。夜半、隣室から聞こえてくる重症患者の叫び声、体の痛みに朦朧としながら身もだえする「わたし」、そして、かすかな月の光に縁取られて浮かびあがる、女性の顔の不気味な輪郭《シルエット》……、不吉な物語がまさに幕を開けようとしている。

事実、ここに登場した女性、クィという名のこの女性によって語られていく恋の物語は、「月のかけら、森の果て」におけるグエットとラムとの物語とは正反対に、僥くグロテスクな顛末をたどる。「急行列車に乗る女」のなかでは、戦時の優しい恋愛譚がいたずらに繰り返されることなく、むしろ、それがただの幻想にすぎなかったことが暴きだされるのである。たしかに、まぎれもなくクィは、グエットと同様の人物として設定されていた。ふたりの女性はともに、それぞれが登場する小説のなかで、理想的な女性性を体現し、恋愛の幻想に身をゆだねる役割を担わされた人物だったのである。しかし、「急行列車に乗る女」においては、その冒頭の不気味な月夜の情景に暗に予告されているように、戦時の恋の物語が解体されるのとともに、そのような理想的な人物像もまた無残に突き崩されていく。それゆえ、戦時の恋愛譚と理想像の解体という主題が、「急行列車に乗る女」という作品の骨格をなしている。いわば、戦後に執筆されたこの作品において、グエン・ミン・チャウという作家は、みずからの過去の想像力と格闘しつつ、戦時に自身が築きあげた物語の世界を転倒させる物語を作りだしたのである。

そして、その物語世界の転倒は、作家が戦後という時間を生きることによってはじめて可能になったものでもある。一九七〇年代後半から一九八〇年代前半にかけてのベトナムにおいては、戦後復興もままならず、中国やカンボジアとの紛争が相次ぎ、第二次インドシナ戦争の傷跡もいまだ癒されないままの時期が長くつづいた。戦争の深刻な傷跡を残す荒廃した社会の風景から、人びとの眼がそらされることはもはやない。そのような戦後の社会にあって、魅力的な理想像を配した幻想的な物語が再び語られたのだとしても、その物語は読者の心に虚しく響くだけだったろう。そうして、戦時の虚構《フィクション》としての物語は、戦後という時間のなかで、人びとの心情を慰撫するという現実的な効力を決定的に喪失していったのである。けれども、そうだとしたら、戦時に虚構として表現された世界とは、そもそもいったいなんだったのだろうか。そこでつむがれた夢のような恋愛譚や、そこに描かれた魅力的な理想像は、実は、人びとの心情を都合よく動員するために創造された、欺瞞的なものにすぎなかったのではないだろうか。そのような問いを真摯に受け止めて噛みしめるかのように新たな物語を捻出していくことが、グエン・ミン・チャウという作家にとっての戦争文学の「再出発」を意味した。そして、戦時の恋愛譚と理想像との解体が主題化された「急行列車に乗る女」という小説は、そのような「再出発」をまさに印づける作品であった。

四　戦時の理想の解体、あるいは戦後に拓かれる心象風景

「急行列車に乗る女」のなかで、クィは、彼女が経験したいくつかの恋愛について「わたし」に語って聞かせる。最初に語られる恋の物語は、理想なるものにとらわれた恋が陥る無残な末路を、典型的に描きだしたものであった。

クィは戦争中に、ある中隊長の男性と恋に落ちた。この男性は、数々の戦闘を戦い抜いてきた英雄的な人物であり、かれが率いる中隊もまた、部隊内の誰しもが一目おく存在である。その男性と、有能で魅力的な女性であるクィとの恋愛は、周囲がうらやむほど理想的なものであった。つまり、お互いに理想的な男女の祝福されるべき恋愛が、まさに実現されるはずだった。けれども、やがてクィは相手の男性に嫌気がさすようになる。というのも、彼女は、

その男性のとある身体的特徴を、どうしても受け入れることができなかったのである。かれは、その手のひらにじっとりと汗をかくという体質をもつ。そしてクィは、そのようにありきたりで平凡な身体的特徴がかれにあったことに我慢ができず、徐々にかれに幻滅していく。英雄的できらびやかな人物には、汗で湿った手のひらは似合わないとでもいうかのように、クィは中隊長を拒絶する。自身も理想を体現するクィが、恋愛の相手である男性に対しても理想的な人物であることを求め、そのように理想化されたイメージを介してしか、相手を認めて受け入れることができなかったのである。

そのかれが、ある激戦のなかで大怪我を負い、じっとりと汗ばむその手を失ってしまう。事態に驚いたクィは、かれのそばについて必死の看護に明け暮れるが、長時間におよぶ手術とクィの看護もむなしく、戦闘の四日後にかれは他界してしまう。かれの手の喪失と、それにつづくかれ自身の存在の喪失。この二重の喪失に直面して激しく動揺したクィは、自分がこれまで、理想というフィルターを通してしかかれを見てこなかったのだという事実に愕然と気づかされていく。かれの死後、かれがその死を惜しまれつつ立派な英雄としていくら手厚く葬られようとも、もはやクィの心が慰められることはない。かれが死んでしまった以上、理想的な英雄として弔うという行為に、いったいどのような意味があるかという思い、彼女が心に懐いたであろうそのような思いが、葬儀に参加しさえしなかったクィの姿から伝わってくる。理想の幻影は色あせ、その価値が崩れ落ちていく。そして、クィは、ありきたりで平凡なかれの手こそが、自分が慈しむべき対象であったことを認識した。けれども、時はすでに遅すぎた。その手も、その手の持ち主である男性も、もはや失われてしまったのであった……。

クィが、みずからが恋した中隊長の男性の死から受け取ったもの、その死から学んだものとは、自身の恋愛において理想という幻影に惑わされずに、相手のありのままの姿、ときとして平凡でもある相手の実像をしっかりと見すえて受け入れ、その人物を愛するという道徳的な教訓である。実際、クィがその後にたどる恋の旅路は、彼女が理想という幻影から離脱し、相手の男性の実像を慈しもうと試みていく自己修練の道のりでもある。けれども、その結末は虚しいものであった。彼女は、その恋の旅路において、相手の男性のありきたりの平凡さを認めて受け入れようとする思いに固執していき、ついには、社会の落ちこぼれである男性を、その醜い人間性をもいとわずに愛そうとするところまで追い込まれていくのである。

クィが最終的に選びとった男性は、社会から完全に脱落した人物だった。彼女が男性と出会ったのは、戦争が終結する直前の春、一九七五年の春のことである。このとき、クィは軍務を辞し、前線から後方へと戻ってきたところであった。この男性は、クィがかつて愛した中隊長の大学時代の学友であり、後に英雄的な活躍をするその友人も一目おくほど有望な人物であったが、そのかれが歩んだ人生は、中隊長とは対照的なものである。かれは、戦争中になんの社会的貢献をなすこともなくその才能を無益に腐らせてしまい、みずからが犯した罪、公庫破りと殺人の罪により、牢獄に収監されてしまう。クィがかれとはじめて出会ったのも、牢獄においてのことであった。クィは、中隊長がかつてこの人物の才能を褒め称えていたことを覚えていてかれに会いにきたのだが、そのとき彼女は、かれのうらぶれた現状にどうしても嫌悪感を感じないではいられなかった。けれども彼女は、そのように落伍した者をこそ愛そうとみずからを律し、自身の愛によってかれを更生させようと献身的に努力していく。そして、クィはこの男性の妻となる。

クィの夫となったこの男性は、彼女の献身的な努力にふれ、一度は立ち直ったかにみえた。けれども、刑期を終えたあとのかれの生活は、ふたたび崩壊していった。耐えられなくなったクィは、ついにかれのもとから逃げだしてしまう……。

たしかに、クィは、彼女が最終的にたどりついた恋において、相手の男性に理想なるものを期待することはもはやなかったかもしれない。しかし、彼女は、自身の恋愛において理想という幻影に惑わされぬようにするあまりに、今度は逆に、男性のあるがままの平凡さや醜さを認めて慈しむという、いわばもうひとつの理想、道徳的に価値づけられた理想に、みずからを縛りつけていった。クィの恋の旅路にあっては、皮肉なことに、当初の理想を拒絶する身振りによって、もうひとつ別様の道徳的な理想が呼び寄せられているのであって、しかも、相手の男性は理想という幻影から解放されることが許されるのに対して、女性たるクィは新たに呼び寄せられたその理想に決定的に呪縛されていく。むろん、結局のところはその道徳的な理想も、恋愛において男性が都合よく女性に期待する姿を表現したものにすぎず、それもまたひとつの幻影なのである。

それゆえ、戦時の理想がただの幻影にすぎないことが暴きだされたのだとしても、その幻影は消え去ることなく、むしろ、そのかたちを転じさせながら執拗に生き延びていく。そしてクィは、あくまで理想を追求してそれを体現するようみずからを律する役回りを演じさせられ、永遠に覚めることのない悪夢のなかを彷徨するかのように、理想なるものに呪縛されつづける。

やがて、その呪縛に耐えらなくなった彼女は、夫のもとから逃げだした後に、精神に障害をきたし、夢遊病患者となってしまう。逃げだしたクィは軍病院にたどりつき、ある不気味な月夜に「わたし」と出会う。当初は補助医として働いた彼女は、やがて夢遊病患者として入院し、そして「わたし」との会話のなかで、みずからが戦中から戦後にかけて経験した幾度かの恋愛について語りはじめた……。

グエン・ミン・チャウという作家が、戦後の中編小説「急行列車に乗る女」のなかで遂行したのは、戦争中の「月のかけら、森の果て」という短編小説に新たに「エピローグ」を付け加えることであったのだといっても、あながち過言ではないだろう。もちろん、戦後に付されたその「エピローグ」は、戦時の「本編」に表現された世界を解体するものであった。クィの恋の結末、彼女が理想なるものを退けながらも、結局はそれにまとわりつかれてついには夢遊病となってしまうという結末は、「本編」たる「月のかけら、森の果て」に描かれた夢のような恋愛譚や優しい理想像が実はグロテスクなものにすぎなかったことを読者に示唆し、それらの欺瞞性を炙りだす。女性の姿を、理想なるものとの関連でしか表象しえないできた、戦争文学の技法の残酷さが、ここに問いただされる。

そして、この小説の題名に刻印された情景、「女」が「急行列車に乗る」という情景は、痛ましいまでに理想なるものに追い回される女性であるクィの姿をまさに象徴するものであったろう。事実、この小説のなかで「わたし」が、クィという女性の行く末についてのある情景を、次のように想像していた。

ひとつの場所に何日も横たわって外を眺めているうちに、いつからかはわからないが、クィの夢遊病がわたしにまでうつってしまったかのようになった。わたしの毎日の時間のなかで、外のレールのうえを急行列車が走っていく。それが現実なのか幻であるのかはわからない。けれども、ベッドに横になり外を眺めると、いつも決まった時刻に急行列車が野原を横切って駆け抜けていく。列車は息せき切って走り、そのスピードは普通の列車よりもよほど速い。走り行く列車を眺めながら、わたしの心は瑣末な思いにかき乱される。わたしの心に浮かびあがってくるのは、クィから話を聞くうちに呼び起こされた、あれやこれやの不安な思いである。

……（中略）

わたしの頭のなかをとりとめもない想像がよぎる。列車が一台、レールもなしにあてどなく駆けていて、そこにはただひとりの乗客が乗っている。夢遊病という名の列車。この列車に乗るのは彼女であり、列車が彷徨い走りながらたどりつこうとするのは、絶対的な完全さという価値の地平、絶対的な完全さを備えた人間が住まう地平である。けれども、そのような地平はどこにも存在しはしないだろう。ただ、ひとりの女性の胸のうちで、そこにたどりつくことが激しく渇望されている。（NĐBTCTTH, pp.245–247）

夢遊病という名の急行列車、理想を追求する急行列車は、レールのうえを走ることもなく、ブレーキがかけられることもないかのようであり、それが停車するときはおそらくやってこないだろう。そして、戦時期に走りだしたその列車は、戦争の傷跡を残す戦後の社会のなかにあっても、クィに降車の機会を与えることなく、あてどなく走りつづけるだろう。グエン・ミン・チャウという作家の文学的な想像力によって、止まらない列車が示すもの、すなわち、亡霊のようにとりついた戦時の理想の影、その影の向こう側に、戦後社会の荒漠とした風景が暗示されている。

＊＊＊

ベトナム戦争の戦後に書かれた「急行列車に乗る女」という小説は、戦時に女性の表象が理想として形成され謳われたことにより、どれほど残酷な「エピローグ」が導かれるのかを、はっきりと可視化して表現してくれている。戦時に練成された女性表象形成のメカニズムを再帰的に描くことで作家が試みようとしたのは、おそらく、戦時に生みだされた戦争についての表現と記憶化の技法を対象化しつつ、その欺瞞性を浮き彫りにすることであったのだろう。そして、その欺瞞性を浮きあがらせる後景として暗に設定されていたのが、戦後の社会の荒漠とした風景だったことは、これまで見てきたとおりである。そのような設定によって、グエン・ミン・チャウという作家は、戦時における女性表象形成のメカニズムが、戦後においても継続的に作動しつづける事態をも、グロテスクに活写してみせたのであった。

「急行列車に乗る女」という小説においては、〈戦時〉にとりつかれたものとして〈戦後〉があり、〈戦後〉にたえず回帰してくるものとして〈戦時〉がある。そして、〈戦時〉と〈戦後〉というふたつの時空間のあいだでの、そのように相互不可分な関係性をグロテスクに表現してみせた小説の世界のなかで、理想という亡霊が、その不気味で禍々しい相貌を露呈させながら、クィという女性を呪縛しつづける。

「急行列車に乗る女」という小説におけるグロテスクな世界、つまり、〈戦時〉と〈戦後〉というふたつの時空間がつなぎあわされた世界は、いわば、戦争における女性の姿を記憶化する戦時の文学的技法にあえて依拠することによって構成された、非現実的で欺瞞に満ちた「記憶の場所」[13]としてあるだろう。けれども、グエン・ミン・チャウという作家が、そういった欺瞞的な戦争の記憶に対して、戦時に生きられた経験や生起した出来事についての真なる記憶といったものを、小説のなかで安易に対置させることはない。「急行列車に乗る女」のなかでは、戦時の記憶化の技法に対する徹底した批判がなされこそすれ、その技法に対して真正なる再記憶化の技法なるものが対置されることは決してないのである。それは、あたかも、グエン・ミン・チャウという作家が、ある事態について深く自覚していることを示すかのようである。すなわち、ベトナム戦争の時期において、戦争を記憶する文学は、それが戦争の現実とは位相の異なる世界を描く虚構《フィクション》としての表現形式を備えていたがゆえに、現実的な効力をもちえたという逆説的な事態である。

戦後のグエン・ミン・チャウが、自身の戦争文学という企てにおいてまずなにより遂行しようと試みたのは、おそらく、その戦時の虚構の効力を解体する地平を切り拓くことであっただろう。そうして、「急行列車に乗る女」においては、そうした地平が拓かれることによってはじめて、それまで記憶化されずにきた出来事や経験の断片や痕跡がかろうじて回帰してくるのである。それはちょうど、その小説に描かれた世界の背後に、〈戦時〉や〈戦後〉におけるベトナム社会の「現実」が、うっすらと見え隠れしていると感じられるようなかたちで。

この小稿では、グエン・ミン・チャウという作家を取りあげながら、かれによってベトナム戦争の戦後に試みられた、戦争を表現し再記憶化する文学的探求の軌跡の一端を紹介してきた。グエン・ミン・チャウは、「急行列車に乗る女」を発表して以降も、みずからの小説作品のなかで、〈戦時〉や〈戦後〉におけるベトナムの社会の「現実」を見つめ直そうという姿勢を維持していく。それら諸作品のなかでも、もちろん、〈戦時〉や〈戦後〉についてのかれの認識が折り重なって表現されていく。けれども、一九八九年に白血病でこの世を去るまでのグエン・ミン・チャウの創作の軌跡については、一九八五年に記された次のようなかれの言葉とともに、別の機会に稿を改めて紹介されるべきだろう。

戦争が終わったあとで、わたしは実際にさまざまな現実を見てまわり、また、かつての指揮官の同志たちや戦士たちのもとを幾度も訪ねていった。そして、クアンチ省の古城で繰り広げられた一九七二年の英雄的な戦いを背景とした小説を書こうと準備をしていた。けれども、実際にその準備に着手しはじめてみると、わたしは、もちろん抗米戦争の問題に関心を向けながらも、現在の人びとの生活について考え込まざるをえなくなっていった。みなさんも、きっと次のように感じておられることと思う。現在わたしたちは、わたしたちの周りにいる人びと、そのなかでもとくに若者たちにとって、生活や道徳とはいかなるものであり、そして端的に生きるということがいったいなにを意味するのかについて、関心を向け、憂慮しないではいられないのだ、というように。(14)

（1）バオ・ニンの小説『戦争の悲しみ』は、日本語では次のふたつの翻訳がある。『戦争の悲しみ』（井川一久訳、めるくまーる、一九九七年）、『愛は戦いの彼方へ—戦争に裂かれたキエンとフォンの物語』（大川均訳、遊タイム出版、一九九九年）。また、井川氏の全面改訳版が、河出書房新社より二〇〇七年から刊行の始まった、池澤夏樹編集の世界文学全集に収録されている。バオ・ニンの『戦争の悲しみ』を含め、近年日本語に翻訳されたベトナムの戦争文学作品は、本巻巻末の「文献案内」に紹介したように、レ・リュー『はるか遠い日—あるベトナム兵士の回想』（加藤則夫訳、めこん、二〇〇〇年）、グエン・チー・ファン『ツバメ飛ぶ』（加藤栄訳、てらいんく、二〇〇二年）がある。『戦争の悲しみ』以降のバオ・ニンの小説については、本巻収録の短編「記憶の季節」や、川口健一による訳者解説を参照されたい。また、バオ・ニンについては、かれが二〇〇一年の「九月一一日」以降の情勢についてみずからの思いを語った文章も邦訳されている。バオ・ニン「戦争をもって戦争を収拾することはできない」（加藤栄訳、坂元ひろ子ほか編『アジア新世紀2 歴史—アジアの作られかた・作りかた』岩波書店、二〇〇三年、七三—八三頁）。

（2）Bảo Ninh, *Nỗi buồn chiến tranh*, Hà nội: NXB Hội nhà văn, 1991, pp. 52–53. ここでの日本語訳は、ふたつの翻訳を参考としながら、適宜変更を加えた。なお、『戦争の悲しみ』について、戦争を描くことを志す者としての主人公の姿に着目しつつ論じた文献として、大場正明「ヴェトナム戦争の体験と記憶—いまそれを書くことの意味」（初出は、『SWITCH』第一四巻第三号、一九九六年四月。若干の加筆が加えられた文章が、大場氏のホームページに掲載されている。アドレスは、http://c-cross.cside2.com/html/b00he001.htm）、および、拙稿「戦場のリアリティ?—バオ・ニン『戦争の悲しみ』をめぐって」（『未来』四二〇号、二〇〇一年九月、九—一五頁）がある。

（3）本稿で紹介するのは、ベトナム戦争の戦後において、その戦争の再記憶化に関して、あるひとりの作家がいかなる文学的な探究をおこなってきたかについてである。戦時期から戦後にかけてのベトナム戦争文学の全般的な歩みについては、その歩みを文学史的に整理した文献として、森絵里咲「抗米戦争と文学」（中野亜里編『ベトナム戦争の「戦後」』めこん、二〇〇五年、二〇三—二三七頁）があるので、こちらを参照されたい。この論考においては、植民地期の文学や第一次インドシナ戦争期の文学についても簡単にふれられている。さらに、文学という媒体《メディア》から一旦目を離して、ベトナム社会における「ベトナム戦争の記憶」の諸相について考えてみる場合には、本巻収録の、今井昭夫「歴史の力か、歴史の重荷か——ベトナムにおける『戦争の記憶』の構図」が参考になるだろう。この論考では、ベトナムにおいて国家が「ベトナム戦争の記憶」を占有してきた経緯についての包括的な考察が展開されている。また、ベトナムからアメリカに目を転じてみると、アメリカにおける、社会と国家のはざまでゆらぐ「ベトナム戦争の記憶」について論じた文献として、同じく本巻収録の生井英考「『アメリカの戦争』の記憶—ヴェトナム戦争をめぐって」や、同じ論者による好著『負けた戦争の記憶—歴史のなかのヴェトナム戦争』（三省堂、二〇〇〇年）、マリタ・スターケン『アメリカという記憶—ベトナム戦争、エイズ、記念碑的表象』（岩崎稔ほか訳、未来社、二〇〇四年）などがある。他方、ベトナム戦争に参戦した韓国における「ベトナム戦争の記憶」について考究した文献としては、さしあたり、朴根好「ヴェトナム戦争と『東アジアの奇跡』――〈アメリカの戦争〉への参戦とその代価」（山之内靖、酒井直樹編『グローバリゼーション・スタディーズ1　総力戦体制からグローバリゼーションへ』平凡社、二〇〇三年、八〇―一二〇頁）が参考になる。朴の論考において示されているように、韓国社会における「ベトナム戦争の記憶」のとらえなおしは、朴正熙大統領時代の軍事独裁政権下における国家支配の記憶を批判的に掘り起こす作業とも、密接に関連してなされることになるものであるだろう。軍事独裁とベトナム参戦という、それら二種類の記憶の関連について考察するうえで、たとえば、文富軾『失われた記憶を求めて―狂気の時代を考える』（板垣竜太訳、現代企画室、二〇〇五年）は、非常に大きな示唆を与えてくれる。本書では、読者を激しく揺さぶる著者特有の繊細で、かつ強靭な思考によって、軍部が民衆を弾圧した一九八〇年五月の光州抗争の記憶をめぐって、深い省察が加えられており、とくに第二章「『光州』二十年後―歴史の記憶と人間の記憶」のなかでは、朴正熙大統領時代の国家支配や、その時代になされたベトナム参戦について鋭い考察が展開されている。あるいは、一九八〇年代における民主化運動の気運を背景に生みだされた、ベトナム戦争を主題とした小説作品も、韓国国内における国家支配と対外的なベトナム参戦とのかかわりを問うきっかけを、読者に提供してくれるものであっただろう。日本語に翻訳された韓国のベトナム戦争小説については、本巻巻末の「文献案内」で紹介されているように、黄晳暎の大作『武器の影』（上下、高崎宗司ほか訳、岩波書店、一九八九年）などがある。また、太田昌国「『ベトナム体験』の大きな落差――黄晳暎を読む」（『インパクション』一六三号、二〇〇八年五月、一六六―一七六頁）は、黄晳暎やバオ・ニンの小説、文富軾の論考を手がかりとして、一九六〇年代の「ベトナム体験」の意味を再考する視座を、探究する試みとなっている。

（4）Nguyễn Minh Châu, 'Viết về chiến tranh' in Mai Hướng ed., *Nguyễn Minh Châu Toàn tập, Tập V*, Hà nội: NXB Văn học, 2001（以下、VVCT と表記）, p. 35. 冒頭の「ふたつの抗戦」とは、第一次インドシナ戦争と第二次インドシナ戦争のことを意味する。ベトナムでは前者を「抗仏戦争」、後者を「抗米戦争」と呼ぶ。

（5）Nguyễn Minh Châu, *Cửa sông*, Hà nội: NXB Văn học, 1966.

（6）Nguyễn Minh Châu, *Những vùng trời khác nhau*, Hà nội: NXB Văn học, 1970.

（7）Nguyễn Minh Châu, *Dấu chân người lính*, Hà nội: NXB Thanh niên, 1972.

（8）文、前掲書、五四―六〇頁。文は本書のなかで、「一九八〇年代に監獄に閉じこめられた政治犯」のひとりである自分自身が「ベトナム（人）」をいかなるイメージのもとでとらえていたか、そしてそのイメージが『戦争の悲しみ』にふれることでどのように変わったのかを率直に語っている。「ある程度単純化していえば、その時まで私の頭の中には二つの異なる色彩をおびたベトナム

（人）に対するイメージがあった。その一つは監獄で読んだ〔グエン・ヴァン・ボンの〕『サイゴンの白い服』をはじめとしたベトナム民族解放運動についての一連の本を通じて得たイメージであり、もう一つは二〇〇〇年に韓国で翻訳出版されたバオ・ニンの小説『戦争の悲しみ』から得たまったく異なるイメージだった。本の題目に既に表れているように、前者が白いアオザイのように明るく単一な色彩を帯びているとすれば、後者は――悲しみがいつもそうであるように――暗く、ときには推し量りえない模糊とした色彩を帯びている。／私の記憶では、私も含めて一九八〇年代に監獄に閉じこめられた政治犯にとって、ベトナム民族解放運動の歴史に接するということは、格別な意味を持っていた。なかでもとりわけ南部ベトナムの平凡な一女学生が反帝国主義戦争の渦中で弾圧に抗し、一人の女戦士としてすっくと立ち上がる過程を記録した『サイゴンの白い服』は、私たちにとって一つの古典ないしは生の規範と考えられていた。一九七五年のベトナム統一が、他でもないベトナム人民のそうした英雄的な闘争により可能であったという事実を確認することで、私たちは私たち自身が監獄の試練を耐え抜かなければならない理由を見つけようとしていたのだった。しかしそれから二十年たった現時点において、私にとってのベトナムは、そうした以前と同じ一貫したイメージとしては存在していない。バオ・ニンの小説『戦争の悲しみ』は、終始一貫して戦争が人間の心にどれだけ大きな苦痛と傷をもたらすのかを描いた作品だ。そこには、世界最強の大国アメリカを敗北させた国の人としての自負心のようなものは存在しない。むしろこの小説はこれまで一般的に受けいれられてきたベトナム戦争に対する単一の慣習的イメージを解体している。それゆえこの作品は、場合によっては、かれらが闘った戦争を『解放の戦争』と規定する、統一された社会主義国家ベトナムの公式的な歴史解釈や、ベトナム社会の一般的な信念に対する叛逆ともなりうるだろう」。

（9）Nguyễn Minh Châu, *Người đàn bà trên chuyến tàu tốc hành*, Hà nội: NXB Tác phẩm mới, 1983.

（10）Nguyễn Minh Châu, 'Người đàn bà trên chuyến tàu tốc hành,' in Mai Hương ed., *Nguyễn Minh Châu Toàn tập, Tập III*, Hà nội: NXB Văn học, 2001（以下、NĐBTCTTH と表記）, pp. 201–202.

（11）Nguyễn Minh Châu, 'Mảnh trăng cuối rừng,' in Mai Hương ed., *Nguyễn Minh Châu Toàn tập, Tập III*, Hà nội: NXB Văn học, 2001（以下、MTCRと表記）, pp. 117–118.

（12）グエン・ミン・チャウの「月のかけら、森の果て」という作品については、拙稿「第三世界表象論―ベトナム戦争とメディア」（伊藤守編『文化の実践、文化の研究―増殖するカルチュラル・スタディーズ』せりか書房、二〇〇四年、一八四―一九四頁）をとりあえず参照。

（13）「記憶の場所」という概念は、もちろん、一九八〇年代半ばにフランスの歴史家であるピエール・ノラが、フランスにおける記憶と歴史との関係について多面的に問い直すプロジェクトを構想するにあたって提起したものである。このプロジェクトもまた『記憶の場所』という名が冠されており、その成果はフランス語版では全七巻の論文集としてまとめられ、それらは一九八〇年代半ばから一九九〇年代初頭にかけて刊行されている。この論文集の総論にあたるノラの論考「記憶と歴史のはざまに」のなかで「記憶の場所」という概念が用いられているのだが、単純化であることを承知のうえでこの概念について簡単に説明をすると、それは、社会的な知識として制度化され、無数に蓄積された歴史の語りが、過去に生きられた経験や生起した出来事とは切り離されて、また、それらの経験や出来事を後に想起する生々しい体験とも無関係に、過去の「現実」とはこうであったと同定する役割をはたしてしまう言説空間のことを指す言葉であるだろう。つまるところ、その言説空間においては、逆説的なことに、歴史の「現実」からは実際には乖離し、切り離された歴史の語りが、歴史の「現実」を構成してしまうのである。本文のなかで「記憶の場所」という語をあえてもちいているのは、このような逆説的な論理が現実化される言説空間という意味においてのことである。この概念がもつ意義について理解をするうえで、岩崎稔「ピエール・ノラの《記憶の場所》」(一)(二)(『未来』三八〇―三八一号、一九九八年五・六月、二一―八頁および九―一五頁)や、上村忠男『歴史的理性の批判のために』(岩波書店、二〇〇二年)の序章「経験の敗北」より大きな示唆を受けた。なお、ノラのプロジェクトは邦訳がなされており、この日本語版では、フランス語版全七巻に収められたうちから選ばれた三一の論文をもとに、全三巻の構成となっている。ピエール・ノラ編『記憶の場』(谷川稔監訳、全三巻、岩波書店、二〇〇二・二〇〇三年)を参照。

(14)　Nguyễn Minh Châu, 'Nói về truyện ngắn của mình,' in Mai Hương ed., *Nguyễn Minh Châu Toàn tập, Tập V*, Hà nội: NXB Văn học, 2001, p. 87. この文章の初出は『文芸』誌上においてのことである。なお、ベトナム戦争後のグエン・ミン・チャウの作品については、加藤栄氏により「ハン」が日本語に翻訳されており、ズォン・トゥー・フォンほか著『流れ星の光』(加藤栄訳、新宿書房、一九八八年)に収録されている。そこに付された訳者解題では、グエン・ミン・チャウの経歴がコンパクトに紹介されており、かれについて知るうえで非常に参考になる。「ハン」という作品も、グエン・ミン・チャウにとっての〈戦時〉と〈戦後〉を考えるうえで非常に重要な作品であり、この作家に興味をもたれた方は、ぜひ参照されたい。

ベトナム戦争とヴァン・レーを読む韓国の視線

バン・ヒョンソク

韓国社会のアジアへのまなざし

韓国で、最近のように「アジア」という語が頻繁に使われる時代はなかったはずだ。社会のあらゆる分野とジャンルでビジョンについて語るとき、「アジア」という単語が必ず動員される。西欧と違うアジア文化の固有性を言う。西欧的近代精神に取って代わるアジア的な価値を語る。しかし、私たちはアジアの他の国についてどれだけの理解を持っているだろうか。どのような固有の同質感を持っているだろうか。

アジア談義に関心を持つ少なくない人々が、西欧と違うアジアの固有性を見つけるために古代の洞窟と中世の森を探しているが、そういった場所で簡単にそれを発見できるだろうか。できたとしても、それがアジアの「現在的」固有性だろうか。

私たちの書斎を見回そう。そこにアジアの何カ国の詩集が挟まっているか？　アジアの小説は何冊挟まっているか？　日本と中国の数冊の本を除けば、見つけるのが大変なはずだ。文学と芸術がその集団の精神的水源池だという事実を否認しないのであれば、問題は自明だ。あまたあるアジアに関する論議が的外れにならざるを得ない理由の核心がここにある。文学芸術においても見出せない精神の実体を他のどこで見つけられるだろうか。にもかかわらず私たちは、相変わらず西欧近代文学を美学的準拠にして、こまめに書き、熱心に読んでいる。

西欧近代美学のレンズに捉えられない芸術は芸術ではないように考える人々が西欧にだけいるのではない。カメラレンズに映らない、映ることのできない事物は事物ではないのだろうか。モンゴルの草原に行ってみよう。ベトナムのメコン・デルタへ行ってみよう。その広々として荘厳な自然は、どんなに性能の良いカメラのレンズでも、その規格の中に収まりきらない。それは、カメラの規格の外に存在する。西欧近代美学のレンズの中にあるものだけを芸術と認識してきた人々の目には、決してアジアの自然とともに根を張り枝を広げたアジア精神の全貌を把握することはできない。

西欧文学の視野で捉えられたものは、西欧の方法論と西欧の好みに合うものだった。彼らがアジア的だと思い込みたいものだけに対して注目し承認したのであり、アジアは西欧の視線に忠実に従ってきた。二〇世紀の前半まで蓄積してきたインドネシアの膨大な口承文学の偉業は、二〇世紀を通して無視され消されるために存在したにすぎなかった。

今私たちは、私たち自身の目だけで世の中を見るべきである。魅惑的な紫色を被せて見るとき、いっそう美しくなる色だけに注目させたが、今ではもう古く、その限界まで表れ始めた紫色の色眼鏡を外すときが来た。

ベトナム文学への接近―ベトナム人作家・ヴァン・レー(1)

一九九四年、関心を共有する韓国の作家とともに「ベトナムを理解しようと考える若い作家の会」を作った私は、ベトナムの現代詩が一編も韓国へ満足に紹介されたことがないという事実に驚くほかなかった。大学時代に私たちの胸を揺さぶったドキュメンタリー的小説『サイゴンの白い服』[2]以後、翻訳された小説もまた、ただの一編もろくになかった。韓国はベトナムの詩一編も知らないまま、ベトナムの戦場に軍人を送り、ベトナム人に向かって銃口を向けた。外交関係を再開する過程でも変わりはなかった。戦争だろうが交流だろうが、相手に対する理解を欠いたままそれがなされたという点で、事情は少しも変わらない。

「ベトナムを理解しようと考える会」が作られてから初めて韓国に紹介されたベトナム文学は、バオ・ニンの長編小説『戦争の悲しみ』[3]だった。この小説はフランス語版を重訳したものだった。韓国内にはベトナム文学をベトナム語で読み込める能力が存在しなかった。バオ・ニンに注目してきた西欧の視線のおかげで、韓国の読者は『戦争の悲しみ』に出会えた。『戦争の悲しみ』は戦慄すべきものであり、私たちの欠落を切実に感じさせた。

ベトナムを理解するための過程で、私はたくさんのベトナムの精神と会うことができた。ヴァン・レーは私に特別に深い感興を呼び起こさせる人物だった。私のような作家だけでなく、ベトナムに関心を持つ多くの韓国人に、ヴァン・レーは特別な印象を残した。外交的、経済的な問題と無関係にベトナムに関心を持つ韓国人は、自分が作家であるか否かに関わらず、八〇年代の世代がほとんど大部分を占めた。体制と対決して青春を戦闘的に燃焼させた韓国の八〇年代世代は、ヴァン・レーに自身を重ね合わせることができた。

説明するのは容易ではないが、激烈な時間が過ぎた後には侮辱と荒廃が続く。侮辱される者は常に、別の人間が侮辱される前に自らを侮辱する。日本の全共闘世代が歩んでいった道を振り返れば、ベトナムと出会った九〇年代中頃の「投降しなかった」韓国の八〇年代世代が有していた精神的風景を想像できるかもしれない。革命を成就してたちまち権力の座についた革命家は世界史にあまねく存在する。敗北して、あるいは敗北する過程で投降することはそれ以上によくあることだ。革命をなす前に権力に目がくらみ、革命を権力闘争の手段に転落させた人々も珍しくない。

バオ・ニンが私たちに戦慄すべきものだった理由は、その戦慄的な文章に込められた「虚無」と「荒廃」が敗者のものではなかったからだ。勝者が矜持と自負の代わりに虚無と荒廃を選択することは容易ではない。バオ・ニンとは異なり、ヴァン・レーは大義を果たさなければならなかった者たちが持つ「悲哀」とともに「憐憫の美学」を私たちに示した。ヴァン・レーの視線にしばらく見入っていると、悲しくてたまらなくなる。ところが彼は、自分ではなく相手に情をかける。バオ・ニンがみせる勝者の虚無も印象的だが、ヴァン・レーが示す生き残った者の憐憫も特別なものだった。「悲哀」は自分のものとして内蔵し、相手に向かっては「憐憫」を送るヴァン・レーの穏やかで頑強な視線は、自己憐憫に囚われた韓国の八〇年代世代にとって非常に驚くべきことだった。

歴史に向かってどのような認定も求めない視線、しかし誰も軽蔑することのできない、深く透明な視線、そうした視線を守る責務は、時代や社会にあるのではなく、まったく個人にあるという事実をヴァン・レーは冷徹に知らしめた。ヴァン・レーは、バオ・ニンのように西欧にはあまり知られていない。けれども、私に、韓国の八〇年代世代に、そして歴史的過程が終了していない韓国の未来世代に、ヴァン・レーは、バオ・ニンとはまた違う意味を持つベトナムの精神である。

同じだが異なるテキストであるヴァン・レーとバオ・ニンは、ベトナムを理解する二つの異なる道でもある。バオ・ニンの『戦争の悲しみ』に続いて韓国で紹介されたヴァン・レーの長編小説『君がまだ生きているなら』は、韓国の読者がベトナム人の精神的自己証明を理解する上で決定的な役割を果たした。

ヴァン・レーが描くベトナム戦争

ヴァン・レーの故郷はハロン湾と並んでベトナム北部で最も美しい場所として挙げられるニンビンである。彼は高校卒業と同時に志願入隊した。一九六六年、一七歳だった。彼の祖国は世界最強の軍事力を有する米国と戦闘中であり、彼は大学の代わりに軍隊を選択した。

ホーチミン・ルートを通じて南部戦線に投入された彼は、ベトナムが統一を成し遂げた一九七五年までの一〇年間、米国に抗し戦った。戦争が終わったとき、ともに入隊した三〇〇名の部隊員のうちで生き残った人間はたった五人だけだった。彼は戦争ですべてを失った。ともに命をかけた友人を失い、戦争で出会った愛も失くした。

彼は戦争を憎む。戦争がいかに大地と人間を破壊し、人間と人間の関係を荒廃させるのか、彼は知っている。ベトナムは、米国との戦争の過程で三〇〇万人が死に、四五〇万人が負傷した。これは、当時のベトナムの全人口の二〇%に肉薄する数字だ。今も二〇〇万人を超える枯葉剤被害者が後遺症に悩まされ、苦しみながら生きている。

米国は、第二次世界大戦当時全世界に投下された爆弾総量の二倍を超える一六〇〇万トンの爆弾をベトナムの大地に浴びせた。四五〇隻の艦艇と一万二千機の戦闘機を動員し、一六〇〇億ドルの戦費を投入した。一二万の海兵隊を含む常駐兵力五五万の米軍がベトナムを廃墟にし、蹂躙した。しかし、六ヶ月以内に敵を殲滅するという見通しで戦争を始めた米国は、一五年かかってもベトナムに勝てなかった。勝つことはおろか、それ以前にベトナムの地に足を踏み入れた強大国と同様に完璧な敗北を被り、自分の国に引き返さなければならなかった。

ベトナムは、比較の対象にすらならない戦力で米国を叩き出し、神話のように勝利した。一九五四年、ディエンビエンフーの決戦で一〇〇年間もベトナムを支配していたフランスの軍隊を壊滅させたベトナムは、二〇年後に再び植民地国家が宗主国を自力で放逐する不敗の神話を創り上げた。フランス軍が難攻不落の要塞と豪語していたディエンビエンフーを、戦闘機を一機も保有しないベトナムの軍隊が攻撃を開始したとき、世界の誰一人としてベトナムの勝利を予測できなかったように、ただの一度も敗北したことのない米国がベトナムに敗北するというのは、想像すらできないことだった。なぜこのようなことが可能だったのだろうか。

ハリウッドが作り、私たちが見る映画で、米国人はひたすら力が強く勇敢であるだけでなく、人間的で、時にはロマン的でありさえする。他方、ベトナム人は、終始一貫して幼稚で卑劣なだけでなく、野蛮であり、さらには冷血漢であることさえある。私は、米国が作った無数の戦争映画の中で、黄色人種が人格を持つ人間として描かれたものをただの一度も見たことがない。「米国防総省の国策広告映画」という名前の他に適切な単語が浮かばない、ハリウッドが作ったベトナム戦争映画で、米国はベトナム戦争に注がれた戦争費用のなんと三倍も稼いできた。ベトナム「解放映画社」のグァン社長が私にそう語った。しかし、気にならないのだろうか。それほど力の勝る米国人が、百分の一にもならない武力しかない、取るに足らない黄色未開人の国になぜ敗北したのか、を。米国映画をどれだけ見ても、私はその理由がさっぱり分からない。分からないのは、彼ら、米国人も同じであるはずだ。黄色人種の女子中学生をたった二人程度装甲車で轢き殺したことをもって、米軍に有罪を宣告しろと涙を滲ませてローソクを持ち、光化門（クァン・ファ・ムン）に集まる韓国人を、どうして彼らが理解できるだろうか。[4]

ヴァン・レーの小説には、米国がなぜ、どのようにして敗北する以外になかったのかに対する答えが込められている。米国がベトナムに敗北したのは、作戦を遂行できないジャングルのせいでも、蜘蛛の糸のように張り巡らされた地下通路のせいでもなかった。ベトナム人が正しかったからだ。米国には申し訳ない話だが、百分の一にも満たない武器だったが、ベトナム人が米国より百倍正しく、千倍もより立派だったからだ。米国映画が最後に掲げる美徳である美しい戦友愛より、ベトナム人の仲間に対する愛が一万倍は熱かったからだ。ヴァン・レーと同期入隊の三〇〇名の中で、戦争終結まで生き残っていることを期待する人間は誰もいなかった。どんな武器も人間を凌駕することはできず、どんな理念も人間より優先されることはありえないという事実を、ヴァン・レーの小説は悲しくも荘厳に示す。

先に韓国で紹介されたバオ・ニンの優れた小説『戦争の悲しみ』とはまた違う省察を、ヴァン・レーの小説は見事に遂行している。ヴァン・レーの小説は、ベトナム戦争を体験した人間が示すことのできる最上の均衡がとれた視角と小説の深さを見せている。ヴァン・レーの小説の底には、全身を投じて歴史と生に耐えてきた者の深い悲哀があるが、虚無主義に包まれることには同意しない。戦争がもたらした一つの側面である荒廃の極点に到達するバオ・ニンの小説とは異なり、ヴァン・レーの小説は、戦争をしても破壊できなかった崇高な人間の痕跡により注目する。その人間の痕跡の中には、当時の最強諸国を叩き出せたベトナム人の知恵と、「強い力を信頼」する侵略者とは違って、「信頼の強い力」を大切と考える透明な魂が溶け込んでいる。ヴァン・レーの小説を読み終わると、ベトナムの歴史を支えてきた神秘を、感動をもって理解することができる。

千年間植民地支配を受けながらも中国に同化しなかったベトナムは、モンゴル、フランス、日本、米国の侵略を順に退けた。相手がすべて当時の最強国だったが、ベトナムはただの一度も最終的な勝利を外国勢力に与えなかった。戦争が何だと考えるかと私が訊いたとき、ヴァン・レーは迷わず答えた。「すべてを破壊することだ。物資と生命、人間の精神を破壊することだ」。ベトナム人にとって戦争は何だったのかとまた尋ね、彼はやはり躊躇わずに答えた。「侵略と破壊に抗した民族解放闘争だった」。まさにあなたにとってあの戦争は何だったのかと、私はまた訊いた。彼は変わらぬ語調で答えた。「あれは私個人にとっても民族解放闘争だった」。彼は、「ベトナム戦争」という単語自体を受け入れない。「米国戦争」と呼んでくれと言う。戦争をしなければならない理由も、戦争をする意思もないベトナムの地に、米国が踏み込んで起こした戦争であり、その米国が去ることで終わった「米国戦争」だった。理由もなく他国の奴隷になることを容認できなかったから身を投じた戦争、それゆえ、彼にとって戦争は苦しかったが避けられないものだった。

「私の青春を捧げたあの戦場が、私の人生で最も美しい瞬間だった」と語る彼に、私とともにベトナムへ行った一人の詩人が、万が一米国のような強大国との戦争が再び起これればどうするかと彼に訪ねたことがある。

「悩む余地はない。万が一戦争がまた起これば、私たちは私たちの魂と命を喜んで潔く捧げるだろう」

私は、その「私たち」が、生き残った彼の仲間五人を意味するのか訊かなかったが、少なくとも彼にとってその言葉は少しも空言ではない。ベトナム戦争が終わった翌年の一九七六年に軍隊を除隊した彼は、一年後にカンボジアのポル・ポト虐殺政権との戦争が始まったとき、迷わず軍隊に再入隊し、北西カンボジア戦線で活動した前歴を有している。戦場で一〇年を過ごし、二九五名の仲間を失って生き残った彼が、である。

『君がまだ生きているなら』

強者の虚無主義が精神的奢侈なら、弱者の虚無主義は偽装した卑怯だ。ヴァン・レーの長編『君がまだ生きているなら』を包んでいる悲しみと悲哀は、虚無主義とは性格を異にする。この小説は、ヴァン・レーの作品の大部分がそうであるように、実話に基づいている。

ヴァン・レーの故郷の友人であるホアンをモデルにした主人公、グエン・クアン・ビンは、当時のベトナムの純真な青年世代を代表している。ホアンは本家の長男であり、かつ一人っ子として代を継がなければならない立場だったにもかかわらず、ヴァン・レーとともに高校卒業と同時に軍隊に志願入隊した。上級機関が一人っ子である彼に配慮して後方配属を決めたが、彼は前線に行くと再度志願した。ヴァン・レーと同期入隊だった三〇〇名のうちの一人だった彼も、生き残った五人ではない、死んだ二九五人に属した。

唯一の血縁である孫を前線に送る祖父と、一人残った祖父の家に入って代を継ぐつもりのドクおばさんは、ベトナムが今日まで自身のアイデンティティーを崩されなかった秘密がどこにあるのかを教えてくれる人々だ。人々が持つべき平凡だが大切な心の持ちようを失わない彼らを通して、ヴァン・レーはベトナムの底力を暗示する。

しかし、世間のどこでもそうであるように、光があれば影があるのが常だ。戦争の最中にも個人の利益と出世を狙う人々は、仲間を裏切り、美しい魂に過酷な傷を与える。自分の子どもを身ごもった女性戦士を裏切り、薬物を注射して殺害する医師バオがそういう人物だ。

長く続く飢えを予告する「栄養補充」捕食の後に余って捨てられる食べ物を集め、夜道を利用して遠く離れた民家に持っていくグエン・クアン・ビンとブイ・スオン・ファップの行き来は、読む者の目頭を熱くする。反対に、規則を問題にして、彼らが持っていった食べ物を地面に投げ捨て、グエン・クアン・ビンを「批判」する官僚主義者は、社会の絶望がどこから来るのかを示している。この一つの場面の中に、世界に対するヴァン・レーの態度がある。

そして、何よりもヴァン・レーが、高いところから社会を見下ろして人を判断し価値を定める人間ではなく、最も低い場所から人の価値を発見していく作家だという事実は、副小隊長ブイバンコムを描き出す筆致で明らかになる。農業合作社出身という階級成分を理由に威張り散らすのが好きな、無知であることこの上ないブイ・ヴァン・コムが、決定的な災難に直面し、驚くべき献身性と腕力で仲間たちを救出する場面は、人間がそれほど簡単な存在ではないということを如実に表している。

ヴァン・レーは、グエン・クアン・ビン、いや、彼の友人ホアンの短い生涯を通じて、彼らが歩んだ瞬間と同じだった青春の時間を淡々と振り返る。そして問う。私はどうして生き残ったのか、あなたはどのように生きているか。

現世と冥土を行き来して展開する物語の形式は、単純な一つの形式ではない。小説を読み進めるうちに、人間の生を見つめるヴァン・レーの深さと広さがその形式を規定していることを自ずと感じるようになる。「目をしばたくと消えてしまう虚しい名誉」を気にしないファン・ウット准尉に対する作家の愛情が、小説の中に深く刻まれている。誠実さの欠如した政治委員の非難に耐えられず出てしまう悪口屋の小隊長ファン・ウット准尉は、自分の手で妻の目をつぶらせるために死を選択する。ヴァン・レーは、個人なき共同体を信じないが、共同体なき個人も信じない。彼は、すべての個人が最後まで成し遂げるべき責任は、自らの生を醜悪にしないことだと信じているようである。自分の人生を自分で侮辱せず生きて行く人間によってのみ、共同体の美しさはつくられ、維持されるのだ。

『君がまだ生きているなら』の表紙に明記されている名前のヴァン・レーは、作家の本名ではない。レ・チー・トゥイが彼の本名だ。

「ヴァン・レー」は、前線で出会ったレ・チー・トゥイの友人の名だ。「レ・チー・トゥイ」の友人「ヴァン・レー」は、戦争中であっても暇さえあれば詩を書き、詩集を読む、詩人を目指している人間だった。しかし、友人「ヴァン・レー」も前線で死んだ。戦争が終わった翌年の一九七六年、レ・チー・トゥイは『文芸』の詩の公募選で最優秀賞を受賞し、文壇にデビューした。レ・チー・トゥイは、自分に栄光を与えてくれた詩を、すでに死んでしまっている友人、詩人になりたかったが、結局詩人になれなかった「ヴァン・レー」の名で発表した。そして、その後出版した詩集『恋に落ちる』と長編小説『ジャングルに残った二人』をはじめ、二〇冊あまりの作品はすべて「ヴァン・レー」の名を付けて世に送った。「ヴァン・レー」は、とうとう詩人になれず、不帰の客となった友人の名前であると同時に、先に逝った彼の同僚二九五名全員の名だ。

一九八二年から国立解放映画社の監督として仕事をしている彼は、ベトナム映画祭で一九九六年には最優秀シナリオ賞を受賞し、二〇〇〇年には最優秀監督賞を受賞した。しかし、彼は、自分が詩人と呼ばれることを一番願っている。彼の詩と小説の主題はひたすら「戦争」であり、彼が撮る映画も「戦争ドキュメンタリー」ばかりだ。なぜ人々の関心をもっと多く引くことのできる違う話を扱わないのかと尋ねたことがある。たぶん彼はこう答えたと思う。「私は、満足に生きることもできずに死んだ私の友人たちの話をしていくのにも時間が足りない」。彼は、自分の世代を証言し、自分の世代とともに喜んで消えていこうとしている。彼のすべての詩と小説、映画は、生き残った五人に代わって、死んだ二九五人の仲間を記憶することに捧げられた。この小説もその二九五人の一人である友人、ホアンに捧げられたものだ。それも、死んだ「ヴァン・レー」の名前によってである。おそらく世界で、死んだ後に詩人になり、また多くの作品を発表した人間は「ヴァン・レー」以外にいないだろう。死んだ「ヴァン・レー」が消えずに、生きている「ヴァン・レー」の手を借りて文を書き、生きているヴァン・レーは死んだ「ヴァン・レー」の精神を借りてあの世を行き来し、書いた。そうして書かれたものが、まさに小説『彼がまだ生きているなら』である。君がまだ生きているなら？　生きているヴァン・レーは死んだ二九五人の「ヴァン・レー」にそう尋ね、書き、生きていく。

ヴァン・レーという名を持つこの魅惑的な人物をどう説明すべきか、私はその方法が結局のところ分からない。彼を説明すべき方法がないという事実を認めてからやっと、私は今日この文を書き始めた。にもかかわらず、彼について語るのは、彼がベトナムの歴史を内面化した重要な精神の一部であるからだ。

彼よりも柔らかく穏やかな人はいない。けれども、また、彼より強い人はいない。どうしてあのように悠然としていると同時に、自己原則にあれほど忠実でありうるのか、私は分からない。あれほど謙虚であると同時に、あれほど完璧に堂々とした人間を、私は他に知らない。私の粗忽な文章でどうして彼を説明できるだろうか。ただ私は、今日、尊敬する私の「友人」ヴァン・レーが有する姿の一部を紹介できるだけだ。

苦しみが悲しみに取って代わり、虚名が魂に取って代わり、ジェスチャーが生に取って代わる韓国文学の状況の中で、ヴァン・レーの小説は問題になった。しかし、私は、生活がどん底に落ちたところで形式が始まり、才能が破綻した作家こそが技能で世を渡るのだと学んだ。文学は、どういう場合も生、それ以外の他の何にもなりえない。ヴァン・レーの小説は、生、それが有する悲哀を黙々と描き出した有力な「存在の形式」だ。

ヴァン・レーと韓国社会のベトナム戦争の理解

韓国の「ベトナム戦争真実和解委員会」は、ベトナム戦争の過程で韓国軍が行った「覆い隠せない出来事」を提起し、一部のベトナム参戦軍人は激烈に反発した。

ヴァン・レーの小説を韓国に紹介した後、私は数名の読者から電話をもらった。その中には「ベトナム戦争真実和解委員会」の活動に激烈に反発した参戦軍人団体の会員もいた。彼は、ヴァン・レーの小説を読んでいてどれほど泣いたか分からないと語り、ベトナムに謝りたいと言った。文学は、時に、何もできない。しかし、いつも、他の何物もできないことを成し遂げるのが文学芸術だ。二〇〇四年、「ベトナムを理解しようと考える若い作家の会」の一〇年を決算し、今その活動を後輩作家に任せた私と私の友人たちは、「アジア文化ネットワーク」を作った。私たちは、モンゴルとタイ、インドネシア、ビルマ、ウズベキスタンの文学と芸術に出会い、それを韓国に紹介しようと思っている。西欧の目で捉えられ、西欧の言語に翻訳されたアジアの「精神」と美学ではなく、アジアの目でアジアを見て、出会おうと思っている。私たちの昔の集まりが「ベトナムのため」でもなく、「ベトナムと連帯」でもない、ベトナムを「理解しようと考える」という謙虚な気持ちを私たちは持ち続けようと思う。だから、「連帯」ではなく「ネットワーク」だ。今、私たちにもっとも必要なのは、支配と対決ではない、共存だ。ベトナム文学が示す「精神」

を私たちが尊敬できたように、アジアの他国が有する「精神」についても文学を通じて間違いなく尊敬できるだろう。共存は、互いの理解と交流を通して、究極的には彼らが有する文化に対する尊敬まではいかなくとも、尊重によってのみ可能である。

誰であっても、自分たちの文化が置かれた場所でその文化を享受して暮らす文化的生存権がある。他文化を尊重せず、他民族の文化的生存権を抹殺しようとする野蛮が、いつも侵略と戦争をアジアで呼び起こしてきたのだ。

(1)　一九四九年、ベトナム北部のニンビン省に生まれる。一九六六年二月に軍隊に入隊し、南部で戦闘に従事。一九七四年、『解放軍文芸雑誌』の編集に携わる。一九七七年一二月、再び軍隊に戻る。一九八二年から現在まで解放映画社資料映画編集員。ベトナム作家協会会員、ベトナム映画協会会員。代表作に『君がまだ生きているなら』(一九九五年)がある。

(2)　邦訳としては、グェン・バン・ボン著、高野功訳『白い服　サイゴン女子学生の物語』新日本出版社、一九八〇年がある。

(3)　巻末の「文献案内」3を参照。

(4)　二〇〇二年六月、通学中の韓国人の女子中学生二人が演習移動中の米軍装甲車にひかれ即死した事件で、在韓米軍事法廷が被告の米兵二人に無罪判決を言い渡した。これは、ほとんどの米軍犯罪で韓国側の裁判権が行使できない状況への不満とともに、韓国中に怒りを呼び起こした。

＊　韓国社会とベトナム戦争の関わりについて、金賢娥著、安田敏朗訳『戦争の記憶、記憶の戦争　韓国人のベトナム戦争』二〇〇九年、三元社を参照されたい。

短編小説

記憶の季節

バオ・ニン
（川口健一訳）

夕方からの雨は夜通し降り続き、明け方近くなっても止む気配がなかった。人気のない長い通りは雨に浸かり、街灯の明かりに霞んでいた。外壁。歩道。アーチ型の通用門。軒先。四角い窓。二、三本の橄欖《バン》の木。電柱。

すべてがしっとりと濡れ、薄暗く、ひんやりと冷たかった。

雨音が扉の隙間から部屋に漏れた。雨粒がぱらぱら窓ガラスに降りかかっては流れ、透明な模様を描き続けた。窓下では鉢に植えた瓊草《けいそう》の夜開いた一輪の花が首を傾けかけていた。テーブルには用意して飲まないままになっていたティーポットがすっかり冷たくなっていた。卓上ランプの青い火屋《ほや》に納まった炎の明かりから隠れて、フックはソファーに腰をかけていた。目を閉じても、うとうと眠ることはなかった。長いこと静かに落ちついていたわだかまりが憂いとともに目を覚まし、テーブルに置いた時計の時を刻む音に合わせて、いつまでもゆっくりと次々に姿を現しては流れ去った。

ハノイ、晩秋、風が吹き、雨が降り、葉が落ちて……。それは遠く隔たった時間の息づかい、記憶の空模様なのである。

思い返すと、あれからすでに四〇年ほどの時間が経っていた。勿論、限りないこの世の流れからすれば、四〇年はどれほどのことでもなく、渡し船の短い一区間ほどのことにすぎない。だが、人生にとっては、それは岸から岸までがこの世からあの世へと続く大海のような茫洋たる時間にほかならない。

ホアロー拘置所に数ヶ月勾留された後のあの日、正式に裁判を受け、間もなく遠く離れた県の収容所に移送されることになっていた被告人チャン・バン・フックは初めて差し入れを受け取った。一着のセーター、三組の粽《ちまき》、タバコ二カートン、わずかばかりの現金、それに一通の薄い手紙。クインからの旧正月の差し入れであった。泣きたくても泣くことができず、ただ静かに心を突き刺す沈痛の思いのために息苦しく、目が霞み、両手が小刻みに震えた。

「……事情はこのようですから、残念に思ったり、恨んだりして自分を苦しめないで、私と共に素直に運命に甘んじてください」とクインは書いていた。「私としては今後人生がどのようになろうと、家族を離れ貴男《あなた》のもとに向かわせた運命にひたすら感謝します。そのお陰で今、遠く離れていなければならなくても、貴男をずっと失ったままでいなければならなくても、私には永遠に貴男が存在し続けるのです……」

手紙は走り書きだったが、その文章はあっさりと短かった。フックはすぐにはわけがわからなかった。手紙はその後、収容所を一度移動した際に失ってしまい、フックもいつの間にか忘れ、ほとんど記憶から薄れ、初恋の末尾の数行に込められた諭しの言葉に心が向かうことはなかった。

残念さと恨みは後になってわき上がった感情であり、最初フックは希望を漲《みなぎ》らせていた。勿論、警察に家からしょっぴかれ、車で警察署に連行された当初は狼狽したが、すぐに気持ちを鎮めることができた。取り調べ室は風通しが良く、拷問の道具はなく、壁には薄緑色の石灰塗料が塗られ、開け放した窓からは花壇が眺められた。そしてさらに、直接尋問に当たった人物が思いもよらず、かつてブオイ校(訳注1)の四年生の時にともに学んだクラスメートのディンであったからだ。九年にわたる抗戦(訳注2)でディンは老け込み、顔には苦難が刻まれ、痩せこけ、生気のうせた唇を一の字に閉じ、両目は陰鬱として鈍かった。だが、フックはすぐに見てわかり、難を脱する希望が心のなかに急にめばえてきた。隠す必要のあることだけを内密にし、それ以外のすべてをフックは供述した。ディンが斟酌してくれるだろうという思い、自分が誠実であったなら大目に見てもらえるだろうという思い、尋問が済んで取り調べ室を出たら釈放されてクインのもとに帰ることができるという思い、このような思いこそあったが、まさか手錠をかけられて拘置所に入れられるなどとは思いも寄らなかった。

その後の取り調べでは、フックは恐怖心にかられながら、ディンの質問を待たずに、前回供述しなかったことのほとんどすべてを語った。懇願したり、宣誓したり、フックは自分の誠実な心をほとんど興奮に近い状態で述べた。フックはまだ、誰かがディンに密告したような大越党員(訳注3)ではなく、単に支持者にすぎないことをひたすら誓った。確かにフックはフランス政庁で仕事をした時期があったが、それは下級官吏としてであった。後に、フランスの禄を食みたいとは思わなくなり、フックはアメリカの通信社に転職した。アメリカ人に受け入られたのは、フックがフランス語と英語に堪能であるという単純な理由からであった。
「だが、」とディンはフックの弁解に平然と反論した。「私もうまく話せるし、他のもっと多くの人がもっと上手に話せるだろう。しかし、誰もが大越の最反動グループに関わりをもっているわけではないし、また誰もがきみのようにフランスのベッドからアメリカのマットレスにいつでもコロコロころげまわるわけではさらにない」。ディンはフックの弁解に平然と反論した。「それだけできみが何かの陰謀のためにこちらにいるのではないということを信じ難くするのに十分なのだ。自分をごまかすのはやめることだ、われわれの目をかいくぐることができると思うのはやめるようにきみに忠告する。なぜなら、物事が全くわかっていないきみの生半可な誠実さが時間が経つにつれてどのような害悪をきみにもたらすか、私にはよくわかるからなのであり、きみは……」。

つじつまを合わせることが全くできず、また昔の友の情を思い起こさせるきっかけが全くないため、フックは目を閉じてディンの忠告に従って、すべてを話し、すべてを受け入れた。獄に入れられるとわかっていたが、供述書に署名した時、フックはディンが罪を手加減し、軽い刑罰を求めてくれるだろうという希望を抱いていた。アメリカのスパイ罪で十年の刑になるなどとは思ってもいなかった。

フックはホアローを離れ、護送車で服役の途についた。車外のハノイは春になっていた。ディンが誘い込んだ寛大さとはこのようなことであったのだとフックは辛苦を胸にひそかに考えた。自分は友情のある種の被害者なのだ。友情とは結局、自ら首にかけた縄に他ならなかった。

＊＊＊

フックが最初に連れていかれた仮収容所は、デルタ地帯の最も辺鄙で遠く離れたところにある広大な低平原にぽつんと盛り上がった丘陵地にあった。この収容所では囚人は食料の一部を自給するために農作業をしなければならなかった。だが、雨の日々に野原が水に浸されると、出かけることも何もすることもできず、囚人たちも教誨師たちもただ横になったり、座ったりして雨粒を眺め、耳を傾けるだけであった。

朝方、地面がぼんやり明るくなると地平線にはすでに雲が濃く湧いていた。雲のかたまりはちぎれたまま、しんと静まりかえっていた。何時間かが過ぎても、雲のかたまりは元の場所に留り、色も形も全く変えなかった。一日中、雲また雲。道は黒々とぬかるんでいた。

深夜、消灯の鐘を合図に皆眠りに就くが、フックは竹編みの床に元気なく座り、あたかも暗がりから無形の影を取り出したいかのようにあちこちと定まらない一点を凝視した。時間が経つにつれて、暗がりも消え失せ、空虚に場所を譲った。そこは人生と運命の無以外には何もない空間であった。十年。このことは時間の観念を超えたことであり、フックにはイメージすることができなかった。即刻の死の方がずっとイメージしやすかった。死は何ら難しいことではなく、また、とても良きことであった。ただ、心のなかでひそかに疼く切なる願いのためにフックは思い切って自らの手で命を絶つことができないでいた。ジュネーブ協定の「三百日」条項（訳注4）こそは、フックの人生を繋ぎ止めている最後の鉤《かぎ》であった。

その運命の条項があとわずか二週間で満了するある日の昼時、フックは収容所のゲスト・ハウスに連れていかれた。ディンがそこに待っていた。丁寧に握手し、席に着くように招き、親切に茶とタバコをすすめた。故意に杓子定規なフックの態度を気にも留めずに、ディンは落ち着いて話をし、あれこれ尋ねた。時間がゆっくりと流れた。ディンは丁重で控え目に話しをしたが、フックはひたすら頭を垂れ、無関心に聞き入れ、かすかな声で応答した。旧友の良心を少しも信用していなかったため、彼をここに運んできたのがいったいどのような風なのか、良い風なのかあるいは悪い風なのか、面会中落ち着かずに自問していたが、しかしどうであろうともフックはわずかな満足を得ていた。それは、ディンが忠告や説教ぶった話し方をせず、またあれこれと慰めながら親近の表情を示すということをしなかったからである。帰り際になってディンは初めて別れの言葉に約束の意味を込めた。

「いつになったらわれわれは再会するやら。まだだいぶ先のことかも知れない。だが十年はかからないだろう。われわれが再会する時、きみは今とは違った境遇にいると思う」

二度と軽はずみにこの男を信じることはないと決めていたため沈黙を通すつもりでいたが、しかし最後にはフックは胸の思いを打ち明けることになった。無言で別れの握手をし、静かに部屋に戻ったが、フックは何を考えたか、ゲスト・ハウスに引き返してディンに会わせてほしいとうろたえながら頼んだ。自動車は走り出していたが、ディンは運転手に停止するよう告げ、扉を開けて車から降りた。二人はゲスト・ハウスの軒先でしばらくの間立ったままでいた。雨が激しく降っていた。フックは小刻みに震えながら、今心に疼いている最もつらい事をすべてディンに語った。フックはそれから言葉に詰まりながらひたすら懇願した。

「私は私の運命に何も望んでいません。私はこのようになるのがふさわしいのです。クインのために私は敢えてあのことをお願いするのみです。私のせいで彼女はこちらに留まっています。今現在も私のために彼女は親戚も身を寄せる所もなく、すべてを失い、孤独なのです。どうか、どうか。どうかすぐに拒否しないでください。あなたの他には私たちにはこの世で頼れる人は誰もいないのです。ともかく昔は私とあなたは共にいくばくかの友情を持っていたこともあります。そのあなたに、お願いします。三百日の期限は間もなく切れます。しかしまだ遅すぎはしません。もしあなたが手助けしてくれるなら……」

ディンは雨の中、収容所を離れた。丘のふもとはあたり一面広漠として人気のない野原であった。ディンの小型自動車はひとつの黒点にすぎなかったが、だいぶ時間が経過しても、もの寂しい地平線に吸い込まれなかった。その時はフックには何十年か後に自分があの人物にしきりに会いたいと思う時が来るなどとは考えられなかった。

＊　＊　＊

それ以来、フックは自殺を阻むこだわりが全くなくなっても、そのような考えを止めた。人生に何の執着もなかったため、獄中生活により容易に適応できたのかも知れない。厳しくない収容所や苛酷すぎる収容所などいろいろとたらい回しにされたが、フックは平然として境遇に甘んじた。暦をめくってもフックは月日を数えることはなかった。一〇年、一五年あるいは無期であろうとなんであろうと同じことであり、日が来ては流れ去るのみであり、時間の観念は欠落していた。

アメリカとジエム（訳注5）が協定を承認せず、そのために総選挙が行われず、国土が永遠に分割されるであろうというニュースを知っても、フックは心を動かさなかった。なぜならそのような動静は獄中生活に何の関わりもなかったからである。獄にあるからには永遠に局外者なのだ。収容所に鉄格子や有刺鉄線がなくても、心のなかにひとりでに立ち上がった分厚い壁があるため、フックは不動の現在にいつまでも閉じ込められたままだった。疲弊した記憶が過去の深淵に分け入ろうとすることがあったが、しかし、過去はすでに生気を失い、永遠に光を失い、蘇生することはありえなかった。過去は未来のある人々のなかにのみ生きているのだ。明日に何も待ち望むことが最早できなくなった時、昨日という日には顧みるための何ものも残されていない。

希望のない精神状態からフックは自由に対してほとんど無感覚になっていた。十年の刑を下されていたが、わずか二年あまりで恩赦を受けた。だが、何の喜びもなかった。何のお陰で、誰のお陰でと自らに問うこともなかった。幸運とは思わず、悲痛とも思わず、誰にも感謝せず、誰をも恨まなかった。あたかも不本意であるかのように茫然として収容所の門を出た。ハノイに戻り、馴れ親しんだ景色のなか、そして人だかりと騒音のなかを歩いた時でさえ、フックは戻った本当の理由を見つけられないでいるかのようであった。

ハンダイ通りはグエン・タイ・ホック通りになっていた。ダン家の家族の屋敷は幼稚園に変わっていた。庭で遊ぶ子供たちを鉄柵の外にじっと立ってしばらく静かに眺めていると、門番が近づいてきてあれこれ問い質したのでフックはうな垂れて黙ったまま道の反対側に渡った。

ダン家と向かい合って道の反対側にはチャン家の二階建ての屋敷があり、昔は高い壁があり門が閉じられていたが、今では庭に入る扉が開け放たれていた。何の目的もなかったが、フックは静かにそこに入って行った。庭一面に木の葉が落ちていた。砂利道には青苔が生え、花壇には雑草が茂っていた。築山の池は枯渇し、囲いの一方が崩れ、築山も崩れていた。二階も階下も家の窓はすべてかたく閉まっていた。フックは内心奇妙に思った。チャン一家が出て行った日からこれまでの期間、この家はほったらかしになったまま接収されていなかったのだ。

フックが引き返して門の所に来ると、自転車を押して道路から家に入る一人の男性と出くわした。立ちすくんでフックを見ていたその男はハンドルから手をすべらせた。自転車は門に倒れかかった。

「あなたは……あなたは……」。その男は口ごもり、顔色を失った。

「そう、」フックはため息をついた。「私だ、バイック君」。

「釈放になったんだ。……まさか釈放とは……」

「そう。私もそう思っていた。だから私は……」

バイックはフックの言葉をさえぎり、しわがれ声で慌てて尋ねた。

「で、かれらはきみのような人がハノイに住むのを許可したの？」

「私にはわからない。禁じられてはいない。だが私はちょっと立ち寄って昔の事を見つめ直しただけだ。ここを遠く離れるよ。もう一度住むにしては何も残ってないし、誰もいない」

「私もそうだ」落ちくぼんだ目つきでバイックは言った。「この家は役所用に政府に差し出した。とりあえず、二、三日居るだけだ」。

「けれど、何てことだ！　どうして、こちら側に居るのだい？」。一瞬驚いて体をこわばらせ、慌てながら、フックは落ち着かない声でたずねた。「きみの家族が私の家族と同時に南に行ったのをよく覚えているよ。どうして今また……」。「まだまだ何か質問があるかい？」。バイックは小声で応えて唇をきっと閉じた……。

「ということは……。やれやれ！」。フックは傷ましく思い、感嘆の声を上げた。「あの娘を探しに戻って来たわけ？　どうしてこんなことに！　それでいつ来たのだい？　彼女がもう南に行ったのを知らずにいつ来たの、バイック？」。

バイックは黙ったまま屈んで自転車を起こした。

「私は忙しいんだ」。彼はフックに目をやらずに言った。「ちょっとだけ家に戻ったらすぐに仕事に行かなければならない。きみに家に寄ってもらうことはできない、許してほしい」。

黙ったままバイックは自転車を押して庭に向かい、フックも黙ったまま道に出て駅をめざして、足を引きずりながら歩いた。身を寄せる場所も親しい人もいないフックにとって故郷は非情な町であった。

汽車のなかで、フックは窓ぎわの場所を取った。ハノイはこれを最後に夜のなかを通り過ぎたが、フックは目を閉じたまま眺めることはなかった。

＊　＊　＊

ダン家には四人の男の子がいたが、さらにフックを養子に迎え、五人となった。それぞれが階下に個室をもっていた。二階は両親と末っ子の愛娘クインの部屋であった。
兄と見なされたが、フックはクインと同じ歳頃であった。同じ年に相次いで母親と父親が亡くなるという二つの大きな不幸があったその二年後に、クインの家族に迎えられた時、フックはクインと同様に、まだ幼い小学生であった。二人は物静かで高貴な知識人家庭の手厚い愛情と兄弟愛のなかで、長い間平穏幸福に寄り添って成長した。

クインの兄たちはよく学び、優秀な成績で、もし時局が突然変化しなかったならば、誰もが父親に優るとも劣らない出世をしたことであろう。金持ちの、しかし温かでいつも互いに愛情を注ぎあった一家。そのような家族が後に不幸に陥り、痛ましくも離散することになるとは誰が思ったであろうか。

災禍は長男のビンから始まった。ベトミン（ベトナム独立同盟）が現れた後、ダン家は門を閉ざして外部との接触を避けて生活していたが、彼は何とかして国民党(訳注6)の党員になった。彼はオン・ニュー・ハウ事件(訳注7)の発生した夜に行方がわからなくなった。続いて、次男のトゥンであった。トゥンは元来、きわめて多感な詩人であり、なぜ政治に関与したのかわからなかったが、密かに親仏組織に加わり、失踪した。ベトミンの公安が家を取り囲み、地下や階段の仕切り空間に積まれたビラや武器を捜索した。

次が疎開期であった。農村で不自由に耐えたのは一年足らずに過ぎなかったが、銃声が止むとほぼすぐに手を取り合って町に戻った。しかし、父親に無理は禁物であった。家に戻ると父親は病気になり、病院で一年あまり臥せった後、世を去った。クインのもうふたりの兄、フイとホアンが家族の面倒を見た。ふたりはフランス人に重用され、早くからハノイで有力な人物になった。フックだけはまだ若くて、性格的に意志が弱かったにもかかわらず、また、明確な政治的野心を抱いていなかったにもかかわらず、フイとホアンのふたりに導かれて大越党に入り、さらにふたりのとりなしによりフランス政庁での仕事につき、そうして前途にさまざまな見込みをもち始めていた。

しかしながら、混乱の時期にあっては禍福を推し量るのは難しく、平安が長続きすることはなかった。一九五三年秋に大災難がダン家に降りかかった。フイが何人かのフランス人士官とともにベトミンの決死隊により手榴弾を投げ込まれ、ハノイの町なかの酒楼で殺害された。ホアンもその場に居合わせたが幸運にも危難を逃れ、片足をもぎ取られただけですんだ。支柱が倒壊して、家族の生活は深淵の縁にあるかのような危機にさらされた。家の財産が次々に持ち出された。使用人のほとんどが暇を出され、クインの母は家の売却さえ考えた。一九五三年末の日々は危難に満ちていたが、ハノイの不動産はきわめて安価で、売りに出しても誰ひとり買う者はなかった。当時アメリカ通信社に転職し、給料はかなり高かったが、フックは次第に借金を抱えながら、外面上昔に較べそれほど落ちぶれてはいそうにない生活をしている身近な人々を一時的に支えた。しかし、時局は日々切迫して国土を揺るがし、家族の明日に不安を与え、クインの母はフックが支えている日々の生活水準に期待することは当然できなかった。母親は、昔の恵まれた生活と勢いを家族にもたらすことの可能な唯一の効果的手段はクインとバイックの結婚であると考えた。

＊＊＊

溌剌とはしているが災禍の多い青春期最後の月日を今後振り返ったなら、幸福が優ったか、あるいは苦痛の方が多かったかと自問してもフックにはもうわからない。同様に、フックは愛情がいつ、どのようにして芽生えたのかもう思い出すことはできない。認識の及ばない遠い昔の、まだ幼かった頃の兄弟愛のなかからのようでもある。成長して、中学校の思春期の頃、あるいは、ずっと後の疎開期、それから町に戻った頃かもしれない。恋心は過誤の色彩を帯びているようで、家族の傷跡に付け足されたひとつの傷に他ならなかった。それゆえ、愛し合っても一言も打ち明けず絶対内密にして、自らの心にさえも敢えて告白しなかった。チャン家の家族がクインをバイックの嫁に求めた時でさえ、フックは思い切って言葉に出したことはなかった。クインだけが弱々しく母親の意向に反対した。しかし、彼女は嫁がせようとする母親の堅い意志と思いを貫こうとするバイックの惑溺した心に勝つことはできなかった。どこもかしこも混乱し、一族の莫大な財産を早急に南部に送ってしまうことを算段しなければならない状況にあっても、バイックは見栄えのする豪華な結納式の段取りをつけた。結婚式は旧正月後の春にサイゴンで行う予定となった。

バイックは結納式の後、クインと家族にただちに南に向かってほしかったが、クインはいつまでもぐずぐずしていて出発しようとしなかった。情勢は日に日に切迫していたが、病気にかこつけて、彼女はあたかも影のようにひっそりと部屋に閉じこもって生活していた。しかしながら、来るべき結末が到来した。時局からそのようになったのであった。ベトミンがやって来てハノイを接収する日が近づいた。クインはこれ以上ぐずぐずしていることはできなかった。彼女の家族は留ることができなかった。彼女の兄は新体制とともに天を戴くことはあり得ず、母は裕福さを欠いた生活を送ることはできなかった。

フックだけが残る決意をした。アメリカ人がその決定に便宜をはかってくれた。彼らはフックに二年分の給料を前払いし、居残って合法的で平穏な普通の生活をし、忍耐強く、連絡がある場合に備えるというきわめて軽い任務のみを与えた。ただそれだけ、しかもたった二年間であった。一家がハノイを離れハイフォンに向かう前夜まで待ってから、フックは初めてクインの兄に故郷の町を遠く離れるのは好まないこと、さらには家屋を管理し、すでに亡くなった親しい人々の墓を守るために居残る人が必要であることなどのために自分は行かないことを知らせた。フックは前払いを受けた給料のほぼすべてをホアンに与え、船に乗ってからクインに渡すようにと別れの手紙を一通彼にあずけた。翌日バイックの家族の車四台ですべてが出発したのでホアン以外にフックが居残ったことを知る者は誰もいなかった。

季節はすでに十月初旬になり、秋雨が薄暗く霞んでいた。日付けが変わる頃の町の夜は渾然として暗かった。フックはひとり人気のない家にいた。明け方、雨が止み、風が起こり雲を追い払い、下弦の月が屋根の上にかかった。木の葉がさらさらと音を立てた。フックは窓を開けた。庭には湿った空気のなか月明かりがおぼろげに射していた。砂利を敷いた小道に並ぶ木々が風で揺れ、あたかも人がいるかのようにフックは思った。だが、木ではなく、風が揺らしているのでもなかった。庭を横切った人影がほどなく入口の上り段を昇った。夢ではなかった。

フックは部屋を飛び出し、階段を駆け下りた。クインが手にもっていたスーツケースを敷居に落とした。フックはクインを静かに抱きかかえ、黙ってしっかり抱き寄せると自分の心臓のわきにもう一つの心臓を感じ取った。

その一瞬、フックにとって革命は最早暗い影ではなく、災禍でもなかった。革命が無く、近づきつつある新しい時代がなければ、人の世の平凡で、あれこれ思い煩い、だらだらと続く生活においてこのように光り輝く瞬間はあり得ない。

幾多の他の人々と較べて、フックはかなり遅れて、すべて自分自身のためにでもあるかのように革命に向かったとも言えるが、しかし革命とは愛情であり、解放であり、革命は幸福の遠景であり、思ってもみない開運であり、高い天空から降り注ぐ真新しく、不意の、そして最上の運命であるとフックはきわめてまじめにかつ切実に捉えたことは確かだ。

しかし何も失うことなく、ただひょいと手を出して受け止めただけだったので、幸福はあまりにも短かった。フックとクインが思いのままに寄り添って一週間が過ぎると軍隊がやって来てハノイを接収した。出頭して、すべてを供述するようクインに勧められたが、フックはぐずぐずとためらった。フックがクインのように覚悟を決め、思い切って過去を断ち切り、新たな人生を生きようと思い定めないうちに結局、逮捕の命令が降りかかってきた。

＊　＊　＊

一緒に釈放されたひとりの囚人仲間がある日、ボーハの森の丘陵地にある彼の故郷で生活するようにフックを誘った。フックはハノイに戻ってから列車に乗ってその地に向かった。ある小さな駅で降りた。それからはるか遠く人里離れたところまで何十キロも歩いた。

収容所を体験していたことで、それ以後の歳月の苦難は取るに足らないものであった。人生を忘れようと力を振り絞って働き、やがて家を一軒建て、いくばくかの金銀財産を手にし、所帯をもつことも何度か考えたがこれは成らなかった。あっという間に年を取り、老人になった。だが、相変わらず孤独であった。

戦争が終結し、時代の波風が次第に収まった。国土は日に日に鎮静化した。秋のある朝、ひとり南へ向かった。当時はまだ統一鉄道がなく、長距離バスを乗り継ぎ、長い距離を何度か歩いて彼はやっとサイゴンにたどり着いた。何のために骨を折ってそのように長い道のりを来たのか、彼自身もよくはわからなかった。遠く見知らぬ都市で滝のように降りかかる季節の雨に身をさらした。フックは雨に濡れた軒下を勝手もわからず、何を考えるでもなく歩きまわり、行く先々で誰かを探した。彼が記憶に留めていた運だのみのいくつかの住所は役に立たなかった。昔同じ役所で働き、五四年に南に移動した仲間のすべてが今ではフランスやアメリカに渡ってしまったか、あるいは集団で再教育を受けていた。彼が不本意ながらも探し求めたチャン家の最後の住所にさえも人は住んでいなかった。アメリカと傀儡政権の支配下で、この買弁家族は止むことなく繁栄し、富裕と勢力で名を高め、当然のことに彼ら家族の誰もサイゴンに残って解放軍を待つ者はいなかった。

人々の勧めを聞き入れて、身寄り探しの記事を載せてもらうため、フックはある新聞社に行った。「チャン・バン・フック。一九五四年十月以前の住所：ハノイ市ハンダイ通り四七番地。再会を求める身寄りは……」だが、身寄りとは誰か？　彼はためらいながら、クインという名を書いたが、しかしやはりあれこれ気をもみ、自らの理不尽さをさとり、考えを変えてダン・ホアンと記入した。

その運だのみの記事は思いがけずも効果があった。新聞が出た翌日ダン・ホアンがフックの居場所を尋ねて来た。ホアンは老いて痩せこけ、生気が失せ、ひどく悲しげで、昔の面影は疲弊以外には何も残っていなかった。

「あの頃いっそのことあなたのようにあちらに残ればよかった」兄弟再会の悲喜こもごもの短い会話の後、ホアンは思い悩みながら細々と語った。「私みたいに無一物でこちらに来て、おまけにこんな身体で、地位も力もない、だからいつまでも貧乏で落ちぶれたままで、南の冷酷で無慈悲な金のことしかわからない社会でどうして身を立てることができようか。母は知っての通り、貧しさには耐えられないし、おまけにクインのことがあって、こちらに来たらすぐに病気になり寝たきりになってしまった。五七年の初めに亡くなったよ。こうして家運はずっと傾くばかりだった」

「で、バイックの家からは何の援助もなかったの？」

「バイックって？」ホアンは驚いてたずね、額に皺を寄せ一瞬考えた。「あ、バイックのこと。変なことを聞くね。あれで終りさ、助けなければならないつきあいなど彼らにはないのさ」

「そうだ、」フックはため息をついた。「あのようなことになるとは私も考えてもみなかった。バイックに会ったことが一度ある」。

「その通りだ。誰がああなると考えついただろうか。私の母はとても心を痛め、日に日に衰えていった。病気でやつれはしたが、母は協定の二年の期限が切れて、親子が再会できるまで生き長らえなければならないと言っていた。だから二年の期限が切れて間もなく、失望のあまり母は静かに逝ってしまった。母が死んだ時、あの子はあちらで虫の知らせを受け取ったのだろうか？　というのは、知っての通り、わが家の兄弟のなかで母は彼女を一番かわいがっていたから」。

「ということはつまりどういうこと？」。フックは心臓が締めつけられ、上ずった調子でたずねた。「あちらのあの子と今言ったのはクインのことなのか？　だけど、五七年にどうしてあちらにいることができようか……。クインは三百日の期限が残っている五五年にやって来たはずだろう。クインは今どこにいるんだい、ホアン？」。

ホアンははっと驚いたかのように口を大きく開けたまま話すことができず、まじまじとフックを見つめた。

「クインがどこにいるかだって？」。しばらくしてから彼はようやく言葉を発することができた。「私が聞きたいくらいだ……。五五年にだって。だが、それはどうして？　五八年にあの子はハノイから葉書を送っている。五九年にこちらで受け取った。今も……」

フックは手足が抜け落ちたかのように動転し、感覚が麻痺し、ティーポットに手が当たった。茶がテーブルにこぼれ広がった。彼は一瞬にしてすべてを理解し、すべては一瞬にして暗黒と化した。

その葉書をホアンはすでに無くしてしまったが、住所はまだはっきりと覚えていた、というのは相変わらず昔の住所グエン・タイ・ホック四七番地であったからである。

＊　＊　＊

ハノイに戻って、フックはその地を探した。そこは今や幼稚園ではなく、多くの世帯がひしめき合うみすぼらしい集合住宅であった。彼らはフックが何を求めているのかわからなかった。どのダン家、どのクインなのか？　ゲアン出身の鉄道職員であるレー氏のクインしかいなかった。道向かいのバイックの家の側も同様であった。彼らは肩をすくめた。フランスがいた当時のこの家の主人が誰であったか誰が知っていようか。ただ知っていたのは、何年も昔青年団の所在地であったこと、後に婦人組織があったこと、現在はいろいろな機関の集合する建物であることだけであった。

希望のない暗黒の、そしてすっかり受け身の気持ちのまま、どこかに行ってしまおうとする活力も気力も失い、フックはハンダイ通りから遠くないシントゥ通りの角にひとつの小部屋をあれこれ頼み込んで借りた。彼は翻訳の仕事を請け負い、タイプ打ちをしてその日暮らしの生活をした。一台の古ぼけたロマントンタイプライターはそのあまりにも年数を経た活字が昼夜、カチャカチャと音を鳴らして動き、カツカツ文字をたたいた。彼はふっと「穴蔵」を抜け出て、足を引きずりながら、時にはかなり遠くまで、ハンダイ通りを歩き、ぐるりと南門《クアナム》を回り、さらにホアローを迂回して散歩することもした。だが、おおむね彼は外出することはなく、がっくりうなだれ、衰弱し、ひたすら静かに、ひたすら寡黙に、人とつき合わず、あたかもこの世にいかなる知人もいないかのようであった。

　こうして多くの年月が静かに流れ去った。十年、二十年、あるいはさらに多くの年月。時間は翼もなく飛んだ。ある日の夜、彼が散歩から戻ると扉を叩く音がした。きっと何かを彼にタイプ打ちしてほしい人なのだ。

「どうも、フック君！」扉が開くと、軍服を着た見知らぬ白髪の男が低く抑えた声を発してゆっくりと足を踏み入れた。「私だ、ディンだよ」

　初めはフック自身が自分の冷静さに密かに驚いた。彼は心が動じていないかの如く、心臓はどきどきせず、態度は普段のまま、声は震えずゆったりとした話し方で、この不意の邂逅に平静そのものであった。だが、積もる話の途中で涙が滲んで徐々に溢れ、止めることができないまま心が疼いた。

「五五年に私は任務を受けて南に行き活動した。それ以来すっかりハノイから遠ざかった。解放後、毎年短期の会合のためホーチミン市から一、二度ハノイにやって来た」ディンは語った。「七五年に新聞できみの尋ね人記事を読み、きみに会いに行こうと思ったが、忙しかったため行った時にはきみはもういなかった。私はきみがダン・ホアンという人物を探していることを覚えていた。だが、ただ覚えていただけで、探そうと努めたわけではなく、そのうち気に留めなくなった。今年始めになってこの男性の子供がＨＯ基準(訳注8)に従って出国の申請をした。私は申請書を読んで偶然、父親の名前がダン・ホアンであることを知った。この男性を尋ねて面会し、話を聞いて心底驚いた。物事はどうしてこうも悪い状態になったのか。

彼女がまだこちらにいることをどうしてきみは知らなかったのか。なぜ出所した際、尋ねて探さなかったのか。そして今になってさえなぜ探さないのか」

フックは押し黙り、やつれた表情のままうなだれた。

「あの日、三百日期限はまだ残っていた。だから、だいぶ難しかったが、私はあの娘が行けるように算段することはできた。だが、彼女はそうすることを望んでいなかった。子供はこちらで産み、親子ふたりはどうなろうともいつまでもきみを待つし、むこうに行けば生まれてくる子供は一生父親なしになってしまうと言うのだ。その時の彼女の境遇は実に気の毒だった。だが彼女の気持ちはそうだったのだ。私に何が言える、私はただきみのために喜ぶだけだった。出所したら家族がいて、家屋があるから、きみが人生をやり直すのは容易だ。あの時、家を没収されることになったが、それでも彼女は階下に一部屋所有することが可能だった。きみは五八年初めに出所したのだったね？　それで、私が知るところでは、亡くなるまで、それは五九年の末のことだが、彼女は離れることなくその部屋に居続けたよ」

フックは声を言葉にすることができなかった。驚きではなく、悲痛の気持ちや失望感でもなく、彼を蒼白にさせたのは感覚が麻痺するほどの驚愕であった。

「きみがホアンさんに会った後、私は急いで北に飛び、昔彼女に会いに出かけた家に急いで行ったんだ。部屋の主はとうの昔に替わっていた。彼女を知る者は誰もいなかった。だが、それならそれで骨を折って探し尋ねようとするのが本当だろう、フック。区の警察に頼めば、住民登録簿で調べてくれる、何も難しいことはない。当然、私はすみやかに探し出して会った。ところが、もう彼女ではなく、その娘だったのだ。昔クインに会った時その子は母親のおなかにいたが、今では若い婦人になっていた。クインがすでに亡くなったことを知っていたから、私は間違いはしなかった。母と子は全く同じ顔立ちで、やや異なるのは、その時目の前にいた女性が昔私が会った女性よりも歳をとっていたことだ。」

ひとしきり沈黙してから小さくため息をつき、ディンは続けた。

「ハインは小学校の教員で、すでに夫がいて、子供がふたりいた。家はバイックマイにあるが、手狭で、生活するのも一苦労だった。今の政策を依り所に、私はあの夫婦が一族の財産の一部を所有できるように取り計らった。つまり、グエン・タイ・ホック通りにある家の二階全部だ。今日手続きが済んだところで、来週ハイン一家は転居する。これも世間の情けゆえのことか、同じ今日、私が依頼した人物がきみの住所を探し出して、すぐに電話をくれた。あそこからここまでは歩いて三分だ。きみはあそこに引っ越してハインと一緒に住むべきだと思う」

「私の子……。だめだ。私にはまだそうすることはできない……」

フックはため息まじりに呟き、口を歪め、ぽたぽた涙を流した。

「なんとお礼をいったらいいか……。だが私には……」

「きみ次第だよ、フック。まだ先でもいい、だが必ずあの子のところに行かなければいけない。きみがどう考えるかわからないが、本当のことを言うのは、また別の話だ。つまり……四歳になったばかりで母を亡くしたからハインは母親についてはほとんど知らない。ただ知っているのは父親がいるということだけだ。ただし、ハインが言う父親はきみではない。あの子はきみのことは全く何も知らない。クインが言ったかも知れないが、幼すぎたからハインにはわからないし、覚えていない。多分、あの男があの子の母親が世を去る前から長いこと身近にいた人物であるために、あの子は父親が実の父親でないことさえ知らない」

「バイックのことか?」フックは唇を震わせて呟いた。「チャン・バン・バイックかい?」

「ハインが私の父はあちらで臥せっていると言った時、唐突だったため私は一瞬、あの子はきみのことをあちらで臥せっていると言ったのかと思った。あの男は脳軟化症で、無意識のまま動かず二年あまりベッドに横たわったままだ。病人の顔つきからして何となくどこかで会ったようにも思ったが、当然私にはきみでないことがはっきりわかった。私は父親の名前をたずねてみた。バイックだった。それで合点がいった。私はふと思い出したのだ。この男には何年も以前に私は会ったことがあった。きみの名が出た裁判事件を受理した時期にちょうど会っていたのだ。あの子に何年生まれか、私は聞いた。五五年だった。私はもうそれ以上たずねなかった。今まで内密にしたままで、ハインに何かを不注意に漏らすことはしていない。実際、私に何が言えるだろうか。話はそういうことだったのだ、それにあれだけの時間が経っている。五五年からではなく、七五年からでさえ今日までどれほど多くの水が橋の下を流れたか、いったい誰が知るだろうか。しかし、そうは言っても、ともかくあの子にはきみから事実を知らせなければならない。人の一生の事実をだ。その事実をあの子が知らなければ、人生の意味を決して知ることはないということになる」

＊　＊　＊

翌日ディンは南に飛び、それ以来再び北に来ることはなかった。フックへの手紙もなかった。

フックは相変わらず孤独に日を過ごした。もし注意すれば、以前よりしばしば彼が散歩に出かけてグエン・タイ・ホック通りの短い区間をぐるぐる行ったり来たりするだけであることがわかるであろう。彼はよく、偶数番号側の歩道にあるカフェに何時間も腰を掛け、行き交う人の世を眺め、道向かいの家を眺めた。視力が衰えたせいで、その家から出かける人々の顔がわからなかったが、あちら側に行く勇気はなかった。

実際には彼は何度も、思い切って四七番地の家の門を入って、上り段を昇り、女教師ハインの部屋の扉を叩くつもりでここにやって来た。彼はわが子に話そうと思うことを小声で暗唱した。だが、いつも最後の瞬間になると彼は自ら後戻りした。ためらいと優柔の態度がすっかり身についてしまった。彼という人間は日ごとに冷めていった。頭脳は眠気に囚われ、心臓は疲弊した。落胆のなかに虚脱と成り行き任せが混じった。

今年の秋は長雨だった。秋の暮れになったばかりで北東の季節風が吹いた。先週サイゴンで出た新聞の第一面にくっきりと縁取られた黒枠のなかにディンの写真と略歴が掲載されていた。新聞は一通の手紙を添えてそこから速達便でフックに送られてきた。メガネをかけて、フックはゆっくり紙面を開き、昔の学友の波瀾に富んだ戦いの人生の要約を読んだ。彼は長いこと遺影を見つめた。老衰した心臓がずきずき痛み、涙は熱く針のように目を刺した。彼は手紙の最初の一行を読んだだけでそれ以上読み続けられなかった。目が霞んだ。ハインの手紙であった。彼女は自分をこどもである私《コン》と呼んだ。「私《コン》は電報を受け取り、南に行き、ディンおじさんの最期の午後に間に合いました……」

フックは夜通しソファーに座ったまま目を閉じてもまどろみもしなかった。窓の外では、ハノイは秋の終わりで風が吹き、雨が降り、葉が落ちた。

彼はわが子の手紙の柔らかな文字遣いと几帳面な字面を見つめた。だが、彼は手紙の字面を読んでいるのではなく、字面がひとりでに彼の心のなかから立ち現れているかのようであった。今夜初めて忘却の深淵から立ち返ってきたはるか遠い過去のそれであった。

「そのお陰で今、遠く離れていなければならなくても、貴男《あなた》をずっと失ったままでいなければならなくても、私には永遠に貴男が存在し続けるのです……」

私が述べたかったのは、世のことわりとはこのようなものだということである。ある苦痛のために過去はいつまでも生き続ける。

過去の苦痛が生き続けるからこそ、その後に私たちは静穏な人生、平安な暮らし、沈着な思考、寛大な心そして運命と人生への厚誼の感覚をもつことができるのだ。

（訳注1）一九〇八年一二月九日の創立。当初の名は保護高等小学校でハノイ通訳学校とJ・フェリィ高等小学校の併合によるもの。一九二三年に保護中学校に組織変えになり、一九四六年までこの名前がついていた。ハノイの人は、校舎がブオイ村に行く道路にあるためブオイ校と呼ぶ。一九四六年チュー・ヴァン・アン国立中学に校名が改められ、この校名は今日まで続いている。

（訳注2）第二次世界大戦後、ベトナム再占領をもくろむフランスは軍隊を一九四五年九月サイゴンに派遣する。これにより、南部におけるフランス軍との戦闘が開始されることになる。ホー・チ・ミン率いるベトミンとフランス軍は一九四六年一二月に全国的な戦争状態に突入する。第一次インドシナ戦争と呼ばれるこの抗仏戦争は一九五四年五月のディエンビエンフー陥落によるフランスの敗北で、九年にわたる戦乱が止み、インドシナ休戦に関するジュネーブ会議へと舞台が移った。

（訳注3）大越党は一九四〇年一二月の創立。興越革命党、大越民党、ベトナム急進革命党の各組織統一を基礎に、正式名称を大越国民党とした。大越党は日本に頼ってフランスを打倒するという看板を掲げる親日「越奸」の党と見なされた。

（訳注4）一九五四年七月二〇日にジュネーブで調印されたインドシナ休戦協定は、一般的にジュネーブ協定と呼ばれる。この協定において、北緯一七度線を臨時軍事境界線とする南北への、ベトナム人民軍隊（北部へ）とフランス連合部隊（南部へ）の移動、およびベトナム住民の自由意志による移住が取り決められ、このことに必要な期限は協定発効後三百日以内とされた。ベトナム住民の移住は一九五四年八月から開始され、翌年五月をもって完了した。北からはカトリック教徒を中心に約八〇万人が難民となって南に移住した。

（訳注5）ジエムとはベトナム共和国（南ベトナム）の初代大統領ゴ・ディン・ジエム（一九〇一～六三）をさす。一九五五年一〇月、国民投票で圧倒的な支持を獲得して大統領に就任した。アメリカの軍事援助を頼りに、政権の座を維持したが、カトリック優遇政策をとったために仏教徒の反発、反政府運動を招いた。一九六三年一一月一日の軍事クーデターで殺害された。

（訳注6）一九二七年一二月に設立された。起源は教師ファム・トアン・タイの創設による南同書社に遡る。思想と行動に関しては、この党派は階級闘争を標榜せず、民族主義を強くにじませる孫文の思想の信徒と見なされる。規約にはフランス革命の三原則、すなわち自由‐平等‐博愛が掲げられた。「殺身成人」の思想に従い、放浪、冒険、個人暗殺といった傾向をもち、フランスを打倒し、ベトナムに独立を

もたらす武装蜂起を信条とした。一九二九年一二月、ベトナム国民党はイエン・バイ蜂起を指導したが、失敗に終わり領袖グエン・タイ・ホックは処刑された。蜂起失敗後、国民党は衰退し、分裂し始める。一部はフランスと妥協し、また一部は蒋介石の中国国民党に服属した。イエン・バイ蜂起以前および蜂起の際には、この党は反共ではなかったが、一九四五年八月革命の時点で、ベトナム国民党の残党は、反共の立場を取り、蒋介石政府に頼って政権を取ろうとした。

（訳注7） 一九四六年七月一二日にハノイのオン・ニュー・ハウ通りで発生した国民党のクーデター陰謀が発覚した事件。フランスと結託してクーデターを起こそうとした国民党の陰謀を察知し、ベトナム民主共和国政府は事務所を捜索し、首領たちを拘束した。

（訳注8） ベトナムを出国し、アメリカ合衆国への入国と定住が許可される人々の基準をいう。これが適用される人々は旧南部政権下にいて、一九七五年以降に二年以上の再教育キャンプに送られた人々である。HOはベトナム語 'Hoc tap Cai tao'（改造学習）の略字である。

【解説】

川口健一

この小説の時代背景は、一九九五年あたりを現在時点に一九三〇年代あるいはそれ以前まで遡ると思われるが、主人公の記憶が釘付けにされるのは一九五四年から翌五五年の二年間にかけての不幸なできごと、すなわちジュネーブ協定調印後のベトナム南北分断による悲劇である。北ベトナム軍の南部への浸透とアメリカの直接軍事介入によって引き起こされるその後のベトナム戦争についてはこの小説では簡単にしか触れられていない。

ジュネーブ協定による取り決めで、ベトナムの住民は三〇〇日を期限に自由意志で南北いずれかを居住地としなければならなくなる。作家開高健は『サイゴンの十字架』（光文社文庫）でこのことに触れ、次のように書いている。

「この年（一九五四年）にディエン・ビエン・フゥが陥落し、ジュネーブ協定がきめられ、この国は一七度線で二分されることになり、一年間にかぎり住民は北と南、どちらに住むか、自由意志できめてよいということになる。南から北へいったのはヴェトミン軍の将兵だけで、その一部は南にのこり、武器を土の中に埋めて再蜂起の日を待った。北から南へは約八十万といわれるおびただしい数の住民がおりてきた。そのうちの約三分の二がカトリック教徒で、はだしの農民から高級知識人までが含まれていた。」

一九五四年八月からの北部住民の南部移動開始に続き、その二カ月後の十月には小説にも「フックとクインが思いのままに寄り添って一週間が過ぎると軍隊がやって来てハノイを接収した」とあるようにベトミン軍がハノイに進駐する。住民の南北移住は一九五五年五月を期限としていた。この頃には、開高健も述べているように、約八十万人がベトナム北部から南部へ移住する事態となっていた。当時のハノイの街々はすっかり静まりかえり、凋落の色合いを濃くしていた様子が、イギリスの作家グレアム・グリーンの次のようなベトナム記事からも窺い知れる。

「ハノイには、もちろん、悲哀と凋落の色があった。それは上流の市民が一人のこらずいなくなった都市にはまぬかれがたいことだ。たんに気晴らしのくつろぎの場所がないだけでもわたしなどは悲哀を感じる—映画は宣伝映画しかなく、残っているレストランは値段がばか高くて話にならず、街の人通りを眺めて時間つぶしをするキャフェもない…」(グレアム・グリーン『コンゴ・ヴェトナム日記』田中西二郎訳、早川書房)

二〇〇二年東京外国語大学の招きで初来日した時のバオ・ニン。

グレアム・グリーンは、一九五〇年から一九五五年にかけて三カ月ずつのベトナム滞在を四回繰り返している。インドシナ戦争をテーマとした傑作『おとなしいアメリカ人』をグリーンが発表したのは一九五五年のことである。

アメリカ軍の北爆開始でベトナム戦争が本格化するのは、『おとなしいアメリカ人』からさらに十年後のことであるが、ベトナムの南北住民はジュネーブ協定による南北分断下、一家離散の悲劇に見舞われる。この小説の結末の言葉「ある苦痛のために過去はいつまでも生き続けるのである」が重い響きをもつ。

この小説についてやや気がかりな点をふたつ挙げておきたい。この物語にはチャンという姓をもつ男性がふたり登場する。主人公のチャン・バン・フックと、実現はしなかったがクインの結婚相手になるチャン・バン・バイックである。同じチャン姓であるため、人物関係について誤解を招きやすいが、ふたりは完全な他人であるということ。もう一点、主人公チャン・バン・フックは小学生の時にクインの家（ダン姓）に養子に迎えられたという設定になっているが、ダンという姓を名乗らずにチャン姓を通していることも日本の一般的な慣習と異なるということ。この二点を念頭においていただきたい。

作家バオ・ニン（一九五二年生まれ）は一九六九年に入隊し、ベトナム戦争の激戦を経て生き延びた兵士の一人でもある。彼は一九七五年の除隊後、ハノイの文学学校に学び、やがて自らの体験をもとに長編『戦争の悲しみ』（一九九一年）を発表し、作家としての地歩を確立する。『戦争の悲しみ』はベトナム作家協会賞ならびにイギリスのインデペンデント紙海外小説賞を受賞するなど高い評価を受ける。戦争による人間関係の断絶をテーマとしたこの小説は、従来の文芸路線からは生まれるはずのない新たな芸術的達成と方向を示している。次作の長編が待たれる。

二〇〇二年一月にベトナム戦争に関する国際シンポジウムが私たちの大学で開催された。その報告者の一人にバオ・ニン氏を選び、必要な手続きをすすめたが、残念なことにシンポジウムの期日に間に合っての来日は不可能となり、数日遅れで迎えることになった。成田空港に出迎えた時の彼のほっとした安堵の表情が私の印象に強く残っている。大学でのバオ・ニン氏を囲む会は、当時日本でも翻訳を通して話題になっていた『戦争の悲しみ』などをめぐり、大いに盛り上がった。彼が酒好きであることはベトナムの友人たちから聞き知っていたが、このことを確認できたことも大きな収穫であった。

なお、「記憶の季節」の原タイトルは直訳すれば「記憶の空模様」で、初出誌は文学雑誌『軍隊文芸』一九九五年六月号である。訳出に際しては、『バオ・ニン　短編』人民公安出版社、二〇〇二年版を底本とした。

III

「南洋」における戦争と占領の記憶

記憶の快楽と感情記憶の貸借表

――『日本占領下のインドネシア』展をめぐる混乱と教訓

岩崎　稔

歴史と記憶の問題が争点化するところで、つねに感じることのひとつは、ある出来事についての記憶が、その当事者自身にとっていかなる意味をもつのかという点である。ここでは、本書で以下に続くラーベン論文、大久保論文が成立する前提となったある展覧会とシンポジウムをめぐる事情と顛末を紹介するとともに、その企画でことさらに経験することになったこの記憶の自己閉塞が抱える問題についてすこし考えてみよう。

『日本占領下のインドネシア』展の受け入れ

『日本人、オランダ人、インドネシア人――日本占領下のインドネシア（オランダ領東インド）』展は、二〇〇一年一月九日から一月十七日までの期間、東京外国語大学で開催された。また、展覧会を素材として、一月十四日には、「占領の記憶をどう描くのか」と題する公開シンポジウムを、東京外国語大学海外事情研究所において開催した。

この展覧会は、すでに日本国内でも京都や長崎などで公開されてきた巡回用の展示であったが、同時にその時点までにいくつかの地域で政治的争点となっていたものでもあった。たとえば、当初は東京都内のある区やある地方自治体が、展示会場を提供する予定があったという。ところが、その計画が明らかになるや、右翼団体から「展示内容は反日的であり許せない」という趣旨の抗議申し入れがあいつぎ、そのため受け入れ計画がそのつど撤回されるという事態が続いていた。かれらは、展示のなかの軍慰安婦についての記述や、日本占領下のオランダ領東インドにおいて日本軍が行なった、オランダ人抑留者やインドネシア人に対する暴虐行為についての叙述が、自分たちが信じる「アジアの解放者」としての日本軍という解釈に合致しないことに激昂したわけである。展覧会の受け入れに対する妨害行為については、すでに当時、メディアでも一部で報じられていた。展示計画の芽をつぶして回ったこの右翼団体は、二〇〇〇年末から二〇〇一年一月までのこの時期には、「戦争と女性への暴力」ネットワーク（VAWW-NET Japan）らが実現した「女性国際戦犯法廷」を妨害しようとしたり、法廷をＥＴＶ特集で報道しようとしたＮＨＫや制作会社の現場に圧力をかけたりしていた。また、それと連携して番組の内容に圧力をかけた安倍晋三や中川昭一らの政治家は、次年度の予算を人質にすることで、放送局上層部の手によって番組の内容を差し替えさせるのに成功したりするなど[1]、この社会の言論をきわめて息苦しいものにしている団体でもあった。

脅迫のなかで

この展覧会については、岡山大学の中尾知代氏を介して[2]、日本の随所で企画が頓挫するという経験を重ねていたオランダ戦争資料研究所（ＮＩＯＤ）から、東京外国語大学海外事情研究所に特別に受け入れ依頼があった。そこで、海外事情研究所として時間をかけて検討した結果、あえて「火中の栗を拾う」ことにしたのである。決断をするにあたっても、妨害や脅迫を懸念しなかったわけではなかった。実際、この展覧会を受け入れる計画を公表した直後から、電話とファックスを通じて「国立大学であるのに反日宣伝を行なうことは断じて許さん」「われわれは断固とした行動をとる用意がある」といった類のお決まりの誹謗や脅し文句が投げかけられるようになった。また右翼団体ないしはそのシンパサイザーのウェブサイトにも、東京外国語大学のシンポジウムに押しかけて抗議せよ、という呼びかけが現れるなど、企画の現場が混乱することは必至という情勢になっていた。かかってきた電話やファックスは、脅迫の常ではあるが、受け手が根負けしたり、事なかれ主義で乗り切ろうとしたりするのを誘い出すべく、内容はないのに、うんざりするほど同じことを繰り返す。とくに粘着質的に執拗であったのは、自ら『維新政党新風』やその他の団体名を名乗った「西村修平」という人物のそれである。この人物は、「反日的」展覧会の中止や「反日的」シンポジウムの変更を激しく要求し、それがならないと分かるや、「命知らずの若いものを連れて行くことになる、結果は保証できない」と声を荒げた。もっともこの人物は、抗議している当の展覧会の内容について知悉しているかのように虚勢をはりながら、やりとりのなかで、たまたま展覧会の企画者NIOD＝王立オランダ戦争資料研究所という機関の存在すら知らないことが判明したことがある。散々怒鳴り散らされながら、それでも粘り強く電話で対応していたわたしは、相手がNIODすら知らなかったということに一瞬虚をつかれて、ともあれその組織について丁寧に説明に及んだところ、逆に逆上して「貴様、国立大学の教官のくせになんだ、その態度は！」と罵声を浴びせかけてきた。一時が万事この水準であった。脅迫電話やファックスに日々対応するうちに、対応した者は、そもそもこの西村という人物がはたしてインドネシアがどのあたりにあるのかを知っているのだろうか、という疑いすら抱かざるをえなかったという。にもかかわらず、この手の人物たちが、女性国際戦犯法廷や今回の展覧会など、戦争の記憶と正面から向き合おうとするひとびとの多様な営みに暴力的な攻撃を繰り返し、また制度の側の本格的な規制や抑制を呼び出す走狗の役割をしているのだということを、研究所の同僚たちはあらためて実感させられたのである。（西村なる男は、その後、選挙に出ては泡沫候補として騒がせたり、はては「在特会」（信じられない団体名だが「在日特権を許さない市民の会」）なる団体とともに、日本の貧しい入管政策のなかで困難を強いられている在留外国人を攻撃するというヘイト・クライムの実行者ともなっている。彼らは例えば、退去命令による家族離散を経験しているカルデロン・のり子さんの通う学校におしかけ、一三歳の子供に悪罵を投げつけるのである。）そうであるからこそ、むしろ主催者としては、妨害を毅然としてはねつけ、しかもいっさいの妥協をすることなく、当初のわたしたちの意図に即して、展覧会とシンポジウムを粛々と開催することの意義を確認したのであった。

「当事者」の記憶

この展覧会をめぐっては、企画者ＮＩＯＤ（オランダ戦争資料研究所）に対して、日蘭戦時資料保存会という旧軍人と旧在留邦人とで構成する団体が、初期の時点では協力していたという。まさに当事者であったかれらから、その手許に保存されていたいくつかの資料などが提供されてもいる。しかし、この日蘭戦時資料保存委員会という団体に参加している体験者の一部は、自分たちの「記憶」が展示コンセプトの歴史的な文脈に位置づけられるや、このことを平静に受け入れることができなくなってしまった。たとえばジャワ島では、アジア太平洋戦争の過程ではほとんど大規模な戦闘もなく、アジアを白人の植民地支配から解放するといった当時のスローガンをそのまま個人のナルシシズムのなかに封印できるような例外的な状況が部分的に存在していた。敗戦まではっきりした戦闘行為もなかったのである。「ビルマ乞食（インパール作戦を指す）にジャワ殿様」という地口さえ存在した。だからこそ、戦後そこで抑留者となった者にとっては、敗戦は突然訪れた理不尽なものであり、その後は西洋の植民地主義によって不当な咎を着せられた、という狭隘な自己理解がはびこりやすい文脈があった。日本の占領下で、支配者として培った快適なコロニアル空間の記憶は、自分たちの存在を根底から検証しなおす契機をもたないまま、いまにいたるまで暗渠を流れる水のように、その当事者の思考構造のなかを流れ続けているのかもしれない。

しかし、現在のインドネシアにあたるこの地域を、日本の戦争指導者たちは当初から油田やゴムなどを目当てに戦争目的のなかに組み込んでおり、また占領下のオランダ人やオランダ系のひとびとに対してだけでなく、「インドネシア人」に対しても、過酷な暴力を行使したことは否定しようがない。また、ジャワ島などの占領状況について、中国戦線やフィリピンの戦場でのそれと量的に比較して良し悪しを問うても、事柄の意味をすりかえてしまうだけである。しかし、それにしても、このインドネシア占領をある局所的な位置から体験したひとたちが、それをどう記憶したのか、またどう記憶できないでいるのかということは、記憶と歴史という問題を考察するにあたってとくに留意すべき陥穽やアポリアを示してもいる。日蘭戦時資料保存委員会やその周辺の体験者たちは、一九九九年夏にオランダで公開された展覧会そのものを見て、いきなり猛反発する側に回った。またそれらのひとびとのごく一部が、「西村修平」などといった低劣な政治的人物をうかつにも組織に引き込むことで、この展覧会は右翼団体の手ごろな標的として浮上した。そういう次第であったから、シンポジウムの会場に押しかけて騒いだのは、たんに「専門的な」右翼だけでなく、実際にジャワでの日々を経験した旧軍人や旧軍属、旧在留邦人の男女も含まれていた。すでに老境にある彼ら、彼女らによって、アジア解放のためにまい進した日本の使命がたたえられ、そこに他者に対するまなざしが片鱗も感じられない姿を見るとき、批判というよりも、むしろまずは困惑せざるをえない。なんという空転であろうと思う。ジャワやスマトラに駐留した経験を持つ人たちの「選択的記憶」が全体の「歴史観」として凝結してしまっているのである。ここには、集合的記憶をめぐる重要な自己欺瞞のメカニズムの典型例が存在している。はたして記憶の当事者とはどういった存在なのかということを思わざるをえない。

植民地主義を再考しつつ

ところで、この展覧会については、これら右翼団体の主張とはまったく別の次元で、東京外国語大学海外事情研究所として、また当時進めていた「近代国民国家形成における『国民的記憶』の総合的研究」プロジェクトのアジア部会で研究を行う学徒として、揺るがせにできない問題点も含んでいた。言い換えれば、わたしたちはこの展覧会の展示内容を諸手を挙げて評価していたわけではないのである。それは、この展覧会が、日本占領期の「オランダ領東インド」に問題を限定してしまったことで、占領と戦争の記憶の地層の厚みについては、とくにオランダのコロニアリズムの問題については、歴史的自己反省が決定的に甘いものになっている、という問題である。これが展覧会の受け入れにあたってわたしたちが、この展示の構成にいくつかの批判的保留をつけざるをえなかった理由でもあった。

わたしたちの批判はこの展覧会の企画責任者であるオランダ戦争資料研究所のエリック・ソマーズ氏に伝えられ、そのことについて筆者は、ソマーズ氏と二〇〇〇年秋に京都で話し合う機会をもった。最終的にはわれわれは、この展覧会に対する複雑な態度を表明するために、「『日本人、オランダ人、インドネシア人——日本占領下のインドネシアの記憶』展を受け入れるにあたって」という声明を英文と和文で準備し、補助パネルとして提示するという条件を示した。その文章のなかには、研究所の展覧会に対する基本的なスタンスが示されている。これを、すこし長くなるが、全文引用しておきたい。

「『日本人、オランダ人、インドネシア人
——日本占領下のインドネシアの記憶』展を受け入れるにあたって

展覧会もまたひとつのテキストである。そこに集められた出来事の断片のひとつひとつは、換喩として、過去の痕跡を示す記号として、わたしたちに語りかけてくる。ここに展示されているのは、オランダの国立戦争資料研究所Nederlands Instituut voor Oorlogsdocumtatieが一九九九年夏にアムステルダムで公開した日本軍政期前後のインドネシアにおける《戦争の記憶》をめぐる展覧会の巡回版である。一五年戦争の最終段階で、日本軍は当時オランダの植民地であった現インドネシアにあたる地域を占領した。この展覧会は、戦争下におけるその地域での出来事を、複数の主体によるさまざまなその地域での出来事を、複数の主体によるさまざまな記憶から、記憶のテクスチュアーとして織り上げようとしたささやかな試みである。

記憶はその体験当事者のポジションによって異なってくる。「ロームシャ」という語彙として今日も残っている日本軍による強制労働の記憶。「軍の慰安所」に閉じこめられた未成年者も含む女性たちの記憶。抑留所での虐待の記憶。しかし、そうした日本軍政期の被害者の記憶に対し、当時の日本軍人や在留日本人たちの記憶は、ときにはそれは、エキゾチックでコロニアルな外地体験の記憶であったり、みずからを白人の支配からの「解放者」となぞらえる快感の記憶であったり、さらには敗戦後に逆の立場でオランダ軍の俘虜としての生活を送らざるをえなかった時期の苦難と被害の記憶となったりする。

想起がさまざまなポジションから行なわれることに加え、そもそも、その地が長くオランダによる植民地支配下にあったということが、この《戦争の記憶》をますます複雑なものにしている。戦後、オランダはふたたび、この地にその植民地支配を再確立しようと試みた。そこでも法外な暴力が行使された。インドネシアのひとびとは、軍政期の支配に続いて、この暴力にも抗して過酷な独立戦争を闘わなくてはならなかったのである。一部の旧日本軍将兵が、そうした戦後の独立戦争に参加したことも、この戦後初期の出来事の一局面をなしている。

もっとも、この展覧会を受け入れるにあたって、海外事情研究所ならびに「近代国民国家形成における《国民的記憶》の総合的研究」プロジェクトのアジア部会は、この展示にいくつかの点で留保をつけざるをえなかった。というのも、このテクスチュアは示唆的な企てでありながらも、たとえば「蘭領東インドのオランダ人」という項にあるような植民地支配に関する叙述には、《戦争の記憶》に働いている多層的な権力関係をつねに批判的に解明しなければならないと考えてきたわたしたちにとって、納得しえない諸点も含まれているからである。とりわけ、オランダの植民地支配によってインドネシアの近代化が促されてきたかのような叙述は、ポジションを変えれば、日本による三十六年間におよぶ朝鮮半島の支配を「遅れた朝鮮の近代化と啓蒙に寄与した」という形で正当化するたぐいの、過去に対しておよそ無反省な姿勢や論理とただちに通底してしまうものだからである。ある暴力の記憶は、攻守を転じた別の暴力の記憶によって互いに相殺されたりするわけではない。オランダの植民地支配の正統性を語ることによって、日本軍がもたらした被害の記憶や戦争犯罪が免罪されてはならない。逆もまた同じである。オランダのひとびとが日本軍政期の行為を批判することによって、自らの植民地支配の歴史に鈍感であってもよいかのような文脈が作られるとすれば、まさしく不幸なことである。

また、わたしたちは、展示の冒頭にある「日蘭交流四百年」という表現のように国民国家の表象にすべてを回収してしまうような枠組みや、「和解」を二国の「君主」のセレモニーの図像で描いてしまう部分についても、たとえそれが全体の構成にとっては重要な部分ではないとはいえ、違和感を覚えざるをえない。

そこでわたしたちは、『占領の記憶をどう描くか?』と題する特別シンポジウムを併せて行い、戦争の記憶、コロニアリズムの記憶の多層性と矛盾をめぐって、討議したい。わたしたちは、この記憶のテクスチュアがわたしたちの新キャンパスにこのように広げられることで、地域と文脈を異にしたひとびとのあいだでの、差異を孕んださ さやかな対話の機会を生み出すよう切に望んでいる。

東京外国語大学　海外事情研究所
「近代国民国家形成における《国民的記憶》の総合的研究プロジェクト・アジア部会」

この文章のなかに、当時の事情や議論の内容が反映されている。これにもとづいて、この展覧会のあり方そのものに対する多様な批判をもあらかじめ組み込んだシンポジウムを、二〇〇一年一月十三日に実際に開催した。そのために、一方では本書に論文を寄せているレムコ・ラーベン氏を招いて報告してもらい、また本学教官ではあっても、オランダの展覧会に対して猛反発し、歴史修正主義とでもいうべき立場にかなり近いスタンスをとっていた佐藤弘幸氏をあえてパネラーに加えて討議することとしたのである。

混乱のなかのシンポジウムと佐藤報告

このシンポジウムの当日は、大勢の参加者で、会場は文字通り立錐の余地もない状態であった。予想通り、また予告どおり、日蘭戦時資料保存委員会の一部のひとびとや、わたしたちに対して脅迫を繰り返していた右翼団体も押しかけ、騒然たる雰囲気となった。主催者側として、司会が再三にわたる野次や妨害に注意を与えたが、たいていそれは無視された。主催者側が招待した報告者が発言する際に、数々の心理的な圧迫が加えられたことは遺憾であった。とくに佐藤弘幸氏の報告に対する批判的なコメンテーターとして参加した関東学院大学の林博史氏に対して、「西村修平」なる人物は、氏が女性国際戦犯法廷に重要な役割を果たしていることなどを理由にして「死刑判決」を宣告するなど、悪質な脅迫ビラを主催者の制止にも関わらず配りだした。そのビラや宣伝行為の主張の水準は失笑せざるを得ないようなおそまつな内容であったが、およそ言論によって討議する場には許すことができない暴力的な行為であった。

本書には、このシンポジウムでもっとも問題提起的な報告を行ってくれたレムコ・ラーベン氏の論文は掲載されているから、それについてはここで触れることはしない。しかし、佐藤弘幸氏の報告については、言及しておく必要がある。というのも、佐藤氏が当日行った報告である『史実を無視した一方的な『記憶』――いわゆる「オランダ戦争展」の悲喜劇」は、その後編者たちの再三の要請にもかかわらず、残念ながら本書に再録することは了解していただけなかったからである。氏はシンポジウムを実施した時期にはまがりなりにも同じテーブルに着くことを是とされていたのであるが、現在は同一の論集のなかで対立する討議空間を作ることをすら拒否されるようになっている。もっとも、シンポジウムの詳細な記録と報告原稿の全文は、直後に公刊された海外事情研究所の雑誌『クァドランテ（四分儀）』第三号に収録されているから、それをできるだけ佐藤氏の考えのポイントをピックアップして引用する形で、収録が適わなかった佐藤報告の論点を紹介し、すくなくとも当日の何が問題となったのかについて公平性を確保しておきたい。

オランダ史の専門家でもある佐藤氏は、展覧会をアムステルダムで最初に観ていたが、その報告の表題にもあるとおり、この展覧会の意味を「当然言及されてしかるべき重要な歴史的事実を無視していたわけだから、無責任の誹りは免れない」と全面否定したい気持ちに駆られたという。報告のなかで、かれはつぎのように述べている。

「この展示会は一定の政治的意図のもとに作られた可能性が非常に強いが、それをひとまず問わないにしても、その内容はあまりにも身勝手なものであった。この展示会は、そのサブタイトルにも言うように、日本の蘭印占領の期間に展示内容を限定している。日本軍の蘭印占領は一九四二年三月から一九四五年八月までのほぼ三年半に及んだが、その間日本人は占領軍として強大な権力を振るったのに対して、オランダ人はほぼ全員が強制収容所に入れられ、過酷な取り扱いを受けた。たくさんの犠牲者も出た。したがってオランダ人がこの時期の記憶を喚起しようとすれば、日本人は一方的な加害者、オランダ人はその哀れな被害者および犠牲者という構図しか描けなくなってしまう。このような展示内容の期間を限定してしまえば、展示会の基本的なトーンも自ずから決まってしまい、一方的な内容以外のものは考えにくくなる。(3)」

このように佐藤氏は、この展覧会の時期の設定そのものが、この時期の記憶のかたどり方に大きな影響を与えるはずだとしている。わたしたちも、このこと自体は、適切な指摘であると考える。さきの展覧会受け入れにあたっての立場説明にあるように、わたしたちもこの点を不問に付していたわけではない。むしろ植民地支配の全体の文脈をあわせて主題化するべきであると一貫して指摘してきた。しかし、同じこの問題が、佐藤氏の場合では、ともすると被害の現実の複合性として捉えられているよりも、「責められる加害行為が相手にもあったではないか」という相互免罪の論理になってしまっている。相手にも非があるという一点を繰り返すのみでは、事態を総合的に捉えるよりは、自分たちに対する批判を相殺するという文脈が作られてしまうだけである。だが、残念なことにこれが佐藤氏の報告全体を貫く基調となっている。

佐藤氏がこの時期の問題として具体的に論じている点をいくつかみておこう。

たとえば佐藤氏は、戦争の始まりについては、そもそも「どちらが最初に戦争を仕掛けたかという問題」があると設問して、大方の意表をつくのである。かれは「これはまちがいなくオランダであった。日本ではない」という。

「この事実はけっしてうやむやにしてはならない。よく知られているように、一九四一年一二月八日未明、日本軍はハワイの真珠湾やイギリス領の香港、マレー半島に宣戦布告なしに奇襲攻撃を加え、戦争に突入したが、この日は蘭印にはなにも攻撃を加えなかった。このことはオランダ側も確認している。それにもかかわらず、オランダは同日午前八時蘭印植民地総督の名において、日本に対して宣戦布告をしてきた。これは日本に対する宣戦布告の一番乗りで、奇襲攻撃をうけたアメリカやイギリスよりもかなり早い。もちろん同日正午に大本営が発表した宣戦布告の詔書にはオランダは入っていなかった。オランダは一二月一二日から南シナ海で日本船に対する攻撃を開始し、一二月中にタンカーや輸送船など一四隻の日本船を撃沈した。これに対して日本がオランダに宣戦布告をしたのは翌一九四二年一月一二日のことであった。以後、日本軍は蘭印攻略を進め、蘭印植民地軍は同年三月八日全面降伏した。それからオランダ人は強制収容所へ送られ、様々な悲劇や不幸が始まる。その意味では彼らの悲劇や不幸は自らが招いたという側面も強い(4)」。

この一点は、佐藤氏の議論のなかでもっとも重要な論拠になっているようである。たしかに、当時の日本政府が宣戦布告の対象としてはオランダを落としていたこと、そのため、当時の経緯としては、オランダ領東インドの総督が、日米、日英開戦に驚愕しつつ、オランダも参戦して戦闘するという態度をとったこと、そのために、法的手続きとしては、オランダからまず宣戦布告するという順番になったことは、細部の事実としては間違っていないだろう。個々の独立の史実としては、それを否定する必要はない。しかし、ここでの佐藤氏の手際には、わたしには歴史修正主義の典型的なスタイルが現れていると思う。個々のディティールを一連の流れのなかから切り離してつなげ直し、それを都合のよいプロットのためにいかようにも利用するというやり方である。「ＡＢＣＤ包囲網」などという当時の表現を待つまでもなく、オランダ領も含めて、当時の日本に対する西欧各国がひとまとまりで表象されていたことは明らかであった。また、当時の日本政府が、あわよくばオランダについては、戦局不利とみて中立化することをどこかで期待していたともいえる。それとも、たんに外交的な不手際と軍と外務省とのあいだの意思疎通の不全によって生じたものであるのかは、完全には確かめることはできないが、少なくとも、仏印でのゴムと同時に、もっとも重要な南方資源のひとつである石油を産出する蘭印について、それを戦争目的の対象からはずすことがいかに不自然なことであろうかはわかるはずだ。佐藤氏はまさか、かれのいう「オランダのほうが宣戦布告をした」という事件がないかぎりは、皇軍はオランダ領東インドに手をつけないつもりだったと、本気で主張するつもりなのだろうか。個々のディティールには、互いに不整合で矛盾しているような動きを見つけ出すことはできる。しかし、そこから全体の文脈を恣意的に描いたり、まして戯画化してしまうことは歴史家としては許されないことではないだろうか。佐藤氏があえてそれをなすことで、自分自身にとって快適で都合のよい歴史を紡ぎだすようになるとき、その論理と心性が歴史修正主義と呼ばれたとしても、もはや不当なレッテルではないはずである。佐藤氏は、その後の全過程をこの経緯の順序だけに、つまり日本ではなく、オランダ総督のほうがさきに宣戦布告をしたというこの一点によって規定されるものとして説明している。だからかれはこう強調することができた。

「ともかく、はっきりしていることは、先に手を出したのはオランダの方であったということだ。なぜオランダが最初に手を出したのかここでは問わないが、喧嘩を例にとるまでもなく、先に手を出した方の責任はけっして小さくはない」。

これについても、「問うてみる」のがいいだろう。なぜこういう事態が出来したのかを総合的に考察してみるべきなのだ。しかし、実際には佐藤氏はそれに踏み込むことはないまま、あくまでも形式的には「最初に宣戦布告をしたオランダ」という一点のみを振り回すだけである。そこからすれば、蘭印に対する日本軍の「侵略」という表現も、「互いに宣戦布告をして戦争状態に入った国同士の間では、たとえ一方の国が他方の国へ攻め入ったとしても、それは進攻もしくは攻略とは言っても、侵攻、侵略とは言わないのが普通であろう」ということになり、正当な防衛的軍事行動になるわけである。

第二に、佐藤氏は、オランダの戦争被害者団体が、日本軍の強制収容所でうけた非人道的扱いや残虐な行為を告発し、その謝罪と補償を求めていることをとりあげて批判する。その議論はこうである。たしかに一方では、「強制収容所でオランダ人だけでも三万人近くが犠牲になっている」のであるから、「事の重大性をしっかりと認識しておく必要がある。オランダ人がこの記憶にこだわるのも、わからないわけではない」という。しかし、佐藤氏によれば、オランダ側にも同様の非人道的な扱いがあった。「蘭印政府は一九四一年一二月八日早朝、日本に対して宣戦布告をする直前に、当時蘭印に住んでいた日本人約二千人をいっせいに拘束し、そのまま収容所に入れた。この中には約二〇〇人の子供も含まれていた。早朝のことでベットから直接寝間着姿や下着姿のままで、連行された人もいたという。まことに野蛮なやり方だ。これらの日本人は一ヵ月後に、ジャワ島南部のチラチャップ港からオーストラリアに送られ、そこでも強制収容所に入れられた。十日以上もかかった船での輸送中、日本人は窓もなく換気の悪い船倉のなかに押し込められ、食べ物や飲み水を十分に与えられず、また病人には投薬などの手当てもなされず、オーストラリアに着くまでに三人から十三人が死亡し、そのまま海に投げ捨てられたという。この輸送を実際に体験した日本人の一人はこの船を地獄船と呼んでいる」(5)。

このような行為がオランダによって謝罪や補償の対象にされたことはない。これに対する佐藤氏の姿勢は、あくまでも「日本人の戦争責任を軽減したり、免除したりしようとするからではない。自らの非もはっきり認め、それを乗り越えてゆかなければ、真に友好的な対話は成り立たないと考えるからである」としている。たしかに、たとえ三万人のオランダ人の被害に対して、十三人の日本側抑留者の被害が圧倒的に少ないにしても、軍による処置はいずれの場合でも非道であることは間違いないだろう。しかし、ここでの佐藤氏の感受性は、打ち棄てられて顧みられなかったひとつひとつの被害に対して細心であるというよりも、日本人の被害を強調するためのナショナルな貸借表にばかり敏感なのである。被害の現実に即するという姿勢ではなく、自分たち（と佐藤氏が実感している日本人）は悪くないということを少しでも言い返すための理由にしか、意識が及んでいない。

第三に、展覧会の通称として、またとくに若いひとたちに「オランダ領東インド」がどのあたりを指すのかがわかりにくいために、苦肉の策として「日本占領下のインドネシア」といういささか不正確な表現を用いることがあったが、氏はそのことをとりあげて、「オランダ戦争記録研究所の欺瞞的レトリックに丸め込まれ、自らの主体性の欠如を学内はもとより、広く学外にも披瀝したようなものだ」とまで攻撃する。もっとも、佐藤氏自身も、この展覧会を呼ぶ際には、皮肉ではあろうが、「オランダ展」と不正確に称しているのである。こうしたことからも明らかであるように、ときどきの名称の不正確さは、勧められることではないにしても、すべての要点ではない。まして、佐藤氏のいうように、「インドネシアという語がオランダの過去の植民地支配を見えにくくする隠れ蓑に使われるおそれがあるし、現実に宣戦布告をしてきたのはインドネシア人ではなく、オランダ人であったという事実も見過ごされてしまうおそれがあるからである」とするとき、結局は佐藤氏自身からは、批判の対象としてのオランダ以外の他者は消えてしまっているのである。「『オランダ人、日本人、インドネシア人』というこの展示会のタイトルからするならば、オランダ人と日本人の関係のみならず、日本人とインドネシア人の関係、さらにはオランダ人とインドネシア人の関係についても取り上げなければならなかったはずなのに、実際にはオランダ人とインドネシア人は共に手を携えて戦争被害者、そして日本人は戦争加害者という、きわめて単純、かつ安易な割り切り方がなされていた」とも言われている。ところが、こう語る佐藤氏は、では、実際にこの展覧会において、当事者性を著しく奪われているインドネシアのひとびとに思いを馳せているのであろうか。一貫して佐藤氏と議論をするなかで思い至らざるをえないのは、かれには実際にはインドネシア人のポジションや、出来事の仔細な当事者性になど興味がないということである。それよりは、わたしたちが展示に抱いたのは、「オランダ人、日本人、インドネシア人」と三つの主体が名指されながら、オランダ人でも、日本人でもない三番目の主体の存在は、後景にとどまったままであるということであった。それはオランダの側で、そもそも植民地支配の問題の深刻さが捉えられていないために起こったことであり、日本をアジアの解放者としておしたてるときの日本軍と同様、日本とオランダの対立という関係だけしか視野にないからである。(6)

このような佐藤氏の議論は、日蘭戦時資料保存委員会、そしてそれ以外の駆けつけた右翼団体の主張にひとつのバックボーンを与えているし、それらのうちのもっともまとまったものではあったが、つまるところその論理は、出来事の複合的な側面を見ていこうとするものではなく、どこまでも強い被害者意識とルサンチマン感情に駆り立てられたものにすぎなかったといわざるをえない。わたしには、佐藤氏がなぜかくもこのオランダの物語に対して局所的にだけ憤激し、その記憶を攻撃することに情熱を傾けるのであろうか、と疑問を抱かざるをえない。かれがオランダ人の人種主義を非難するとき、そこにあるのはかれのオランダ留学の際の原体験ではないのだろうかと推測することもある。ちょうど新しい歴史教科書をつくる会でかつて重要な役割を果たした九〇年代の代表的な歴史修正主義者である西尾幹二にとっても、かつてのドイツ留学が著しく彼のアイデンティティを毀損する経験を含み、それ以後の言説がその毀損の代償行為となっているように。一度は年配の同僚であった佐藤氏の心の動きについて、そうした推測をすることは礼を失する行為であるのかもしれないが、海外体験の傷がひるがえって偏狭でナショナルな主体の形成につながるということは珍しいことではない。もちろんこれはあくまでわたしの憶測に過ぎないのだが。

ともあれ、このように佐藤氏とシンポジウム参加者の意向との間には深い亀裂があった。佐藤氏の発言は押しかけた右翼団体の拍手に包まれた。野次と怒号のなかで、どれだけ実のある議論ができたのかについては主催者として心もとないし、騒ぎ立てるだけ騒ぎ立てたひとびとが、そもそもある歴史的な出来事の真実をめぐって虚心に、かつ当たり前の政治的判断力をもって向かい合う気があったのかどうかも、疑わずにはいられない。

むすびにかえて

あらためて、当時オランダ領東インドに対する日本の占領の記憶は、それに先立つ植民地支配の記憶と重ねあわせ、かつそれと干渉させつつ理解されなくてはならないが、それが二つの被害を相殺する形になるときには、容易に佐藤氏のような主張に帰着してしまうことだろう。そうした自他の感情記憶の貸借表を作るという点では、日蘭戦時資料保存委員会の高齢者たちも、佐藤氏のそれも、結局は選ぶところがない。佐藤氏の報告内容がその後『国民新聞』という極右団体の機関紙に掲載され、それがかれらに時と所をかまわず重宝されるようになったことも、佐藤氏本人にはさすがに一定の違和感がある（はずだ）としても、必然性もある帰結であろうと思う。

植民地支配の記憶の層、占領期の記憶の層、そして独立期の記憶の層として堆積する意味の厚みに対して、しかし、今日の日本などのツーリズムが席捲するときには、このポストコロニアルな空間は、地層どころかまったく残像のない奇妙な快楽の場所として演出されるのである。しかし、老境にあって、なおもみずからの「青春」の光彩としてオランダ領東インドの占領＝解放をかたるひとたちの自己閉塞した記憶のありかたと、この現代の日本社会に支配的な快適なるツーリズムとのあいだには、実は、ほとんど差異が見出せない。日本社会の東南アジア表象は、長い年月にわたって、いまもなお他者を見出すことに根底的に失敗してしまっている。

（1）この経緯については、メディアの危機を訴える市民ネットワーク編『番組はなぜ改ざんされたか──「NHK・ETV事件」の深層』一葉社、二〇〇六年を参照されたい。同書によって、番組改ざんへの政治家やNHK幹部による関与など、ETV事件の全容が余すところなく解明されている。

（2）この事情については、中尾知代「拒否されたオランダ『戦争展』」『世界』二〇〇〇年四月号、一七一頁以下を参照せよ。

（3）佐藤弘幸「史実を無視した一方的な『記憶』──いわゆる『オランダ戦争展』の悲喜劇」『クァドランテ（四分儀）』第三号、二〇〇一年、東京外国語大学海外事情研究所、一八頁以下。

（4）同前、一九頁以下。

（5）同前、二一頁以下。

（6）さらにこの「オランダ人・日本人・インドネシア人」という名指し方にもう一点付け加えておくなら、そもそも日本人やオランダ人という緊密な主体を立ててしまう事態についても細心であるべきである。ましてインドネシアとインドネシア人という「想像の共同体」がいかに構築されたものであるか、ベネディクト・アンダーソンの思考の具体的なフィールドであったことを思い起こすだけでも十分であろう。

映画『ムルデカ　17805』をどうとらえるか

岩崎　稔

日本によるオランダ領東インドの占領とインドネシアの独立を素材にして、歴史修正主義が決まって持ち出すトピックとロジックを散りばめた映画『ムルデカ　17805』（日本、二〇〇一年、『ムルデカ』製作委員会）は、二〇〇一年に一般公開されている。右翼による政治的な動員が企てられたにもかかわらず、これは興行としてはほとんどめだった反響を呼ぶことなく終わった。わたしも、観終わって席を立つときの気分がなんとも寒々としたものだったことをよく覚えている。

この映画は、一九四一年に「旧オランダ領東インド」、つまり現在のインドネシアに侵攻した日本軍の兵士たち（山田純大ら）が、インドネシアの青年たちに軍事教練を施し、敗戦後は武器をも提供し、独立戦争にも加わって自己犠牲的に死んでいくというストーリーでできている。東条英機を英雄視した映画、『プライド』（一九九八年）の制作委員会代表でもあった加瀬英明がここでも代表となった。これに旧軍や改憲推進団体「日本会議」関係者などが名をつらねた『ムルデカ』制作委員会は、映像を通じて「大東亜戦争」が「白人支配からのアジアの解放の戦争である」という当時の解釈を、あらためて正当化しようとしていた。二〇〇一年といえば、「新しい歴史教科書をつくる会」が扶桑社から中学校用の歴史教科書を出し、各地の教育委員会での採択をめぐって最初の攻防が繰り広げられていた時期である。執拗に近現代史の改竄を企てたその教科書には「大東亜会議とアジア諸国」という項も登場していたが、まさにその部分の記述に対応する映像がこれであった。

『ムルデカ』のタイトルにある数字「17805」とは、日本軍政下の最末期に出された独立宣言文に実質的に強制された暦「皇紀2605年8月17日」を表している。製作者は、宣言文にこの暦が使われたこと自体が、日本軍へのインドネシア国民の感謝の表れであると強調している。映画の冒頭には、「在米資産が凍結され、ABCD包囲網によって生存の道を絶たれた日本は、自存自衛のために戦争を始めざるをえなかった」という趣旨のメッセージが入る。「つくる会」の動きなどによって、ここまであつかましい主張が公然と横行する時代となっていたのかと思わず身をのけぞらせているうちに、物語は始まるのである。

この映像は、全編を通して、隠蔽記憶の物語になっている。隠蔽記憶とは、表面的には過去をめぐる特定の記憶が目立った仕方で繰り返し声高に語られていながら、その語りの動機はむしろ、向き合うことがつらく不愉快なもうひとつの記憶を、徹底的に排除し隠蔽することにある場合である。

たしかに日本軍は、一九四三年ころから（けっして「インドネシア独立」のためではなく）戦局が暗転したために、「ペタ」という義勇軍組織を作って現地の青年に軍事教練を行っていた。しかし、映画のなかではそれがあたかもアジアの民衆を解放するための一貫した企てであったかのようにこしらえられている。そこに登場する「日本軍」は、上官に理詰めで反論できる将校やら、ビンタに即座に抗議する兵隊やらと、要するに妙に「民主的な」皇軍兵士なのである。他方、インドネシアのひとびとは、もっぱらその日本軍によって啓蒙されるべき存在、ときには大演説によって、ときには鉄拳によって、導かれるだけの存在でしかない。

もちろんこうした映画であるから、軍が支配し管理していた「慰安婦」は、物語にはけっして登場しない。それどころか、酔った将校が女性を求める「例外的な」行為は（しかも、それはたったひとりだけなのだが）その場で下級将校にたしなめられることになっている。

軍が「ロームシャ」として現地のひとびとを酷使し、虐殺したという問題や、オランダ人ないしオランダ系のひとびとに対して行なわれた抑留措置も、結局一度も図像としては登場しない。それに対して、その一度も描かれないこの「虐待行為」の責任をめぐって、戦後戻ってきたイギリス軍やオランダ軍に元日本軍兵士がはげしく拷問され、最後は「無罪」を承知で身代わりに死ななければならないというエピソードだけは、詳細な情景として描きこまれている。歴史家、内海愛子たちが粘り強く掘り起こしてきているように、BC級戦犯の「悲劇」という史実は、たしかに戦後処理の重要かつ深刻な問題であるけれども、映画ではこれらから（陸軍の捕虜政策の無策ぶりや、軍属として捕虜虐待の現場を押しつけられた朝鮮人や台湾人たちの困難などという）歴史的な文脈が消去され、ただ自分たちを悲劇的なナルシシズムでくるむためにだけ存分に使いまわされているために、かえってすっかり曖昧になってしまうのである。

映像のなかでとくに目立つのは、ナショナルな旗とナショナルな歌の濫用である。赤と白のインドネシア民族旗や合唱される民族歌が、「日の丸」といっしょに、ナショナル・シンボルの高揚を実証しようとするかのように現れ、要所ごとに、観客の単純な同一化や身体的な共振を誘う、という仕掛けになってでもいるようだ。だが、それによって、オランダだけでなく、ほかならぬ日本軍もまた、このインドネシアの民族旗や民族歌を禁止していたのだという当時の事情はやはりすっかり隠されている。ここにもあつかましい嘘があるのである。

こうしたおびただしい《すり替え》《陳腐化》《消去》からなる物語の間隙を埋めているのは、派手なドンパチ劇と類型的な玉砕場面である。ここでは、かつて岡本喜八監督の『肉弾』（一九六八年公開）でシニカルに描かれた旧陸軍の愚劣な作戦、つまり「爆薬を抱いて敵の戦車を待ち、その下に飛び込んで自爆せよ」という命令すら、インドネシア人のために戦う兵士の土壇場の「自発的な」選択として引用され、「美しい話」に「昇華」されている。

《隠蔽記憶》とは、過去を「描く」ことによってひたすら「隠し」、「思い出す」ことによって「忘却する」という逆説である。この映画は、自分たちの主張の核心である「欧米の植民地主義の告発」という点においても、無残にもその反対のことを遂行する結果になっている。というのも、この映像では、結局はオランダの植民地支配の構造は何一つ描かれていないからである。欧米の植民地主義を敵だ、敵だと語りながら、その植民地主義が何であるのかは特定できない。それは、まさに自らが同時にもうひとつの植民地支配者、それも、さらにもっと荒削りでむき出しの植民地支配者だからである。

オランダによるインドネシアの植民地支配という問題を考えるにあたっては、たとえばわたしたちは、インドネシアの作家、プラムディヤ・アナンタ・トゥールの描く『人間の大地』『すべての民族の子』『足跡』『ガラスの家』（すべて、めこん刊）などの連作をまずは手にとってみるべきである。そこに見事に表現されている植民地主義の暴力の根深さに比べると、いかに精神と身体におよぶ支配が人間を根底的に破壊するのかについて、『ムルデカ』には、その洞察の予感すら感じとることができない。もっぱら自己憐憫だけからなる物語は、何ひとつ有益なことを語れないという実例が、『プライド』に続いて、ここにまたひとつ付け加わっただけのことである。（初出は『赤旗』２００１年5月16日付け。転載にあたっては、ですます調を改めるとともに、時日の推移を考慮して一部を訂正した）。

オランダの植民地の過去とポスト・コロニアルの倫理

レムコ・ラーベン
（青山亨訳）

一八九四年、ロンボック

植民地史に対するオランダ人の歴史観は様々なものが複雑に交じり合い混乱しているうえに、偏っている。(1)その歴史観はオランダを中心とした捉え方であり、遠く離れた無害な過去を扱おうとする傾向が強い。しかし時に暗い事実が大衆の想像力をかきたてることがある。先頃〔一九九八年〕、元オランダ首相であるヘンドリクス・コレインの伝記が出版された。その伝記では、オランダが一八九四年にインドネシアのバリ島のすぐ東の小さな島ロンボックを征服した時、若い軍将校であったコレインが、オランダ軍によって引き起こされた残虐行為を目撃したばかりか、それに荷担していたことが明らかにされた。公式の解釈では、この遠征部隊は暴虐なバリの専制君主からその地方の住民を守るために送られたことになっているが、実際は、拡張するオランダ植民地国家の経済的、政治的権力の統合強化がねらいであった。

コレインはロンボックにあるバリ人の国家の中心であるチャクラヌガラ王宮の攻撃に参加した。その過程で王宮は壊滅し、数千人の廷臣や兵士が虐殺された。コレインはオランダの家族にこの出来事について語り残した。彼は、慈悲を請う王宮の住人が目の前で銃剣で突き刺されていく中、葉巻に火をつけるさまを詳細に描写している(2)。

おそらくコレイン中尉の葉巻の話を除けば、いずれもこれまでよく知られていたことだったが、事件から一世紀もたってから新聞はこのエピソードをスキャンダルとして取り上げた。ロンボック遠征は「忘れられた戦い」であった。そして、それに対する論評の中には「戦争犯罪」という言葉が頻繁に現れた。それに対して歴史家の中には、ロンボックの戦争について問われたとき、まったくちがう立場をとるものがいた。彼らの考えでは、この戦争が行なわれたのは異なる時代、異なる道徳規範においてであるため、一世紀も前に生じた事件を今日の価値観によって裁断すべきではないというのだ。それに対する側は、歴史家は植民地の征服や権力における暴力の本質を軽視しもみ消していると反論した。

ロンボック問題は小さな波紋を投げかけただけにすぎず、議論は相変わらず少数のジャーナリストや歴史家に限られたままだった。しかし、このインドネシアの小島ロンボックでの虐殺をめぐる話は、オランダ社会では見慣れた展開をたどった。コレインの事件に対する社会の反応は、一九四〇年代後半のインドネシア独立戦争期におけるオランダの暴力的な軍事行動をめぐる議論と多くの類似点をもっていた。植民地史の中のこの小さなエピソードがどのように社会の中で取り上げられたかを見れば、オランダにおける植民地の過去、とくにオランダ側の暴力的行為にかかわる事柄についての議論のされ方がよくわかる。即ち、新聞・雑誌で突然憤りが爆発し、歴史専門家たちが冷やかな反応を示し、急速に下火になるというパターンである。どうやら植民地の過去に関与するということは矛盾する感情を呼び起こすことにつながり、植民地時代の問題はいまもなお非常に激しい議論を招くようだ。しかし、奇妙なことだが植民地の過去は、人々の心に複雑で混乱した感情をくりかえし引き起こすにもかかわらず、オランダ人の記憶の中では副次的もしくは抑圧された位置しか占めていないのである。

脱植民地化

暴力、戦争、そして弾圧政治は植民地経営の一部である。しかしながら蘭領東インド〔以下蘭印と略〕における戦前の植民地社会の描写のほとんどは、快適な生活、インドネシア人への善意に満ちたオランダ統治、秩序ある近代的な植民地というイメージを作り出している。一九〇〇年頃から、オランダ版の「白人の責務」という植民地政策により、後進的で貧しいインドネシア人を救いあげようという気位の高い道徳主義と恩着せがましい態度が顕著になっていった。(3)

太平洋戦争期、この地上の楽園と高貴な使命は日本人によって無残に打ち砕かれた。一九四二年初め、日本はオランダ植民地社会を攻撃して消し去り、現地で生活をしていたほとんどの白人植民者たちは逮捕され強制収容所に抑留された。突然の植民地の消滅、そしてこれまで一人一人が享受していた優越性と富の喪失は、それまで支配者階級だった人々にとってショックだった。その後、蘭印における日本占領はインドネシア独立への戦いへと変化した。インドネシアの民族主義者たちは、日本降伏後の権力の真空によって出現したチャンスを摑んだ。インドネシアは共和国独立を宣言し、オランダ支配の復帰に対抗する戦いを始めた。オランダ当局はもとより大部分の一般のオランダ人にとって予想だにしないことであった。日本が降伏して数日後、一人のオランダ人女性抑留者は日記の中でこのように記している。「抑留所の外にたくさんの紅白旗〔インドネシア民族旗〕が見えます。あれはいったい何かしら？　近頃は原住民も自分達の旗を持っているのかしら？　見たこともないものだわ。(4)」

その後、四年をかけてようやくオランダは新しい状況に適応した。その間、インドネシアの民族主義者とオランダの間で、将来のインドネシア国家の構想をめぐる争いが延々と続いた。そして一九四九年末になってオランダは公式にインドネシアから撤退したのだ。もしクラウゼヴィッツの「戦争は他の手段による政治の継続である」という格言が現実にあてはまることがあるとすれば、それはこの場合であった。明白に戦争状態にあったのは、二つの軍事作戦、つまり四七年七月―八月と、四八年一二月の二度に限られたが、大半の死傷者はその二度の作戦行動の間の時期にもたらされており、とりわけオランダが駐留していた最後の一年間に集中していた。この戦争は植民地を保持するために戦われたのではなく、独立の形式、経済的利益の確保をめぐって、交渉の中で有利な立場を作り出すために戦われた。それは士気の揚がらない戦いだった。オランダ軍はゲリラ戦に長けてきたインドネシア革命戦士にてこずったが、それ以上に困難だったのは、政治的・倫理的な孤立の中で戦いを繰り広げねばならなかったことである。戦争の目的は不明確であり、オランダ本国の政治家はたびたび政権の交替で見解を変えたし、植民地がいずれにせよ独立を獲得することははっきりしていたからである。[5]

驚くべきことにオランダ軍の兵士の犠牲者は約六千人とかなり正確に把握されている。しかしインドネシア側の損害はというと、これまで算定されたことはない。[6] オランダ政府報告書によると、二度めの軍事作戦以降、すなわち独立戦争の最後の一年だけでもほぼ五万人のインドネシア人が殺害されたらしい。おそらくインドネシア独立軍側の犠牲者は約一〇万人というのが妥当なところだろう。[7] ただし一般市民の死傷者やインドネシア側の内部抗争による犠牲者はこれには含まれていない。

戦争中とその後に、残虐な尋問、即断即決の処刑、焦土作戦、無差別殺害といった、多くの行き過ぎた暴力のケースが明らかとなった。「行き過ぎ」として知られるようになったこれらのケースは、当時の新聞報道においても取り上げられてはいたが、読者の反応は鈍かった。一九四〇年代後半、インドネシア問題は最も重要な政治課題の一つとなったが、主権の迅速な移譲が不可避になるやいなや植民地に対する一般的関心は色あせていった。戦争中においても軍の調査委員会は「不法行為」のうわさを調査していた。委員会は「事件」の生じたことを確認したが、それくらいの積極的行動はやむをえないと強調し、「行き過ぎ」た事件は軍事法廷で裁かれることを確約した。戦争が終わる直前、議会もまたこの「行き過ぎ」という課題に着手した。その報告書は五年後の五四年になって提出され、オランダの軍事行動と対ゲリラ活動の方法を非難したが、一般市民の注目を集めることはなかった[8]。その頃すでに戦争は終わっており、部隊はインドネシアから撤退し、両国は相互の戦争犯罪の訴訟権を放棄することで合意していたからである。

オランダは植民地のトラウマに苦しんでいるといわれている。一九六六年、オランダ生まれのアメリカの政治学者アレンド・レイプハルトは『脱植民地化のトラウマ』*The Trauma of Decolonization* を出版し、オランダ人が脱植民地化の時代を回顧するさいに強い影響を与えた。レイプハルトによると、オランダがオランダ領ニューギニアを手放そうとしなかったのはそれが植民地権力のシンボルとなったからである。後にレイプハルトの理論はオランダ国民一般の研究へと広がり、植民地勢力の一つからヨーロッパの小国へと降格することでオランダはトラウマを背負ったと唱えられた[9]。しかし、このようなことは一部の政治家、とりわけ当時の外務大臣ヨセフ・ルンスなどにとっては意味があったことかもしれないが、オランダ人の大部分にとっては関心事ではなかった。

現実には、インドネシア共和国への主権移譲の後、蘭印の植民地の過去はあっという間に沈黙のなかへと消えていったのである。ナチス・ドイツによる占領の経験、戦後のひどい経済的困窮、そして復興の必要性が、繁栄し勤勉で近代的で未来志向のオランダという共通の信念と、連帯して新しい国を造るという雰囲気を生んだ。戦時の共通の苦難と抵抗、戦後復興への団結した努力という神話的物語がオランダ人を捉えてはなさなかった。ナチの強制収容所から生還してきたユダヤ系の人々あるいはそれ以外の人々であれ、蘭領東インドでのさまざまな戦争の犠牲者であれ、彼らの語る物語に耳が傾けられることはなかった。[10]

退役軍人対新世代

インドネシアとの結びつきが完全になくなったわけではない。五〇年代と六〇年代の間、新聞は独立後のインドネシア情勢を丹念に追いかけた。インドネシアについてのニュースが頻繁に見出しに躍った。しかしそれらは主として否定的な論調に彩られたものであった。とりわけ保守系新聞でその傾向が強かった。[11] 一九五七年［この年からインドネシア政府によるオランダ系企業の接収が進んだ］まで、インドネシアは多くのオランダ人にとって経済的利害があり親戚がいる土地であったし、オランダ政府はそこで文化政策をすすめており、多くの蘭印からの復員者や移住者がインドネシアについての議論に関与していた。蘭印で生活していた人々の組織は本国でも広範囲に存在したが、閉じられたサークルのなかの互助活動や集会を行う、内向的なものであった。しかし植民地時代の過去、統治メカニズムとその暴力的な終焉がメディアで取り上げられることはほとんどなかった。植民地時代の過去は忘れられたのではない。それはただ、植民地から引き継がれた様々なコミュニティの中に閉じ込められていたのである。オランダ社会全体は古傷をなめることなく、近代化の努力に専心していたのである。

一九七〇年頃、例外的に植民地の過去に対する問題が突然世間の注目を集めたことがある。いくつかの社会的要因が植民地の過去を顕在化させることになった。これは何の前触れもなく起ったことではなく、植民地に関する諸問題が異なったレベルで異なった手段を通じて表面化したのである。六〇年代後半、当時の西欧諸国に共通した現象として、オランダ社会も合意から対立へと根底的な文化変容を経験した。この時期に、オランダにおける合意重視の政治の終焉と、国民的にまとまった均質なコメモレーションの分裂が起きた[12]。脱植民地化問題が突然浮上したのにともない第二次世界大戦に対する評価も転換した。六〇年代には、それまでの集団的苦難や抵抗のイメージが過度に強調されたドイツ占領の国民的経験が次第に綻びを見せ始め、オランダ人のユダヤ人問題に対する共犯性や無関心が注目を引き始めるようになった[13]。

植民地の過去に対する認識についての重大な転換が、学生や若い知識人の間で生じた。第三世界運動、第三世界ショップ、反ヴェトナム戦争デモが起き、脱植民地化戦争の最終段階としてアフリカで新興独立国が生まれると、オランダの植民地時代の過去は左派知識人の標的となった。インドネシア独立戦争期のオランダによる軍事行動が注目を集め論争を巻き起こしたきっかけは、テレビ放映された元軍人ヨープ・フーティングの目撃証言である。彼は六九年一月の人気ニュース番組で、インドネシア独立戦争中に起きたオランダ人の戦争犯罪を公けに非難した。これは、評論家を一方に、退役軍人代表と中道派・保守派政治家をもう一方に捉えた塹壕戦へと発展した。とりわけオランダ退役軍人連盟（Federatie van Nederlandse Oud-Strijders）はヨープ・フーティングと左派系紙を徹底的に非難した。ある将校はフーティングの告発を「真っ赤なうそ」と呼び、別の者たちは蘭印で戦闘行為に関わった軍人すべてが戦争犯罪者の汚名をきせられること—このような告発はかつてなされたことはなかった—に抗議した。

この論戦は非常に激しかったが長くは続かなかった。政府は事件に関する新たな調査を組織し、『過剰暴力行為に関する報告書』*Excessennota* という調査結果としてまとめた。そこには「行き過ぎ」た暴力行為の膨大な記録が列挙されたが、そのほとんどが軍事裁判によってすでに取り扱われていたものであり、オランダの戦争犯罪についての全体像の提示や残虐行為に至る制度的、歴史的背景の分析には至らないまま、その後この問題は立ち消えとなった。物語は歴史の一こまとして取りこまれ、そして議会では、左派政党は別にすると、「行き過ぎ」に対する糾弾を当り障りのない言葉で表現することで話しがついた[14]。

実のところ、オランダの一般大衆はかなり無関心であったし、政治家たちはパンドラの箱をあけるのをためらったというのが真相であった。一九六〇年代に大人の仲間入りをし、多少なりとも反体制運動にかかわった若い戦後世代は、植民地の過去について古い世代を非難する格好の例を見いだした。しかし、実際には、スハルト大統領の下のインドネシアの新政権による人権侵害の方が、閉ざされた過去よりもはるかに人々の感情を刺激したのである。脱植民地化の戦争で傷ついた無垢なインドネシア政府はもはやなく、そこにあったのは、大量殺戮で権力を握り、大量投獄で反対派を沈黙させた軍事政権同様の政権であった。注目すべきことに、一九七〇年にスハルト大統領がオランダを訪問し、その翌年にオランダの女王と王子がジャワへの公式訪問をおこなったとき、過去は申し訳程度に触れられただけであり、それも、現在の良好な関係とジャワの住民の王族一行に対する暖かい歓迎によって克服された悪い思い出として過去にふれる報道が中心的であった。オランダ女王によるインドネシア訪問はオランダの植民地的所業に対する自省をもたらすことはなく、インドネシアとオランダとの新しい関係の始まりとして見られたのである。

フーティング問題や『過剰暴力行為に関する報告書』のあと、この問題がたちまち消え去ったのも驚くべきことではない。しかし、植民地時代の過去は繰り返し現れ討論を喚起するテーマとなった[15]。ほぼ同じ頃、植民地に関わるまた別の経験が表面化した。一九七〇年に日本降伏を記念する初めての大規模集会がハーグで開催された。そしてそのちょうど一年後、日本の昭和天皇の訪蘭が日本軍の抑留所に収容された経験を持つ元抑留者を苛つかせた。これは、元蘭印在住者が社会にアピールするようになった一連の活動の始まりだった。

七〇年代から九〇年代の間、植民地の過去はいくどかの白熱した議論のトピックとなった。それらは以下の三つの問題をめぐるものだった。

＊日本による占領の犠牲者が存在することの承認

＊過度の暴力や犯罪行為についてのいかなる申し立てに対しても激しい非難の声をあげる一部の退役軍人たちのフラストレーション

＊インドネシア独立後にオランダに移って来たモルッカ人および欧亜混血者の政治的、文化的自己主張[16]

これらの公共的記憶の動きの一部には、日本占領期の蘭印、独立革命期、それに続く本国帰国後の受け入れに関する経験についての、大衆の健忘症に対抗すべく展開されたものもあった。しかし、最大の動きは、脱植民地化の戦いを汚い戦争として描くいかなる動きに対しても真っ向から反対する元軍人によって引き起こされたものであった。

一九九五年は真の「歴史家論争」(*Historikerstreit*)が起こりうるべき年であった。第二次世界大戦終結の記念行事が目白押しの年であり、また賛否両論のオランダ女王のインドネシア訪問があり、脱植民地化戦争における戦争犯罪について謝罪するべきか否かという問題があった。しかし、国会議長ウィム・デートマンが植民地経験についての討論を呼びかけたけれども、オランダの主要紙に掲載された歴史家のわずかな論説以外には、大きな成果は得られなかった。蘭印の過去は基本的に、当事者個人と彼らの組織の関心事でしかなかった。オランダ社会、とくに歴史家がこの痛ましい歴史を故意にもみ消していると非難する記事が出版され、あるオランダ人作家は、歴史家たちによって歴史が「隠蔽された」と語った[17]。この論争はドイツの「第二の罪」論争に似ている。即ち、第一の罪はその罪自体を、第二の罪はその罪の記憶の抑圧を意味する[18]。もっともこの非難は部分的にしかあたっていない。なぜなら脱植民地化戦争についての先駆的な研究成果はすでに世に問われていたからである[19]。

新聞紙上で頻繁に取り上げられた論争のほかに、一九七〇年からの数十年間の間におきたことは、記念碑の数がどんどん増えたことである。そのほとんどは私人の発案によって建設されたものだ。さらにこの期間に蘭印関係団体が政治化するという動向も顕著に見受けられた。それらの組織は自己正当化的な性格が強く、自分たちの主張を巧みに政府に反映させることに成功した。政府は、蘭印関係団体が歴史について掲げている主張そのものというよりは、こうした団体が政治的不安定要因になりかねないことに敏感なようであった。厚生省は戦争犠牲者の救済プログラムを策定し、退役軍人政策を展開し、蘭印の記念碑建設のための資金援助を行った。一九八八年に落成したこの記念碑は、当初は日本による占領の記念として建てられたが、脱植民地化戦争の退役軍人から欧亜混血者のコミュニティに至るすべての蘭印関係者の拠り所となり、彼らの経験を国民的に承認させるための団結のシンボルとなった。

しかし国民的記憶のなかに彼らの場所を得ようとする努力はあまり実を結ばなかった。オランダ政府に承認を求める嘆願活動は成果をあげつつあったが、他方で植民地の過去は公共領域のなかでは失われていくものでしかなかった。一九七〇年代に民族博物館は植民地というルーツから距離をとるようになり、第三世界博物館という性格を帯びるようになった。そして日本による占領の犠牲者の記念碑がその数を増やす一方で、オランダ人が植民地事業と関与した暗い過去を浮かび上がらせるような記念碑は、いまだ建立されないままだった。

周辺性と倫理性

植民地の過去に対する国民的な語りは、帝国の歴史としても、太平洋戦争や植民地戦争としても、これまで具現化されることはなかった。国民的顕彰記念行為の行われた戦後直後の数十年間、その中にオランダは蘭印での経験を位置付けることができなかった。一九五〇年（脱植民地化戦争終結ののち）、アムステルダムに建てられた国立戦争記念碑に蘭印のシンボル（インドネシアの土をつめた壺）が入れられても、オランダ人の海外経験に注目が集まることはほとんどなかった。それどころかこの国立戦争記念碑はドイツによる占領時のオランダ人の戦争経験を最重要なものとして象徴することになった。蘭印の過去はオランダ国民の均質性を強調する国立記念碑に文字通り取り込まれたわけだ[20]。帝国の喪失、あるいは植民地の過去に起きた出来事が記念のために何らかの意味を与えられるには長い年月がかかるのだろう。

一九六〇年代末以降の、関係する組織の増大、メディアによる頻繁な取り上げ、個人的叙述の増加にもかかわらず、ポスト・コロニアルのオランダにおける植民地の過去はきわめて周辺的であり、それ以上に偏狭なものであった。オランダのユダヤ人の経験が注目を浴び、「国民的」経験として受け入れられるまでになったのに対して、蘭印のコミュニティの記憶はオランダ人の意識の中で結晶化し中心的位置を占めることはなかった。植民地の過去についての議論が定期的にわきあがっても、個人的あるいは職業的に関わってはいないオランダ人の基本的態度は無関心と呼べるものだった。一九九九年一二月、インドネシア独立五〇周年記念においては、オランダのメディアは完全に沈黙を守った。この原稿を書いている二〇〇〇年八月一五日の日本降伏の公式記念日も早朝のラジオ番組と午後の一時間のテレビ報道を別として記念行事はほとんど取り上げられなかった。

もちろんインドネシアにおけるオランダの軍事行動の最中、オランダ政府がアメリカと国連からの強い反対に直面し孤立していたという国際的な不名誉、そして敗退、喪失という話は、記念になるような話ではない。これに加えて植民地経験が周辺的であること、植民地経験自体が根本的矛盾をはらんでいること、これら二つの理由によって植民地の過去、とりわけその暴力にまつわる逸話は、当事者の枠を越えることがほとんどなかったと思われる。

植民地問題が社会の周辺に置きざりにされていることは、植民地時代にまでさかのぼることができる。蘭印は大半のオランダ人の意識においてはさほど重要ではなかった。帝国主義的言辞や大衆の異国趣味はさておき、蘭印は大半のオランダ人にとって遠いロマンの地、あるいはせいぜいてっとり早い金儲けの場所であった。植民地政策は関係省庁の役人や在外官僚の管轄であって、本国議会ですら無関心であった。蘭印の喪失にオランダ社会がすばやく適応したのは、国民的意識において「帝国」の根がいかに浅かったかの例証である。もちろん脱植民地化の戦争はオランダの政治と財政に重い負担をかけたが、しかしそれは旧宗主国における政治的問題として重要視されたにすぎず、世界の中のオランダの位置を脅かしたり、いわんや「精神の危機」(*crise de conscience*)となったりすることはなかった。このことは一九四〇年代末と一九五〇年代に行われた世論調査の結果にも反映している。脱植民地化戦争の間、「インドネシア問題」はオランダ市民の優先順位の中で住宅問題に次いで第二位を占めていた。[21] しかし、それはオランダの住民が蘭印の「喪失」に深く影響されたことを意味するのだろうか? それとも、それは、議会と政府がこの問題について大きく分裂していたことを考えれば、解決されるべき国内政治問題でしかなかったのだろうか?

オランダが脱植民地化のトラウマや苦痛に満ちた植民地の過去に苦しんだと主張する人は多いが、この問題は比較的簡単に乗り越えることができたのだ。確かに、インドネシアとの交渉において、とりわけ、インドネシア群島の中で後までオランダ支配のもとに残された部分であるオランダ領ニューギニアを巡る紛糾した交渉において、オランダの政治家たちはきわめて非現実的な態度を取り、断固としてこの領土をインドネシアに渡さないという態度を堅持した。しかし、政党政治と国際関係の世界を一歩出ると、この問題はオランダ人の自尊心に触れることはほとんどなかったように思われる。この頃には、オランダ人は帝国とは縁を切った方が都合が良いことに気づいており、第三世界の開発という新しい使命に心を奪われていたからである。

オランダ人の植民地主義の記憶の第二の特徴で、そのような記憶が国民的語りへと昇華することを妨げているのは、経験や出来事がうまく当てはまるような単一の倫理的枠組みが存在しないことである。植民地の過去からは、ノスタルジアと喪失感、犠牲者感情と罪責という背反する感情が湧き出ており、それは今も変わらない。歴史解釈は引き裂かれ、植民地主義の過去をめぐる明解で適切で伝達可能な見解は生み出されていない。これに比べればドイツによるオランダ占領の語りは、いとも単純である。英雄的、国民的抵抗からユダヤ人の連行や殺人に対する共犯性や無関心への自覚へと移行したとしても、「善」と「悪」の基本構図は変わることがなかった。対照的に、植民地の過去にはもっと曖昧な余地が残されている。植民地支配、日本による占領、そして脱植民地化戦争と続く混乱した状況の中では、「善」と「悪」の座標軸を定めることは不可能となっている。オランダの植民地支配を正義とみる解釈は、植民地の暴力と犯罪の事例と真っ向から対立する。加えて、日本の攻撃と抑圧は植民地の加害者側を被害者に変えてしまった。日本は、インドネシアの独立運動を扇動したとして非難された。それというのも、独立運動がオランダの植民地化の使命を挫折させたからである。

しかしながら、植民地の経験に含まれる矛盾した要素以上に重要なことは、植民地主義というものが一九七〇年代までには過去に追いやられ、その遺産は証言者たちのコミュニティの中に封印されてしまったことである。戦後世代の活動は植民地の過去に対する認識を大きくかえることを可能にし、一九七〇年代以降、歴史教科書はしだいに過去に対して批判的になった[22]。しかしながら、それにもかかわらず、議論は事実上終止符を迎えた。というよりは、むしろ、植民地について個人的な経験がある人々にとっての特定の政治的目的に取り込まれたのである。一九六〇年代末から一九七〇年代の初めの頃までに、記念行事の政治は、統一された国民的イメージからしだいに過去の多様な解釈へと移っていた。多くのオランダ人にとって植民地の過去がしだいに単なる伝承になっていく一方で、退役軍人やその他の蘭印からの移住者たちは、オランダ人の記憶の中に自分たちの居場所を確保するために奮闘した。

記憶の断片化は、記念碑的施設を求める最近のいくつかの運動においても明らかである。インドネシア独立をオランダが受け入れてから五〇年が経った今、蘭印コミュニティは自分達が結集できる記念センターを持つようになるかもしれない。同時にスリナムの独立から二五年、奴隷の歴史を記す記念碑がアムステルダムに造られるかもしれない。これもまたオランダ人の意識からすっぽり抜け落ちた植民地的圧政の物語である。これら二つの施設は、オランダの蘭印コミュニティとアフリカ系スリナム人コミュニティがもっぱら主導したものである。自分たちの過去を国民の正史の中に含めることに挫折したあと、彼らは少なくとも自分たち自身の記念碑をもつようになるのである。植民地の過去に対する公的顕彰記念行為は国民的性格を失い、少数派の問題となった。蘭印のセンターには主にオランダ人欧亜混血者のコミュニティが結集し、奴隷の記念碑はアフリカ系スリナム人移民が結集するのに寄与するであろう。それと同時に、植民地の軍馬と植民地総督ファン・フーツの輝かしい活躍を記念する一九三〇年代に建てられたアムステルダムの記念碑は、過去何十年の間に何度か漆喰いを塗りつけられ、破損の憂き目にあってきたが、やがて名前も無い、無害な「蘭印」の記憶へと矮小化されていくのだろう。

犠牲者化とポストコロニアル世界

植民地の過去を意図的に隠蔽しようとしているという非難はまだよく耳にすることであるが、これだけでは、オランダ国家にとって本質的であるとされる植民地の過去が、なぜ忘却の彼方に沈んだのか、あるいは、個人的にその歴史と関わった人々の間にとどまっているのかを説明することはできない。オランダ人の意識の中で抜け落ちている領域は、脱植民地化戦争にとどまらず、植民地におけるオランダの存在そのものにおよぶ。そこでは、組織化された暴力や弾圧が植民地権力にとって不可分の一部であったという認識もまた欠落しているのである。

当然のことながら記念行事では、オランダ人植民者と軍部の責任は軽視される傾向にある。しかし、政治家と軍部が植民地経験について沈黙しようとするにしても、過去に対する認識を大衆に押し付けたり方向付けたりするすべは彼らにない。それでは、いったい誰が「記憶」を創り出すのか？　誰が過去の共有イメージを創り出すのか？　一般的に言って政府もメディアも、そして言うまでもなく歴史家も、均一なイメージを「創り出す」だけの十分な影響力は持ち合わせていない。基本的に社会は、記憶に留めておきたいもの、あるいは強制的に憶えさせられるものを記憶するのだ。言い換えれば、合意されたイメージというものは、一方では、共通の経験、あるいは過去をある形で提示しようという共通の必要性に基づくものであり、他方では、国際的な潮流と圧力の産物でもある。

植民地化、占領、そして脱植民地化の歴史は、何よりも証言者の歴史であり続けている。一九七〇年以降、回想記、日記、小説が非常に多く出現した。それらは証言をしたいという気持ちをかりたてる世代的、心理的衝動が背景にあり、また個人の証言に対する評価が高まったことも証言しようという気運を促した。個人的回想録の中では、犠牲者であるわたしという意識が自己の責任や罪責感よりも大きな位置を占める。脱植民地化戦争から帰還した軍人達でさえも、自分達を犠牲者として表明しがちである。彼らは困難な戦争を闘い、その後オランダ国民に冷遇され、あるいは犯罪者となじられさえもしたというのである。植民地からの追放や復員は、とりわけ幼年時代を蘭印で過ごした者にとって喪失感をもたらした。ほとんどの記憶からは明確で実体のある地理が欠如している。というよりは、記憶の中の地理は想像上のものになった。その結果、元在外オランダ人は植民地の過去を植民地権力の厳しい現実としてよりも、失われた楽園として思い出すことを選んだ。植民地の厳しい現実はほとんどの在外オランダ人の目には入らないものであった。蘭印文学の古典を分析したE．M．ベークマンの最近の研究によると、戦後蘭印文学は、日本軍占領と独立革命の恐ろしい経験によって海に沈んだ伝説上の楽土アトランティスとして植民地を回顧している。[23] そこに共通する基調は郷愁と喪失である。

同様に重要なのは国際的な圧力の不在である。植民地支配それ自体は国際社会全体によって否認されたが、植民地支配が裁判にかけられたことはこれまでなかったと言えるだろう。オランダは植民地時代の暴力による犠牲者と向き合うことはほとんどなかった。植民地主義や日本の占領から脱植民地化にいたる混乱期に関するオランダ人の証言は驚くほど内向きであるが、その事情は当時を描いた映画の語りでも同様である。[24] 最近になってようやく若い世代の映画人がインドネシア人に「顔」を与えることができるようになったところである。[25] また、戦争と脱植民地化に関する学問的成果においても、インドネシア人の経験や視点に対する関心はあまり見られない。

一九四〇年代半ばから七〇年代半ばにかけての三〇年間に世界の多くの地域で生じた脱植民地化が、世界史的に見ても決定的な進展をもたらしたという点にはだれも異存はないだろうが、元植民者たちが帝国を失うことで困苦を味わうことはほとんどなかった。正式に帝国を保持することは結局のところ不必要で無駄なことだった。[26] そもそも帝国の最盛期は長い場合でも一世紀も続かなかったのだ。経済的、政治的な利益は植民地なしでも得られた。脱植民地の過程によって旧宗主国の認識に方向転換が必要となることはほとんどなかった。その結果、西洋優位や異国趣味の言説は、公式の脱植民地化後の現在においてもいくつかの点で残存している。世界的な不均衡の地理的分布は植民地時代のそれとさほど変わりはない。ここでは十分に扱いきれないほど大きな問題であるが、ポスト・コロニアルの心性のありようは、植民地の過去の記憶のされ方に強い影響力を行使するように思われる。他のヨーロッパの旧宗主国においても状況は基本的に同様である。例えば二〇世紀初めに、ドイツ領南西アフリカで、ドイツ軍はヘレロ人の四分の三を虐殺したが、このことは今ではすっかり忘却されている。おそらくこの歴史上の暗い断片は、何百万人ものユダヤ人に対して行われたホロコーストといういっそう大きな犯罪の前では目立たなくなっているのかもしれない。しかしひょっとするとそれは、より一般的な現象の一部と解釈する事もできるかもしれない。フランスも同様な記憶喪失にかかっている。仏領インドシナは公的な関心をあまり引くことがなく、アルジェリアの脱植民地化そして植民地化ですら、元植民者や移民のコミュニティを除くと、追悼はおろか討論の対象ともなっていない。[27]

とはいえ、近隣諸国と比較するとオランダでの植民地論争は突出している方である。植民地での犯罪や凶暴性についての論争が頻繁にオランダのメディアで報道されるのに対し、ジョルジュ・ブダレル〔第一次インドシナ戦争中、ベトナム側についてフランス人捕虜を虐待したと告発された〕のようなケースはフランスでは比較的まれである。ひとつはっきりしている理由は、相対的に人口の少ないオランダにおいては、元植民地出身者の比率がフランスやイギリスに比べてはるかに高いことであろう。とはいえオランダと他の旧宗主国との違いは程度の差異であって、本質的な差異ではない。旧宗主国社会における植民地の過去に対する回顧は、少数集団の記憶やある民族集団の問題として、少数派の問題になっているのだ。

おわりに

オランダにおける植民地の過去の現状は、他の旧植民地宗主国と同様に、ある特徴をもっている。植民地をめぐる議論はぱっと火がつきそして突然消えていく。それはあたかもストロボのようだ。パッと明滅はしても、事柄を明るみに引き立たせるような光を放射することはない。利益集団は政治とジャーナリズムを動員することに成功し、政府に彼らの問題を突きつけはしたが、植民地の過去は、圧力団体にとどまらない本当の意味での国民的な範囲にわたる公衆によって、まともに受け止められることはなかった。このような幅広い議論の欠如と当事者の激烈な反応の陰には、植民地の過去に対するトラウマではなく無関心さが横たわっている。植民地の過去をめぐる過去三〇年間における頻繁な議論は、何よりも、ジャーナリストや歴史教科書の著者を初めとする知識人がしだいに批判的な態度をとるようになったことと、それと同時に、一般大衆が植民地の過去から遠ざかるようになったことによって説明が可能である。このような逆風に対して、退役軍人たちは認知を求めて絶え間ない戦闘状態にある。議論が白熱し問題があたかも「国民的」であるかのような外観を呈するのにはこのようなわけがある。その一方で、元植民地の他のコミュニティは記念行事と郷愁の中に自分たち独自の居場所を設けようとする。いずれの場合も、彼らの記憶は多かれ少なかれ偏狭なものにとどまっている。

このことは、植民地の過去が存在しないということではない。たとえば、大部分の大衆にとって、植民地の過去はオランダ国民の洞察力と地球規模の活動のシンボルとして想像力をかき立てる魅惑的な場であり続けている。しかしながら、このようなかなり表面的できわめて紋切り型のロマンティシズムと、蘭印帰還者と移民たちの闘争を別にすると、植民地の過去や、それにもまして蘭印からの移民が移住後に引き起こした様々な運動は、結局のところオランダ人の意識や想像力の不可欠な一部となることができなかった。

このような中途半端な植民地についての想像力を別にすると、植民地の過去に対するオランダ人の国民的な記憶がほんとうに必要とされることはなかった。なぜならかつて植民地化した人々とかつて植民地化された人々という二つの国民は、それぞれ別々の道を辿ってきたからである。過去の諸問題と直面することはけっして起こらなかった。誰もオランダを呼び出さなかったのだ。インドネシアにおいてもオランダにおいても、国民的な自己検証はその必要性も可能性も限られていた。

なぜ植民地の暴力や植民地の経験一般が「国民的」話題として空白のままなのか？　なぜ個人的にその歴史にかか

わった人々、あるいは彼らを代表する人々の輪を超えて、広範な人々の間で取り上げられ、記念され、議論されることがないのか？　その理由を説明するいくつかの要因を挙げてみよう。

＊国民の心理構造に占める帝国の位置は、帝国的言辞から見えてくるものよりは実はずっと表面的なものだった。

＊植民地の過去に内在する矛盾や周辺性の故に、旧宗主国社会は植民地の過去の複雑さについてじっくりと考慮することができず、植民地経験を国民的語りへと昇華できなかった。

＊社会一般としては、少なくとも一九六〇年代末から植民地支配を非難するようになったが、国民的な歴史再解釈への熱意が冷め、植民地の遺産を国民化する契機が失われた。その一方で多様なコミュニティが政府から公認され正当化され資金的援助を受けることができるようになったものの、その視野は本質的に狭いものである。

＊ポスト・コロニアルの世界において、西洋世界が優位を占める状況は今でも支配的である。植民地の過去は、仮にまるごと放棄されたとしても、他の支配のパターンの中でそのまま、または形を変えて生き残ってきたし、そうでない場合でも、自分たちがより優れた経済と価値の体系を保持する存在であるという信念のもとで生き残ってきた。

（1）本論文の一部は以下に発表されたものである。'Victimhood, loss and guilt: the colonial past in the Netherlands' in : Robert Dorsman a.o. eds., *Truth and reconciliation in South Africa and the Netherlands*. Studie- en Informatiecentrum Mensenrechten Special 23 (Utrecht 1999) 53–60.

（2）Herman Langeveld, *Dit leven van krachtig handelen. Hendrikus Colijn, 1869–1944* (Amsterdam 1998) 59.

（3）Peter Romijn, 'Myth and understanding: recent controversy about Dutch historiography on the Netherlands–Indonesian conflict' in: Robert S. Kirsner ed., *The Low Countries and beyond*. Publications of the American Association of Netherlandic Studies 5 (Lanham 1993) 219–229, esp. 223.

（4） 以下に引用されている。Mariska Heijmans van Bruggen and Remco Raben, 'Sources of truth. Dutch diaries from Japanese internment camps' in: Remco Raben ed., ***Representing the Japanese occupation of Indonesia. Personal testimonies and public images in Indonesia, Japan, and the Netherlands*** (Zwolle 1999) 163–176, 特に該当箇所は 172.

（5） 蘭印の脱植民地化に関するもっとも最近の研究としては、H.W.van den Doel, ***Afscheid van Indië. De val van het Nederlandse imperium in Azië*** (Amsterdam 2000).

（6） Ted Schouten, ***Dwaalsporen. Oorlogsmisdaden in Nederlands–Indië 1945–1949*** (Zutphen 1995) 174.

（7） P.M.H. Groen, ***Marsroutes en dwaalsporen. Het Nederlands militair–strategisch beleid in Indonesië 1945–1950*** ('s–Gravenhage 1991) 261–262.

（8） エントホーフェンの報告とレイ／スタム調査委員会については、Willem IJzereef, ***De Zuid–Celebes affaire*** (2nd ed.; Dieren 1984) 146–153.

（9） もっとも簡潔なものとしては、Alfred E. Pijpers, 'Dekolonisatie, compensatie en de normalisering van de Nederlandse buitenlandse politiek' in: N.C.F. van Sas ed., ***De kracht van Nederland. Internationale positie en buitenlands beleid*** (Haarlem 1991) 204–218; さらに以下も参照。Maarten Kuitenbrouwer, 'The never–ending debt of honour. The Dutch in the post–colonial world', ***Itinerario. European Journal of Overseas History*** 20, 2 (1996) 20–42.

（10） たとえば以下を参照。Pieter Lagrou, The legacy of Nazi occupation. Patriotic memory and national recovery in Western Europe, 1945–1965 (Cambridge 2000).

（11） Hans Meijer, 'Images of Indonesia in the Dutch press 1950–1962. Characteristics of an imperial hangover', ***Itinerario. European Journal of Overseas History*** 17, 2 (1993) 53–73.

（12） John R. Gillis, 'Memory and identity: the history of a relationship' in: Idem ed., ***Commemorations. The politics of national identity*** (Princeton 1994) 3–24.

（13） たとえば以下を参照。Henry Rousso, ***The Vichy syndrome. History and memory in France since 1944*** (Cambridge Mass. and London 1991; original French edition 1987) 99ff. ユダヤ人迫害に対するオランダ人の認識の変化については、Ido de Haan, ***Na de ondergang. De herinnering aan de Jodenvervolging in Nederland 1945–1995*** (Den Haag 1997) 131ff.

（14） ***De excessennota. Nota betreffende het archiefonderzoek naar de gegevens omtrent excessen in Indonesië begaan door Nederlandse militairen in de periode 1945–1950.*** Jan Bank intr. (reprint Den Haag 1995).

(15) ポスト・コロニアルの議論については多くの著作がある。優れた概観としては、Elsbeth Locher-Scholten, 'After the 'distant war'. Dutch public memory of the Second World War in Asia' in: Raben ed., ***Representing the Japanese occupation***, 55–70; and Joop de Jong, '"Een inktzwarte bladzijde in de geschiedenis". Nederland en de Indonesische kwestie 1945–1950' in: ***Oorlogsdocumentatie '40–'45. Achtste jaarboek van het Rijksinstituut voor Oorlogsdocumentatie***（n.p. 1997）64–105.

(16) オランダの印欧混血者（ユーラシアン）のコミュニティについては、以下の著作の最終章を見よ。Wim Willems, Remco Raben a.o., ***Uit Indië geboren. Vier eeuwen familiegeschiedenis***（Zwolle 1997）; モルッカ人については、Fridus Steijlen, ***RMS: van ideaal tot symbool. Moluks nationalisme in Nederland, 1951–1994***（Amsterdam 1996）.

(17) Rudy Kousbroek, 'De diachronie van de doofpot. Historici en hun angstvallige neutraliteit tegenover Nederlands-Indië', ***NRC Handelsblad***, 29-4-1994；クスブルックとのインタビューについては、Remco Meijer, ***Oostindisch doof. Het Nederlandse debat over de dekolonisatie van Indonesië***（Amsterdam 1995）191–203.

(18) Manfred Kittel, ***Die Legende von der 'Zweiten Schuld'. Vergangenheitsbewältigung in der Ära Adenauer***（Berlin 1993）.

(19) 脱植民地戦争中の残虐行為に関する必読文献は、一九六九年の議論の直後に出版された。J.A.A. van Doorn and W. J. Hendrix, ***Ontsporing van geweld. Over het Nederlands/ Indisch/ Indonesisch conflict***（Rotterdam 1970）.

(20) 蘭印の壷およびその他の太平洋戦争と脱植民地化に関する記念行為については、Elsbeth Locher-Scholten, 'De strijd om de Indische urn. De Nederlandse herinnering aan de Tweede Wereldoorlog in Azië' in: Wim Willems and Jaap de Moor eds., ***Het einde van Indië. Indische Nederlanders tijdens de Japanse bezetting en de dekolonisatie***（Den Haag 1995）267–278; and Idem, 'Van Indonesische urn tot Indisch monument : vijftig jaar Nederlandse herinnering aan de Tweede Wereldoorlog in Azië', ***Bijdragen en mededelingen betreffende de geschiedenis der Nederlanden*** 114, 2（1999）192–222.

(21) Nederlands Instituut voor de Publieke Opinie（NIPO）, Bericht no. 222（14 July 1948）.

(22) Tom van der Geugten, 'Het einde van Indië in schoolboeken', ***Moesson*** 40, 3（October 1995）11–14; Idem 40, 4（November 1995）15–17.

(23) 以下を参照。E.M. Beekman, ***Troubled pleasures. Dutch colonial literature from the East Indies, 1600–1950***（Oxford 1996）.

(24) 例外としては長編映画 ***Oeroeg***（1993年）やドキュメンタリー映画 ***Tabee toean***（1995年）などがある。興味深いことに、インドネシアの大衆的な表象のなかでは、敵であるオランダは周辺的にしか登場しない。以下を参照。Benedict R.O'G. Anderson, 'Cartoons and monuments: the evolution of political communication under the New Order' in: Karl D. Jackson and Lucian W. Pye eds.,

Political power and communications in Indonesia（Los Angeles and London 1978）282–321.

（25） Frank van Vree, '"Our tortured bride". The Japanese occupation of the Dutch East Indies in Dutch films and documentaries' in: Raben ed., *Representing the Japanese occupation*, 202–217.

（26） たとえば以下を参照。David Landes, *The wealth and poverty of nations. Why some are so rich and some so poor*（London 1998）429–439.

（27） 戦争の非正統性を示すことでフランスの中での「アルジェリア」の不在を説明したものとしてAntoine Prost, 'The Algerian War in French collective memory' in: Jay Winter and Emmanuel Sivan eds., *War and remembrance in the twentieth century*（Cambridge 1999）161–176.. より多様な解釈については以下に所収の諸論文を参照。Jean-Pierre Rioux ed., *La guerre d'Algérie et les Français*（n.p. [Paris] 1990）.

＊ 本論文の原型にあたる論考は、「オランダ社会に潜む植民地の暴力―蘭領東インド＝インドネシアという死角」と題して雑誌『世界』（二〇〇一年六月号）に掲載された。山田直子が翻訳し、岩崎稔の解説が付けられていた。その後、著者自身が本書のために改稿したものを、青山亨が再訳した。

断裂する日本占領下の記憶
——グアムのひとびとと旧日本軍

大久保由理

はじめに

「グアム」という島の名前を耳にして、ほとんどのひとがまず浮かぶ言葉——それは「リゾート」や「手軽な海外の観光地」であるに違いない。しかし、同時にそこが、かつて日本軍が占領統治した島であり、戦後もなお絡み合う戦争の記憶の場になっているという事情に思いいたる者は、けっして多くはないだろう。せいぜい、ジャングルに隠れて生活し、一九七二年にようやく「発見」された、旧日本兵、横井庄一の名が脳裏をよぎるぐらいではないだろうか。

面積にして五四九平方キロメートル、淡路島よりも少し小さいぐらいのこの島が日本軍の攻撃を受けたのは、一九四一年一二月八日、つまり真珠湾攻撃と同じ日のことであった。それからわずか二日間の戦闘で、グアムを守っていた米軍が降伏し、この島は日本の統治下にはいった。その後、一九四四年八月一一日、日本軍グアム島守備隊の軍司令官が、グアム「奪回」へ向けて再上陸してきた米軍に追われ、防空壕で自決したこの日を区切りとして、その統治は公式には約二年半続いた。

グアムは、戦前に「内南洋」と呼ばれた島々のなかでも、とくにアメリカとのかかわりが深い島である。ふりかえれば、この島は大航海時代の一六世紀にマゼランによって「発見」され、西欧の歴史記述のなかにはじめて登場する。そののち、グアムが属するマリアナ諸島一帯はスペイン領となるのだが、その中でもグアムだけが別の帰属関係のなかに取り込まれる歴史をもっている。というのも、一八九八年の米西戦争の結果として、グアムはフィリピン諸島とともにアメリカ領に編入されるからである。このとき、サイパンをはじめとするグアム以外のマリアナ諸島、およびその南に位置するカロリン諸島やマーシャル諸島は、スペインからドイツに売却されてドイツ領となる。しかもこのドイツの権益は、第一次大戦が終わると委任統治領として戦勝国日本に渡されたために、日本語ではこの地域は「南洋群島」と呼ばれるようになっていた。こうした経緯があったために、同じようにチャモロを中心とした民族構成からなっているマリアナ諸島のなかでも、グアムだけが他の島々とは異なり、長く米領下にあって親米的な基盤を醸成した地域になっていた。つまり、グアムのチャモロからみれば、四四年八月までの日本占領は、ほんの二年半の短いできごとであったにすぎない。それに引き換え旧南洋群島のチャモロ――例えばサイパンのチャモロは、一九一四年から一九四四年まで、三〇年ものあいだ実質的に日本の支配下にあった。この背景の違いは、同じチャモロであっても、両島における戦争の記憶のあり方が大きく隔たっていることの一因になっている。[1]旧南洋群島は、第二次大戦後も、北マリアナ連邦（サイパン・テニアン・ロタなど）としてアメリカ自治領となり、ミクロネシア連邦、マーシャル諸島共和国、ベラウ共和国と独立していくのに対して、グアムだけはふたたび米領下に入り、準州という立場で現在に至っている。

では、このマリアナ諸島のなかでは特殊な歴史を持つグアムの戦争は、その当事者にとってどのように記憶されているのだろうか。ここでも戦争の記憶は、その当事者の立場によって、その内実が大きく異なっている。というよりも、端的にこの島の戦争の記憶のなかにも、厳しい断裂が走っている、というべきだろう。それでは戦争の当事者とは誰か。ひとつには勝者であるアメリカ軍兵士の記憶である。そしてひとつには敗者である日本人の記憶である。その日本人のなかにも、戦闘のために投入された将兵と、その島の現実的な問題により深く日常的に関わる軍人以外の日本人とがいる。グアムにも、主として南方占領地支配を目的として南方移民訓練機関・拓南錬成所で国策的に養成された日本人が派遣されていた。(2)

南方移民訓練機関・拓南錬成所は、一九四一年四月に民間の機関として出発しているが、一九四二年九月からは拓務省の、また一九四三年一一月からは大東亜省の管轄下にはいった。この機関は、一九四五年八月にその歴史を閉じるまで、のべ一二〇〇名余りを、南方へ派遣する農業指導者として訓練・育成してきた。一期生、二期生は卒業後、南方日本企業へと送られたが、三期生以後は海軍製糧士として海軍根拠地へ派遣されている。その主要な派遣先が、ボルネオ島南部（蘭領ボルネオ）のバリックパパン、同じく蘭領セラム島アンボン、そして、筆者がここで取りあげるグアムであった。一九四四年五月、拓南錬成所を繰り上げ卒業した第三期生と、入所したばかりの四期生を中心とした、一八歳前後の男子一六六名と、錬成所の教師三名および農地開発営団からの数名は、グアムに派遣され、現地で「開墾隊」とよばれる占領地行政にとって特別な役割を果たす組織を編成している。(3) かれらが派遣された目的は、補給の途絶えたグアムで、食糧を自給増産することにあった。かれらは、本部を含めて全島の一六ヶ所の農場に配置され、現地の女性や子供、老人を動員して開墾を行った。(4) もっとも、上陸してわずか一ヶ月で米軍の攻撃がはじまり、十分な拓殖活動もできないまま、一九四四年七月二一日には米軍が上陸するにいたり、さらに八月一一日には米軍に追いつめられた第三十一軍司令官小畑英良陸軍中将の自決により、司令官を失った日本軍は組織的戦闘の終焉を迎える。かれらにとっては、この数ヶ月のあいだが、グアムでの戦争であり、占領である。

筆者はこの拓南錬成所について調査をおこなう過程で、錬成所卒業生への聞き取りや回想録など、かれらの記憶に接したことがある。その中身を簡潔に述べるならば、現地事情の困窮の記憶や、補給の途絶えた土地へ送られて命を落としていった同胞に対する痛みや憤りであった。しかし、そこには、何か大きな欠落があることに気づかざるをえなかった。つまり、かれらの記憶の中には、派遣地での現地のひとびとのすがたがほとんど抜け落ちているのである。たとえばグアムに派遣された開墾隊員の例をあげれば、戦後も問題になるような虐殺に関しては回想録ではまったく語られず、拓南錬成所の卒業生の足跡をまとめることに全労力が払われており、米軍の爆撃に耐え、ジャングルを逃げ回った記憶にほとんど占拠されていた。戦死した仲間たちの生の記録を後世の人びとに残したいという回想録の主旨を考えるならば、そのことはある意味当然なのかもしれない。しかし、これは戦争の記憶というものが、いかにその立場によってたやすく忘却を作り出すのかを考えるべき格好の実例ともいえるだろう。というのも、聞き取りの過程では、虐殺については「伝聞であるために確証がなく、語ることができない」と言う元隊員がいた。また、筆者の度重なる依頼を受け入れ、今回新たに語ってくれた元隊員も現れた。このことは逆に、それが回想録という場所では意識的に回避されていた記憶であったことを示している。筆者は、こうした意図的な忘却を含めた記憶の欠落を見極めていくために、また拓南錬成所卒業生の物語を相対化することが必要であると痛感し、別稿でその点を指摘しておいた(5)。

ここで、先ほど筆者がたてた問い、つまり戦争の当事者は誰かについて、再度ふりかえってみよう。先に述べた勝者と敗者の「当事者」像では見逃されていた「当事者」がいる。それは戦争に巻き込まれた現地のひとびと――グアムのチャモロのひとびとである。そこで本稿では、筆者別稿で指摘した課題を果たすための端緒として、戦勝国アメリカと、敗戦国である日本軍および日本人のそれとも異なった、戦争に巻き込まれ、当事者にさせられたグアムの生活者であるチャモロのひとびとの、日本占領下の記憶をとりあげたい。日米戦としてしか語られないグアムの占領と戦闘の記憶のなかで、戦時だけでなく戦後もなお抑圧されているチャモロのひとびとの声に耳を傾け、占領の記憶のなかにある断裂の幾ばくかを確かめておこう。とくに筆者は今回新たに虐殺に関する話を聞くことができた。筆者が拓南錬成所の側から整理したグアムの開墾隊の姿は、グアム占領の中ではどのような位置をしめ、現地のチャモロのひとびとにどのように記憶されているのだろうか。それは同じ時空間に、加害者の側からだけではなく、被害者の側から近づいていくという作業でもある。以下、本文では、主としてグアムで発行されたグアム史のテクストを参照し、その時代区分に沿いながらチャモロの側の視点にたった日本占領下のグアム史を整理してみたい。(6)

一　占領開始：「陸軍」民政署による統治（一九四一年一二月〜一九四二年一月）(7)

一九四一年一二月八日、真珠湾攻撃後に始まった、堀井富太郎少将率いる陸軍南海支隊と第四艦隊が司令する海軍南洋部隊（グアム島攻略部隊・グアム島攻略支援部隊）による攻撃で、一〇日、マクミラン海軍大佐率いるグアムの米軍海兵隊は降伏した。当時の人口は、チャモロが二一、九九四人、チャモロ以外の外国人が八一二人、そのうち日本人は四〇人、その家族（二世や「混血」を指すと思われる）が二一四人、海軍関係者が五八八人、合計二三、三九四人（一九四一年六月三〇日当時）(8)であった。占領後、すぐに設置された民政署という行政機関のもとでグアムの名称は「大宮島」と変更され、他の地名もほとんどが日本語で覚えやすい名前に変更された(9)（地図2参照）。なかでも日本軍は首都アガナ（Agana）市を明石市と命名したが(10)、グアムの多くの歴史書では Red City「赤」市と誤訳されている。このことをさして、歴史家ロジャースは「赤のシンボリズムは、新しい征服者による、すでに血塗られた銃剣のもとにあった生活に不吉にもふさわしいものであった」と書いている(11)。また、チャモロの歴史家サンチェス

地図3（現在）

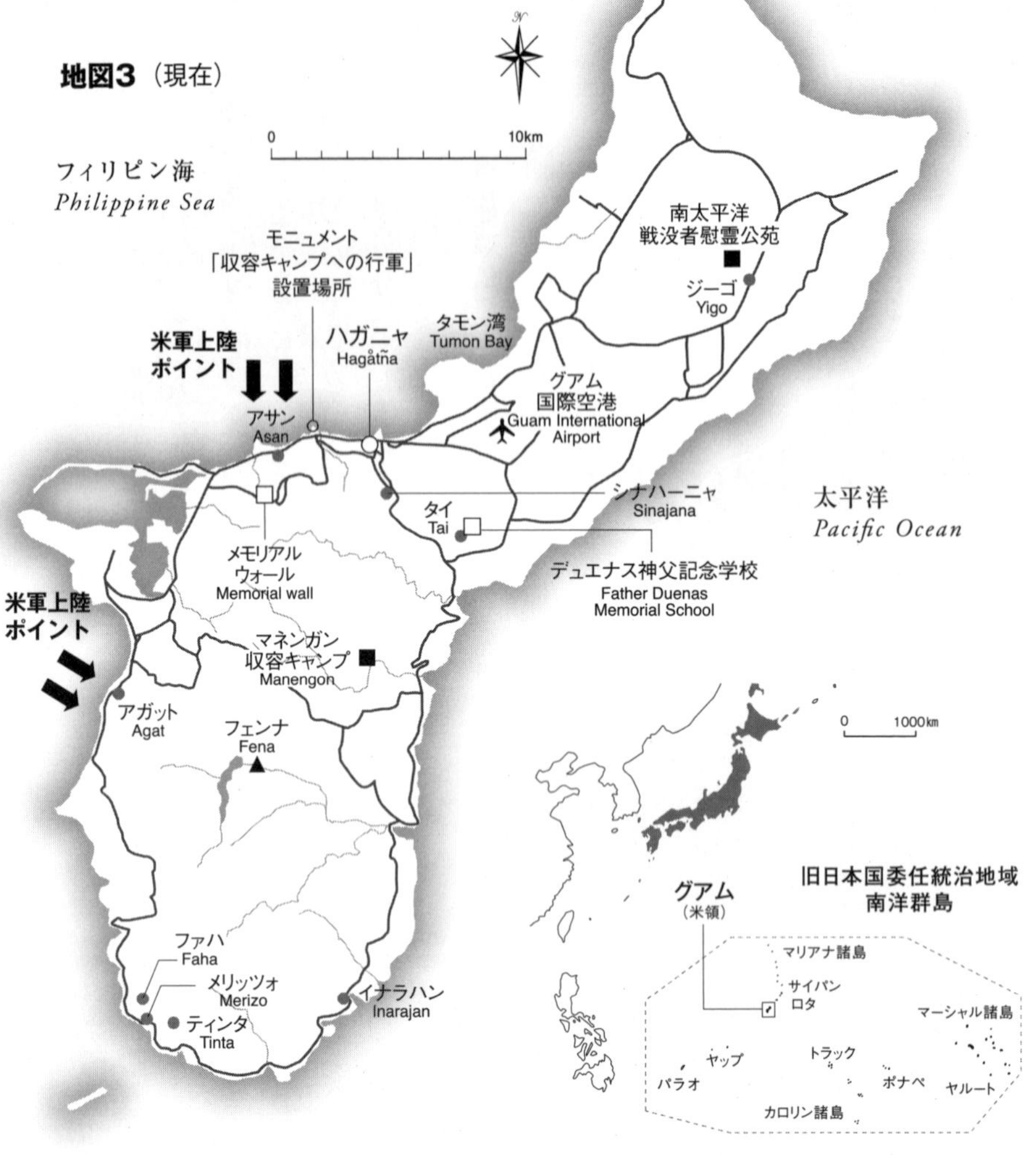

地図1 Laura Thompson, *Guam and its people; a study of culture change and colonial education,* San Francisco: American Council Institute of Pacific Relations, 1941, p.18.　より。

地図2 参謀本部『大宮島兵要地誌資料』1944年3月1日、附図「大宮島町村区域図」（防衛庁防衛研究所図書館所蔵）。これをもとに筆者加筆。

地図１と２を比べると、行政区分は、ほとんどそのまま引き継がれていることや、現地の地名の語感によって日本語の地名が名付けられていることもわかる。例）シナハーニャSinajana→品川、ウマタックUmatac→馬田など。

現在観光客のほどんどが滞在する有名ホテルは、日本軍占領当時「富田湾」と呼ばれたタモン湾に沿って建てらてれいる。現在でもそのビーチには旧日本軍の砲台や大砲が残っている。

地図3 グアムの首都は、長くアガナと呼ばれていたが、現在ではチャモロ語表記でハガニャと呼ばれている。メモリアル・ウォールが建っているアサン展望台は、米軍が上陸したアサン・ポイントを見渡せる場所にあり、この近くに陣地を構えた日本軍が、上陸した米軍へ向かって「バンザイ攻撃」を繰り広げた、壮絶な戦場でもある。戦後は、グアム軍政総督ニミッツ海軍大将の名をとって「ニミッツ・ヒル」と呼ばれている。1944年7月21日のアサンとアガットからの米軍上陸によって、日本軍は島北部へと追いつめられ、ジーゴの近くに作られた日本軍守備隊司令部での司令官の自決により、日本軍の組織的戦闘は終了した。その場所に、「南太平洋戦没者慰霊公苑」がある。

Village
Rural Community
Road
Municipality Boundary
Ritidian Pt.
Mt.
Machanao
MACHANAO
Pati Point
Machanao
YIGO
Mt.
Santa Rosa
DEDEDO
Yigo
Amantes Pt.
Tumon
Bay
Tumon
Dededo
Ypao Pt.
Agana
Bay
Adelup Pt.
ASAN
AGANA
BARRIGADA
Cabras Is.
PITI
Sinajana
ASAN
SINAJANA
Apra Harbor
SUMAY
PITI
Mt.
Tenjo
YONA
YONA
Pago Bay
AGAT
Ylig Bay
AGAT
TALOFOFO
Talofofo Bay
UMATAC
UMATAC
INARAJAN
MERIZO
MERIZO
INARAJAN
Cocos Is.
地図1（1939年）

北岬
北山
北村
北村
高原村
平塚村
高原山
高原
富田湾
平塚
明石市
春田村
富岡
羊島
朝井
春田
表岬
港町
品川
沢原
大宮港
朝井村
正天村
品川村
沢原村
須磨町
天上山
箱屋湾
原川
表半島
原川村
昭和町
那珂村
多崎
初井崎
多崎村
太郎港
馬田村
馬田
稲田村
稲田
松山
松山村
0
10km
長島
南崎
地図2（1944年）

[1998] も、「赤」市とは、日章旗の赤にちなんでつけられたものだ、と解釈している。[12] たしかに両方とも誤読から生まれた解釈には違いないが、首都の名前の変更がこのように受け止められていたという点に、グアムのひとびとの日本占領に対する印象がどのようなものであったのかがはっきりと表れている。

では、占領初期に日本軍はどのような統治を行ったのだろうか。チャモロのひとびとが今日でも真っ先に思い出すのは、グアムの強烈な日差しの下で、一列に並ばされ名札をつけられたという出来事である。[13] その名札は外すことを許されなかったために洗濯をすることすらできず、洗った服にそのつどまた汚れた名札を縫いつけるといった手間をかけざるをえなかった。そのためにひとびとは、その名札を「犬札」("Dog tag") と呼んで嘲笑していた。当時、日本円は一ドル＝四〜五円というレートで交換されていたが、やがて米軍が戻ってくることを信じていたひとびとは、そもそもあまり通貨を交換したがらなかった。[14] 物資には配給券が配布されたが、商品の販売は、当時南洋群島で活動していた国策会社の南洋興発が進出してきたり、戦前から営業していた清水商店などによって請け負われたりしていた。日本円をもたないひとびとの間では、卵や塩を使った物々交換によって必要な商品を手に入れるケースもあった。[15] 慰安所は、おもに朝鮮人女性を中心とした四二人の慰安婦が、軍とともに連れてこられていたが、それに加えて一五人のチャモロの慰安婦もかり集められた。彼女たちは、毎週月曜日に検査を受けるため、「月曜日の婦人たち」("Monday Ladies") と呼ばれていた。[16]

支配民族への尊重すべき生活態度として、住民には「お辞儀」という行為が徹底して強制された。軍の指導で、三種類のお辞儀の様式がひとびとに教え込まれたのである。それは、(一) 礼：友だちなどに対してほんの少し頭をさげること、(二) 敬礼：すべての日本人に対して四五度の角度に体を曲げること、(三) 最敬礼：天皇とその家族に対して九〇度の角度に体を曲げること、の三つであった。[17] 日本人に会ったらかならず「お辞儀」をするように強要され、これを無視した者は、瀕死の状態になるまで暴行を受けることがあった[18]。

すでにこの時期に、占領統治をより引き締めるため、捕虜収容所に出入りしたふたりの若いチャモロを日本軍が公開で処刑するという事件も起こっている。ひとりは、捕虜収容所に収容されていたアメリカ人と通じ合ったという罪で捕えられた。もうひとりは中国系チャモロで、陸軍の倉庫を荒らしたという冤罪で告発された。処刑は一九四二年一月六日に行われた。犠牲者は、掘られたばかりの墓穴の前に立たされ、罪状が英語で読みあげられた後、目隠しをされて撃たれ、墓穴へと落ちていった[19]。ひとびとはそれをみて泣きじゃくり、大声で祈りを捧げたという[20]。

一九四二年一月一〇日には、マクミラン海軍大佐をはじめとした米軍の戦争捕虜は、香川県善通寺にある捕虜収容所へ送還された[21]。そして陸軍南海支隊は、ラバウルへ移動命令をうけて一月十四日、グアムを去った。

二　民政部と警備隊時代：海軍民政部による統治（一九四二年一月～一九四四年三月）

陸軍がグアムを去るのと前後して、海軍は明石（アガナ）市にグアム民政部を設置し、本格的な占領地行政を開始した。初代民政部部長には、占領後すぐに新編されて警備にあたっていた第五四警備隊司令の林弘中佐が兼務した[22]。民政部は統治にあたって、サイパンやロタなどの日本の統治委任領南洋群島のチャモロを通訳として雇用した[23]。グアムのチャモロたちは、同じチャモロでありながら日本側の通訳として働く彼らのことを、「親日サイパン人（Saipanese）」「親日ロタ人（Rotanese）」と呼んでいた、とサンチェスは述べる。民政部の統治形式は、グアムを行政的に区分した一市一町一四村[24]、それぞれに「ソンチョオ」「クチョオ」を選び、その上に日本人の「タイチョオ」を置くというものであった。この「ソンチョオ」「クチョオ」を通じて強制労働（主として飛行場建設）のための人員がかり集められ、天皇崇拝をはじめとした日本の支配のためのプロパガンダも行われた。かれらの手で、若いチャモロを集めてセイネンダンを結成させることもあった。[25]

日本軍が行ったプロパガンダのなかでも、ひとびとの記憶にとくに残っているのは、民政部の「ホムラ」という人物の姿である。かれはほかの役人と比べて、とくに酷い人物ではなかった、とサンチェスは振り返っている。[26]「ホムラ」は、チャモロのひとびとを集めた集会では、アジア太平洋戦争初期の日本軍大勝利の物語を話したがり、日本精神について弁舌を振るうことが多かった。しかし、チャモロのひとびとがそうしたホムラのプロパガンダを受け入れることは、容易には起こらなかった。むしろ、そうしたプロパガンダは多くの場合、逆効果を招いた。というのも、かれらにとって、アメリカやその同盟国についての不快なニュースを浴びせられたときには、反感を掻きたてられるという効果以外には何ももたらさなかったからである。それでも「ホムラ」は、集会の最後になると聴衆を日本の方角へ向けさせ、皇居へ向かって15秒間の最敬礼をさせた。この宮城遥拝のあと、熱狂的に大きな声で「天皇陛下万歳」と叫びたて、チャモロのひとびとにも「万歳」を強いたのであった。一九四二年二月十五日に英領マレーのシンガポールが陥落すると、明石（アガナ）市や近所に住んでいるひとびとは、民政部のあるプラザ・デ・エスパーニャにかり出され、ガバナーズパレスの前に集められた。「ホムラ」は、陥落を祝するスピーチを聞かせた後、チャモロの男女から子供たちにいたるまで、全員に日章旗を渡し、市内を祝勝行進させたのであった。しかし、「ホムラ」が南太平洋のさまざまな戦いについて語れば語るほど、チャモロのひとびとは、戦いが次第にグアムに近づいて来ていることを察知し、アメリカが戦闘ごとに勝ちを収めてゆっくり進んでいるということに確信をもつのだった。要するに、プロパガンダとしては完全に失敗していた、とサンチェスは述べている。

こうしたプロパガンダとともに、一九四二年一月には日本語学校が開設され、チャモロ補助教員養成学校も設立された。こうした学校では、当初は海軍兵士が教員として教えていたが、後に他の南洋群島から教員が赴任してきた。

しかし、生徒の出席率は低く、夜の成人向けの日本語の授業になるとさらに出席率は悪くなった。というのも、この時期のチャモロのひとびとは、貨幣経済の崩壊とともに、それぞれの農場で自給自足の生活を強いられていたために、そうした学校に割くような時間はなかったからである。ただし若者が友人や恋人に会うにはよい機会だったことは事実で、そのためこれらの学校は、「恋人学校」Koibito gakko とよばれていたという。今日のチャモロの家族の多くは、実はこの「恋人学校」からはじまっている、とサンチェスは皮肉めかして書いている。[27] 一一月になると、日本人カトリック神父二名が到着し、布教活動をはじめている。しかし、結局は民政部と警備隊への協力を訴える日本のプロパガンダにおわるようなミサには、チャモロのひとびとはほとんど信頼をよせることはなかった。[28]

これらの記述からわかることは、日本軍の圧倒的な力の支配の前でもひとびとが比較的自由に判断し、行動している様子である。この民政部時代は、他の時期にくらべて、いくらか平和な時代だったとは言えるだろう。ところが、一九四三年一月、東海丸が米軍の爆撃機によりアプラ湾で沈没して以後、空襲は激しくなる。多くのチャモロが、防空壕を掘る労働にかり出された。また飛行場の建設や修復のためにも、何百人もの朝鮮人や沖縄県民とともに、チャモロが動員されたのであった。[29]

一九四四年初頭の段階では第五四警備隊の兵員数は約五〇〇〇人[30]であったが、空襲が激しくなった一九四四年二月には、関東軍第二九師団の南方転用が決定され、それが満州からグアムへ派遣されることとなった。約一万人の関東軍のうち約二三〇〇名が、一九四四年二月二九日に輸送途中で雷撃を受けて戦死したため、実際には残る約七千人がグアムに上陸した。

三　開墾隊時代（一九四四年三月〜一九四四年八月）

関東軍が送り込まれたことで、海軍警備隊に加え、陸軍憲兵隊による支配が始まる時期が、占領の三つ目の、しかも最終的な段階としてやってくる。関東軍とともに重要なのが、「開墾隊」である。一九四四年三月時点では、民間人人口は日本人四五五人（男三〇七名、女一八五名〔ママ〕）[31]となっていた。民間人人口の増加の原因は、占領直後から南洋興発の関係従業員が多数グアムへやってきていたためである。そして、一九四四年五月上旬からは、拓南錬成所卒業生一六六名と教員三名、および農地開発営団関係者が上陸し、すぐさま「開墾隊」として組織された。

「開墾隊」の仕事は、各村の農場を開墾し食糧を増産することであった。現地住民のうち、男性労働力は軍が飛行場建設に利用していたために、開墾隊は、主として子供や女性を関連する労務に従事させた。開墾隊の隊員は各農場[32]に派遣され、「農場長」という指導的なポストには、農地開発営団関係者が就任した[33]。開墾隊は、とくに中心となる「開墾隊本部」の「タイチョオ」を中心として、この時期以後、数々の悲劇的な場面に関与する存在として描かれるようになる。そもそもかれらは、女性と子供を労役に従事させたことだけでも、チャモロのひとびとには、もっとも非道な存在として記憶されることになった。

一九四四年七月当時には、日本軍戦闘員は計二〇、八一〇人[34]、非戦闘員も併せて二一、〇〇〇人余りがグアムにいた。同年七月七日にはサイパンが米軍に占領される。こうしたなかで、日本軍は迫り来る破局に怯え、チャモロのひとびとに対しても、米軍と通じているのではないかという猜疑心に深く支配されるようになっていく。そのひとつの例が、チャモロのカトリック司祭で、ひとびとからも敬愛されていたデュエナス神父 Father Duenas の処刑である。サイパンが陥落した翌日、七月八日に憲兵隊は、逃走米兵を匿ったという嫌疑で、他のチャモロとともにかれをイナラハン地区 Inarajan で逮捕した。当時日本軍は、日本軍上陸直後から逃走している無線班の米兵ジョージ・トゥイ

写真１　モニュメント「収容キャンプへの行軍」(2004年筆者撮影)

ード George Tweed を血眼になって追跡していた。その逃亡米兵が、無線で米軍と交信していると信じていたからである。そのため、同時に、かれを「希望のシンボル」として匿うチャモロのひとびとを厳しく処罰していた。デュエナス神父は憲兵隊に拷問された後、身柄は島中部のタイ地区 Tai に連行され、開墾隊によって斬首された[35]。この事件において、なぜ神父が、非戦闘員であったはずの開墾隊に引き渡され、そこで処刑されたのかという事情については、不分明な点がある。しかし、こうした事件が続いたことも、グアム占領最後の時期が「開墾隊時代」と名づけられている一因であろう。占領期を論じる場合に、歴史家によっては、時期区分にいくらかのズレがでてくるのは当然だが、興味深いことに、この最後の時期を「開墾隊時代」と規定する点では、研究者らや記録者の認識は一致している。個々の事件についての実態はあきらかではないが、いずれにせよ開墾隊がやってきた時期とチャモロにとっての最悪の占領末期が重なってしまったことは確かだ。そうしてそれが、戦

図1

図2−1

図2−2

イラスト全て ©Ariel Dimalanta

図 3-1

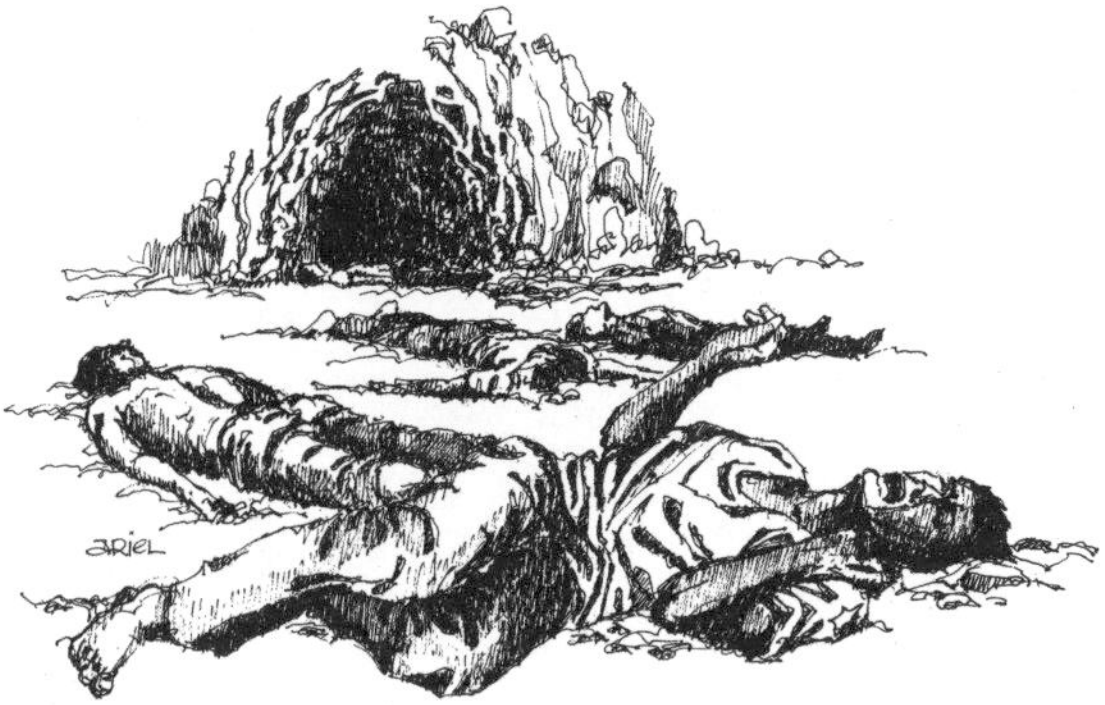

図 3-2

図 3-3

これらのイラストは、すべて Don. A. Farrell, *The Pictorial History of Guan : Liberation－1944*, Micronecian Productions, Guam, 1984 に掲載されたものである。
図 1：デュエナス神父のタイでの斬首場面。刑を実行したのは開墾隊と説明されている。
図 2-1：マネンガンへ向けて移動しているチャモロのひとびとと、監視する日本兵（開墾隊）
図 2-2：転ぶチャモロ女性を銃剣で追いたてる日本兵（開墾隊）
図 3-1、2、3：メリッツオ村ティンタでの虐殺場面と、チャモロのひとびとが報復し、武器を奪うまでが描かれている。

争の記憶をもっとも鮮明にうえつける要素として、チャモロのひとびとに刻みつけられることになった。デュエナス神父が斬首された場所には、事件を祈念して神父の名前を冠した学校（デュエナス神父記念学校 Father Duenas Memorial School）が建てられている。

サイパン陥落後の七月十二日、日本側の表現では、非戦闘員の安全確保を図る必要が生じたことから、適当な収容所を設置しようという動きが生まれる。この収容場所設営地として、軍は、約一万五千人が収容できると見込んだマネンガン Manengon の谷を選んだ。[36] このほかにもいくつかの収容所が設定されたが、チャモロのひとびとの多くはこのマネンガン収容所に連行されたのである。日本人がこれを想起する際には、安全確保のための「島民収容」措置であったことになるが、[37] これはチャモロのひとびとの側からする想起とは決定的に乖離している。ここにも戦争の記憶の断裂の一例がある。チャモロのひとびとは、のちにこの「収容」のための「行軍」を、「マネンガン死の行軍」Manengon Death March[38] と呼ぶようになり、戦後にはモニュメント「収容キャンプへの行軍」March to the Concentration Camp を建設している（写真1）。これは子供を抱きながらマネンガンへ向かう母子像であり、後方に長く伸びたデザインとなっている。向かって右側面にはマネンガンへの行軍の様子が描かれ、左側面には十二月八日にスメイを攻撃する日本軍の様子が描かれている。かれらがこれをどのように「記憶すべきもの」と考えているのかは、その慰霊碑に刻まれた言葉を読めば明らかである。

「自分たちを、突然ふりかかってきた恐ろしい戦争の犠牲者と考える数千のチャモロのひとびとは、ここに祈念する。かれらの運命は、ひたすら気まぐれなる異国の兵士のなすがままであった。わたしたちは、無意味な戦争がもたらした暴虐にたおれた数多くの無辜の同胞を永遠に記憶し、平和と安寧とがわたしたちの子々孫々の伝統となるように、祈らなければならない。」

この「行軍」は、全住民およそ二万人のチャモロに対して、移動の理由も説明されないまま突然に強制されたものであった。その様子は、「行軍」に監視兵として関わった開墾隊隊員ですら「昼間一日中ジャングルに待避し、暗くなったら老人や病人は牛車に乗せ、子供は背負う等、この様な移動は戦争でないと見ることのできない悲惨な様子であった」[39]と語るほどのものであった。雨が降る中を泥にまみれ、ぬかるみに足をとられ、日本軍の監視兵の銃剣に背後から突かれながら、ひとびとはマネンガンへと追われた。しかし、行き着いた先には下水設備はもちろん、十分な食糧も薬品もなかった。[40]そこはただの谷でしかなかったのだ。たどりついたひとびとは、いったいどうやってそこで暮らすべきか、途方にくれたという。

また別の証言では、米軍の攻撃が続くなかで日中も行軍を続けさせるケースがあったが、それは「チャモロを連れて歩けば攻撃されないだろう」との予測によるものであり、そのためチャモロが日本人とともに北部へ移動させられた例もあった。[41]とにかく、米軍の攻撃が激しくなるなかで、日本兵のさまざまな意図にしたがって、大きな荷物を背負ったまま、病人も子供も含めて、グアムを蛇行しつつ、島の直線距離の半分以上（約二〇キロ）を歩かされたのであった。

タイ地区の「開墾隊本部」で「タイチョオ」の世話をさせられていたチャモロ女性マリキータの事件もこのころ発生している。[42]マリア・ペレス・ハワード、愛称マリキータの物語は、息子のクリス・ペレス・ハワードの手によって、史料や聞き取りをもとに描かれたものである。その小説体のノンフィクションでは、彼女の苦難は次のように描かれている。米海軍軍人を夫に持つマリア・ペレス・ハワードは、タイ地区の「開墾隊本部」で、何人かの高級将校の召使いの一人に指定され、将校宿舎での炊事、洗濯、掃除のほかに、入浴やマッサージの奉仕、爪切りまで強制され、はては将校たちの性的欲望を満たすことまでも求められた。そんなななかでマリキータは、日本人に体を許すくらいなら死ぬ、という誓いをたてる。「タイチョオ」は「マリキータの美しさに心を奪われていた」が、強姦することはかれのプライドが許さなかったようである。しかし、けっしてかれに屈しようとしないマリキータに対して憤激を抑えられず、「タイチョオ」はしばしば彼女を叩きのめすことで鬱憤をはらしていた。そんなときマネンガンへの移動が決まり、一度は彼女も移動組へ編入されるが、すぐにタイ地区に連れ戻されてしまう。そして一九四四年七月一八日明け方の点呼で、激しく殴られ、マリキータだけ「タイチョオ」の宿舎へ行くよう命じられた。その後日本人の職員が、尋問が終わったかどうかを尋ね、職員はマリキータを森へと連れ去った。それ以後マリキータの姿を見ることができたものはいなかった。

この物語はフィクションの体裁をとってはいるが、一九八〇年代に発刊されて以来いまなお版を重ねている、広く知られた事件である。彼女の死に関しては、夫が米海軍の軍人であったことから、米軍による目撃者の尋問調書が残っており、それが同書に付されている。このような虐待も、前述のデュエナス神父と同じ、タイ地区の「開墾隊本部」で行われたことになっている点は興味深い[43]。

この後も、米軍上陸の恐怖のなかで疑心暗鬼となった日本軍により、数々の虐殺事件が発生している。たとえば、グアム南部の村メリッツォ Merizo では、二つの虐殺事件が発生している。まず七月一五日、村の三〇人のチャモロがゲウス川近くのティンタ Tinta という場所にある防空壕に集められ、手榴弾と銃剣で「処分」された。ただしこのティンタの虐殺では、そのうちの一四名が殺されたひとびとの死体に埋もれたことで致命傷を免れ、その後日本兵の目を逃れてかろうじて生還している。ついで七月十六日には、同じくメリッツォ村のファハ Faha という場所で、三〇名の若いチャモロが警察の「タイチョオ」によって選ばれて塹壕を掘らされた後、手榴弾と背後からの機関銃掃射で全員虐殺された。七月二〇日の「行軍」の途中でこの虐殺事件を知ったチャモロのひとびとは、これに対する報復を決意し、逆に約一〇名の日本兵を殺害している[44]。これらティンタとファハの二つの虐殺事件が、どういった理由とどのような経緯でおこったのか、その真相はわかっていないが、開墾隊が関与している可能性は高い[45]。

これ以外にも、多くの虐殺事件が起こった。七月二〇日の夜に明石市では、米軍に通じたという嫌疑で、一一人のチャモロが銃剣で殺傷されている。同二〇日から二二日にかけては、アガット地区 Agat の警察「タイチョオ」、タケベナ（第二十九師団長高品彪の「タカシナ」か）は、その部下に一二人の一〇代の女性の強姦を許可し、暴行のあとに女性たちを殺害させている。その他にも、同じフェーナ洞窟 Fena Cave で、数は不明だがチャモロの男性が殺害されていた[46]。ジーゴ Yigo では四五名のチャモロ男性が正座をさせられ、後ろ手に組まれた状態で斬首されていた[47]。このように、米軍上陸を前にして、抑制のきかなくなった日本軍による虐殺行為が島のあちこちで行われたのである。まさに「開墾隊時代」は、虐殺と強姦の時代として記憶される根拠が存在しているのである。

七月二十一日、アサン Asan とアガットから米軍が上陸し、二〇日間の激しい戦いの後、八月一一日に、ついに第三十一軍司令官小畑英良中将の自決により日本軍は組織的戦闘を終える。日本人側の戦死者は一九、一三五人、生還者は一、三〇四人[48]、チャモロの戦死者は、把握されているだけで三二〇人[49]であり、アメリカ人戦死者は一、七六九人[50]であった。

結びにかえて

開墾隊員たちのチャモロのひとびとに対する横暴な態度は、ある場合には、日本人にすら「狂気に近いものであり、日本人としての品位のひとかけらもあるのかどうか疑わしい」と非難されるほどであった[51]。チャモロのひとびとにとっては、かれらがグアムに上陸して以後の時期は、一応「平和」にみえた民政部時代と比較すれば、明らかに異

写真２　メモリアル・ウォール。休日にレリーフに亡くなった家族の名をみつけて悼むひとびと。（2004 年筆者撮影）

質な虐殺と強姦の日々であった。こうして、開墾隊の姿は、女性や子供を労働させたこと、そして何よりタイ地区の「開墾隊本部」で起こった神父殺害やマリキータ殺害、そしてメリッツォの虐殺事件として、チャモロのひとびとの集合的記憶の一部となっている。[52] 数々の虐殺事件について証言記録が出版され、マリキータの貞淑と勇気が繰り返し物語られ、さらにそれらについて事実を追及する作業はいまも続いている。たしかに史料だけに頼るかぎりは、個々の実行犯を実証的史料によって特定することはおそらくもはや不可能であろう。しかし、史料として証明しがたいとしても、さまざまな証言から、開墾隊がこれらの事件になんらかの形で関与した可能性は否定できない。ところが、先に錬成所の卒業生たちを中心とした聞き取り調査や回想録の分析、およびグアムから生還した旧日本兵の回想録の分析では、今回聞き取りに応じてくれた元開墾隊員以外には、虐殺事件についてはほとんどでてこない。[53] さらに付言すれば、これらの虐殺および強姦事件は、本来ならばＢＣ級戦犯裁判で裁かれるべき内容のものであった。しかしながら、約二万人の守備隊のうち生き残ったのは約一三〇〇人にすぎなかったという悲劇的な戦闘の事情が、事件の詳細を詳らかにすることを不可能にしている。大量の戦死者が出て、軍の組織として崩壊してしまったことで、責任者を捕らえることが不可能だという認識から、事件は裁判にはかけられていない(54)。これもまた、事件が公式記録に載ることを妨げ、記憶の断裂をいよいよ深くする原因となっている。

一九七七年には厚生労働省が主催する旧日本人兵士の遺族の「慰霊の旅」がはじまり、また現在では年間九〇万人（グアム政府観光局調べ）にもなる観光客が、日本からグアムへ訪れる。そのような日本人を相手に、グアムはどのような歴史を提供し、あるいは物語を拒んでいるのだろうか。二年に一度開催されるグアム戦友会の「慰霊の旅」は、島内の戦跡をめぐった後、一九七〇年に立てられた南太平洋戦没者慰霊公苑に参拝する。その旅程の中には、グアム準州副知事が出席するレセプションすらある。これによって、日米で戦った将兵の慰霊とともに、ある特定の和解の言説が、その場所を支配する。これに、アメリカのアジア太平洋の戦後のプレゼンスとともに、それを支える日米安保下の日本というあり方も関与していることは間違いないだろう。

しかし、その旧日本軍人による「慰霊の旅」は、マネンガンの記念碑や、チャモロ虐殺の慰霊碑、そして戦闘で死亡または傷ついた米兵とチャモロの名をレリーフに刻んだメモリアル・ウォール Memorial Wall を訪れることはない（写真2）。和解の儀式は、日米両軍人を対象とした慰霊碑までにとどまり、日本占領下および戦闘の中でのチャモロの犠牲者については振り返られることはないのである。これらの記念碑群は、戦後五〇周年を期して、一九九四年に建設されたり整備されたりしたものであり、それはチャモロの哀悼行為に配慮したものである。日本人観光客や旧日本兵は、その存在を知らないだけでなく、そのほかの多くの記念碑には日本語の説明がついているにもかかわらず、マネンガンの記念碑やメモリアル・ウォールにはそれがない。むろん一般のガイドブックにも記載されていない。つまり、これらの記念碑群やそれにまつわる出来事は、日本人の戦争の記憶から除外されているだけでなく、チャモロの側も、日本人の訪問や記憶の共有を想定してはいない。一方では、戦後五〇周年を経てようやく建てられたチャモロの慰霊碑。他方では、その存在にすら思い至らない旧日本兵慰霊団の戦争の記憶。両者の間には、共有し得ない記憶の異なった回路が、それぞれにできあがってしまっている。したがって、わたしたちがただグアムを訪れるだけでは、チャモロの記憶は見えないしくみになっている(55)。

日本人側の聞き取りで出て来る記憶では、マネンガンの谷への移動は、米軍上陸からひとびとを「守る」ための「島民収容」だった。しかし、チャモロのひとびとには、それは死の行進として記憶されている。だが、これにはさらに別の風景が重なってくる。というのも、このマネンガンの谷近くには、今日では、日本資本による巨大なリゾート兼スポーツ施設「レオパレスリゾート」が建てられているからである。今は、追い立てられたチャモロのひとびとではなく、悲劇の存在さえ知らない、日本からやってきた観光客やアスリートたちが「収容される場」となっているわけである。

［付記1］　本研究は日本学術振興会科学研究費補助金を受けて行ったものである。
［付記2］　本稿は、二〇〇六年一一月に脱稿、二〇〇八年九月にゲラを受け取り校正を行ったものである。この間に、参照すべき重要な研究が発表されている。しかし、左記の出版事情により校正では最小限の修正にとどめた。詳細な検討は他日に期したい。

（1）　二〇〇五年六月二十七日〜二十八日の日程で、天皇および皇后がサイパンを訪れた際、立ち寄った敬老センターでは、チャモロの入所者は日本語で言葉を交わし、感動で涙を流すものもいた。グアムのチャモロとサイパンのチャモロの戦争の記憶の隔たりを最もよく示すエピソードである。Rlene Santos Steffy, "Japan Emperor Akihito honors World War II dead with visit to Saipan", July 4. 2005.（*RLENE "LIVE" PRODUCTIONS*, http://www.rlenelive.com）

アイリーン・サントス・ステフィ氏はグアム在住のチャモロのフォトジャーナリスト。グアムを中心としたチャモロの戦争体験の聞き取り調査に取り組んでいる。筆者のグアムでの聞き取り調査はステフィ氏の協力のもとに行われた。ここに記して謝意を表したい。

(2)　大久保由理「戦時期『南方国策移民』訓練機関の実態――拓南錬成所を中心として――」『日本植民地研究』第一四号、二〇〇二年。

(3)　大久保由理、前掲論文、一四頁、表二、および木村富雄「随想　拓南錬成所から大宮島（グアム島）」『拓開万里波濤』第二集、拓南会事務局、一九八八年、二一四頁。

(4)　木村富雄、同右。

(5)　大久保由理、前掲論文、一六頁。

(6)　史料の観点からすると、グアム占領期の公式記録は非常に少ない。そのためこの占領期を通常の「実証」的な手続きで特定していくことは困難を極めている。なお、日本のグアム占領に関する実証研究としては、Wakako Higuchi, ***the Japanese military occupation of Guam, 1941–1944***, University of Guam, 2000. がある。主として現地で活動した日本人（南洋興発の元社員、民政部、小学校教員）への聞き取り調査によって喪失した記録を埋め、新しく資料記録をも発掘した労作だが、史料批判のレベルでは筆者が対応しえないことと、チャモロの記憶を辿る本稿の目的からは外れるという理由から、その包括的な評価は別稿に譲りたい。また、グアム民政部に関する先行研究としては、太田弘毅「グアム民政部について―日本海軍民政機構研究の一齣」（Ⅰ）（Ⅱ）『政治経済史学』三一四、三一五号、一九九二年八月、九月、があるが、著者も記しているように、極めて史料が少ないために表面的な記述に終わっている。さらに、戦犯裁判については、林博史「グアムにおける米海軍の戦犯裁判―「強制売春」事件を中心に」（上）（下）『季刊　戦争責任研究』第四十号、第四十一号、二〇〇三年夏、二〇〇三年秋、があるが、中心は「強制売春」事件であり、本稿の柱となる虐殺事件に関しては二次的にしか述べられていない。グアムに関する日本軍関係者の回想録にしても、戦闘やジャングル生活に焦点を当てるものがほとんどであって、チャモロのひとびとの日常を裏付ける傍証とするには役立たない。

そこで、本稿においては、グアムで出版されている主要な歴史書および写真集を主要な手がかりとしている。その中心となるのは、Robert F. Rogers, ***Destiny of Landfall: A History of Guam***, University of Hawaii Press, Honolulu, 1995. および Pedro C. Sanchez, ***Guahan Guam : The History of our Island***, Sanchez Publishing House, Guam, 1998. そして写真集 Don A. Farrell, ***The Pictorial History of Guam : Liberation–1944***, Micronesian Productions, Guam, 1984. である。このうちロジャースは、グアム史のなかでももっとも詳しい註がつけられた決定版ともいえるものである。それに比べチャモロの歴史家、サンチェスは、著者本人が体験したことが基礎にな

っているために、ほとんど註はない。しかしサンチェスの叙述は、個人史に基づいているからこそ、かえってグアムのチャモロとしての歴史意識がもっともよく表れていると考えることもできる。そこで本稿では、一九九八年版の原型となった、Pedro Sanchez, ***Guam 1941–45 : Wartime occupation & liberation***, P. C. Sanchez Publishing House（1984）. の時期区分に基本的に沿う形で書き進めている。最後に、ファーレルは写真が中心だが、写真では再現不可能な虐殺のシーンなどを絵で表現した図版もあわせて掲載している。そうしたもののなかには、グアムのひとびとの開墾隊のイメージ、また虐殺事件、レイプ事件、そして報復事件の現場の光景の記憶が凝縮されて残されている。こうした図版もあわせて可能な限り参照している。

（7）サンチェス（一九八四）は、第一期の終わりを陸軍南海支隊のグアム出発とし、一九四二年三月としている。しかし、日本側の記録によれば、実際には一九四二年一月一四日であり、そのことはロジャース（一九九五年）にも明記されている。このため本稿では第一期の終わりを一九四二年一月とした。また、占領直後の日本軍の行政機関について、サンチェス、ロジャースはともに「陸軍のミンセイショ」としている。しかし、日本側の記録（陸戦史研究普及会『陸戦史14グアム島作戦』原書房、一九七〇年、一五頁）によれば、一九四一年一二月二〇日に海軍部隊が新しく編成した第五四警備隊の下に民政署が設けられている。したがって陸軍の組織とは言えない。ただ、陸軍南海支隊が全く行政に関与しなかったとはいい難く、本稿では「民政署」による占領直後の厳しい統治の時代を、陸軍南海支隊がグアムに駐留した期間と重ね合わせてとらえている現地の記憶を尊重して「　」を付与した。

（8）***Annual Report of the Governor of Guam***, 1941, pp.77–78. しかし、参謀本部『大宮島兵要地誌資料』（昭和一九年三月一日、三五頁）では若干数字が異なり、占領前日本人は三七名、「二世混血」二〇七名となっている。

（9）関口鑛造「第四艦隊」『歴史と人物』冬号、中央公論社、一九八五年、八三頁。

（10）最初は阿賀市や阿賀名市と書かれているものもある。（防衛庁防衛研修所戦史室『中部太平洋方面海軍作戦一　昭和一七年五月まで』朝雲新聞社、一九七〇年、二五七頁など）

（11）Rogers［1995］, p.169.［原文］"Guam became Omiya Jima (Great Shrine Island), while Agana was named Akashi (Red City). As the Chamorros would learn, the symbolism of the color red was ominously appropriate to life under the already bloody bayonets of their new conquerors."

（12）Sanchez［1998］, p.190.［原文］"AKASHI, the Red city after the red sun in the Nipponese national Flag."

（13）Sanchez［1998］, *op. cit.*, p.186.

（14）Ibid., p.187.

（15）Sanchez［1984］, pp.56–57. および Josephine Torres Nededog 氏への筆者聞き取り、二〇〇四年一一月二三日。

(16) Tony Palomo, *An Island in Agony*, 1984, pp.87–88. 岡田昌之助「日本軍占領下のグアムにおける南洋興発の事業」『太平洋学会誌』三八号、一九九八年、七六—九四頁も参照。

(17) Sanchez [1998], *op. cit.*, p.187.

(18) 前掲 Josephine Torres Nededog 氏へのインタビュー、および Rogers, *op. cit.*, p.171.

(19) Rogers, *op. cit.*, pp.171–172.

(20) Sanchez, *op. cit.*, p.188.

(21) Rogers, *op. cit.*, p.170 ほか、平塚柾緒『太平洋戦争写真史グアムの戦い』月刊沖縄社、一九八一年、一五頁。

(22) 防衛庁防衛研修所戦史室『中部太平洋方面海軍作戦 二』朝雲新聞社、一九七〇年、二七三—二七四頁。

(23) Sanchez [1998], *op. cit.*, p. 193. および Rogers, *op. cit.*, p. 172. ロタ出身のチャモロ人通訳については石上正夫『日本人よ忘るなかれ—南洋の民と皇国教育—』（大月書店、一九八三年）を参照。

(24) 明石市、須磨町、朝井村、正天村、稲田村、多崎村、原川村、品川村、澤原村、那珂村、馬田村、松山村、春田村、高原村、北村、平塚村。参謀本部『大宮島兵要地誌資料』一九四四年三月一日より。地図２参照のこと。

(25) Sanchez [1998], *op. cit.*, p.198.

(26) Ibid., pp.193–194.

(27) Ibid., *op. cit.*, pp.196.

(28) Ibid., p.200.

(29) Rogers, *op. cit.*, p.175. 戦時の時点では、チャモロのひとびとにとって朝鮮人は明らかに日本人と区別されて認識されていた（Ana Palomo 氏への筆者聞き取り、二〇〇四年三月四日）。ただし沖縄のひとびとについては、歴史書をみるかぎりでは当時に区別されていたのか、戦後の時点でわかったことなのかは判然としない。

(30) Rogers, *op. cit.*, p.174.

(31) 参謀本部、前掲。

(32) 木村富雄が作成した地図によれば（前掲論文、二一五頁）、「開墾隊作業地」は各村にほぼ一カ所ずつの一六ヶ所、「開墾隊本部」は明石市（アガナ）、品川村（シナハーニャ）を含む計五ヶ所となっている。しかし「開墾隊本部」は、一般的には明石市にあるもののみを指すと考えられている（木村富雄、前掲、二三二頁、黒武者富士夫「拓南練成所出発」『拓開万里波濤』第二集、拓南会事務局、一九八八年、二三五—二三六頁、および須磨（スメイ）農場の元開墾隊員である森明氏への筆者聞き取り、二〇〇五年八月六日)。このため、この地図で品川村(シナハーニャ)をはじめとする他の場所がなぜ「本部」となっているのかは不明である。

(33) 木村富雄、前掲、二一四頁。

(34) 防衛庁防衛研修所戦史室、前掲書、六〇五頁。復員局資料をもとに作成されたもの。

(35) Rogers, *op. cit.*, p.178. Sanchez [1984], *op. cit.*, p.80. M.A. Olano, *Diary of a bishop: since the invension of Guam–World War II*, Manila, University of Santo Tomas Press, 1949, pp.143–147. タイ地区は、当時の行政区分では澤原村に位置する。前掲の木村富雄作成地図によれば、タイに「開墾隊本部」はないが、近接する地域には品川村の「開墾隊作業地」と「開墾隊本部」、および澤原村の「開墾隊作業地」がある。

(36) 木村富雄、前掲、二一七頁。

(37) 同右。

(38) Farrell [1984] より。ほかの本では、「長い行軍("the Long March")」と書かれてあったり、この行軍のモニュメントのタイトルでは「収容キャンプへの行軍("The March to the Concentration Camp")」となっている。「バターン死の行軍」Bataan Death March になぞらえて描いたのは、ファーレルではないかと考えられる。

(39) 木村富雄、前掲、二一七頁。

(40) Sanchez [1998], *op. cit.*, pp.227–228. Rogers, *op. cit.*, p.179–180.

(41) 森明氏への筆者聞き取り、二〇〇五年八月六日。

(42) クリス・ペレス・ハワード、伊藤成彦訳『マリキータ—グアムのひとつの物語』ほるぷ出版、一九八四年、一七五—一九六頁。

(43) このタイ地区の「開墾隊本部」の「タイチョオ」の特定は現在のところできていない。ただ、木村前掲論文、および森明氏への聞き取りによれば、隣接する品川農場の農場長は伊深という人物であることがわかっている。森明氏は、この伊深という人物が「チャモロの女性たちを召使いのように扱っていた」という話を捕虜収容所で聞いており、チャモロのひとびとは、復讐すべく、かれが収容所からでてくるのをじっと待っていたと筆者に語った(二〇〇五年八月六日)。農場長が「タイチョオ」を指すかどうかは不分明であるが、少なくとも品川農場ではチャモロ女性たちへの横暴な振る舞いが行われていたことになる。

(44) Rogers, *op.cit.*, pp.180–181. Sanchez [1998], *op. cit.*, pp. 222–223. 森明氏への筆者聞き取りによれば、捕虜収容所では、報復された日本人は開墾隊松山(メリッツォ)農場の隊員だったと噂されていたとのことである(二〇〇五年八月六日)。拓南練成所の教員の一人としてグアムへ渡った黒武者富士夫の回想(前掲)においても「松山地区の島民が判乱《ママ》をおこし一名が救援を求めに脱出し、残りは全員戦死したらしい」との記述がある。

（45）現地の歴史書には、二つの事件の実行犯はともに「開墾隊」であったと記されているが、日本側では、それに対して異議を唱えた著作が出版されている。佐藤和正『グアムの血と砂』講談社、一九七八年。佐藤氏は開墾隊を実行者とする説を否定し、隊長とオベラとエステという二人の女性問題から起こったこととして描いている。しかし樋口氏の調査により、戸籍には二人の名前がないことが判明した。Wakako Higuchi, "Interviews with soldiers shed little light on Merizo massacre", ***Pacific Daily News***, July 8, 2000.

（46）Rogers,*op.cit.*, p.181, Sanchez［1984］*op. cit.*, pp.82–84, Farell, *op. cit.*, pp.39–44, Olano, *op. cit.*, pp.136–147.

（47）Headquarters, Island Command, Navy No.926 c/o F.P.C. San Francisco, California, 16 August, 1944, US National Archives Record Group24, 470–55–10–5, Box2. 尚、この史料はグアム大学ミクロネシア地域研究センターのシェスター教授によりご教示いただいた。

（48）防衛庁防衛研修所戦史室、前掲書、六〇五頁。

（49）Rogers, p.194 より重引。原注は Cecilia Bamba, ***Report of the Guam War Reparations Commission***, Agana, Fourteenth Guam Legislature, 1982, Exhibit C, 2.

（50）Robert O. Lodge, ***The Recapture of Guam***, U. S. Marine Corps Monograph Series, Historical branch G-3 Division Headquarters, 1954, Reprinted by the Battery Press, Inc, Tennessee, 1991, pp.178–180.

（51）Wakako Higuchi, "The Japanisation Policy for the Chamorros of Guam, 1941–1944", ***The Journal of Pacific History***, vol. 36, No. 1, 2001, p.29. "Nakahashi wrote that the ***Kaikontai's*** attitude toward the Chamorros 'bordered upon madness'. He wondered with some shame 'whether they [the ***Kaikontai***] have at least a portion of character as Japanese." 樋口氏所蔵、元小学校教師ナカハシキヨシ日記より。ナカハシ書簡は、現在樋口氏によって出版準備が進められており、史料の閲覧は許されなかった。詳細な検討は他日に期したい。

（52）「集合的記憶」については、アルヴァックス（小関藤一郎訳）『集合的記憶』行路社、一九八九年、あるいは岩崎稔「モーリス・アルブヴァックスの『集合的記憶』」一、二（『未来』未来社、一九九八年二月、三月所収論文）参照のこと。

（53）黒武者富士夫の回想（前掲）には「島民の、判乱《〔ママ〕》」と記述されている（註四四参照）。平塚柾緒、前掲書、一三二―一三三頁。ここにはかろうじて旧日本兵によって「グアム住民虐殺の証言」が残されている。

（54）林博史『ＢＣ級戦犯裁判』岩波新書、二〇〇五年、八七頁。同「グアムにおける米海軍の戦犯裁判」『季刊戦争責任研究』第四〇、四一号、二〇〇三年六月、九月。

（55）ただし、近年、グアム在住日本人によって作られた非営利法人団体ピースリンググアムにより、チャモロと交流する慰霊活動を推進しているのは注目に値する。二〇〇六年に神奈川県立大原高校の修学旅行生二八四名は、この団体の協力の下に、グアム島平和学習の一環としてメリッソ村ファハでの慰霊を行い、虐殺されたチャモロの子孫の同席の元でチャモロ語の歌を捧げている。「ケン芳賀のグアム体験ブログ」(http://blog.livedoor.jp/cpiblog01241/archives/cat_10030748.html)

米比戦争の記憶と記憶の米比戦争

中野　聡

はじめに

米比戦争 Philippine-American War とは、アメリカ合衆国（以下、アメリカ）が一八九八年の米西戦争 Spanish-American War パリ講和条約によって、これに先立つ一八九六年からスペインに対する独立革命が始まっていたフィリピンを併合して、米軍史上はじめての大規模な海外遠征軍により独立革命を弾圧・征服した植民地戦争である。アメリカはフィリピン独立革命政府を認めなかったので、今でも米軍戦史におけるこの戦争の公式名称は「フィリピン反乱」Philippine Insurrection とされる。フィリピンでは米比（比米）戦争の呼称が一般的である。本章でも米比戦争と呼ぶ。このあとアメリカは、第二次世界大戦後一九四六年の独立まで約半世紀にわたってフィリピンを植民地として領有した。この間、一九三五年には四六年の独立を前提として自治政府フィリピン・コモンウェルスが発足したが、独立準備期間中の一九四二年から四五年にかけてフィリピンは日本に侵略・占領され、緒戦と戦争末期の二度にわたって日米戦の最大の激戦場となった。

米西・米比戦争は、その後アメリカが重ねてゆく海外を舞台にした諸戦争の嚆矢であり、フィリピンにとっては民族独立運動の悲劇的な挫折を意味する出来事だった。しかしその記憶は、米比いずれの国民的記憶としても定着することがなく、記憶の古層に埋もれている。しかし、忘却は必ずしもこの戦争が米比両国民の現在と無縁であることを意味しない。そして、米比戦争の記憶が見えない一方で、記憶の米比戦争は終わっていない。あるいはこれから始まろうとしているとさえ言えるかもしれないのだ。

米比戦争

一八九六年に始まったフィリピンのスペインに対する独立戦争は、膠着状態のなかでいったん和約が結ばれ、革命の「最高指導者」エミリオ・アギナルドら一行は香港に退去・亡命した。しかし、キューバ問題をめぐって米西両国の対立が激化するなかで一八九八年三月にハバナ港で米艦メイン号の謎の爆沈事件が起こると、革命勢力は米西開戦の機運を逃さず、諸島各地にスペイン打倒の戦いを広げた。そして、一八九八年五月、米西戦争はキューバではなくマニラ湾で開戦の火蓋を切ったのである。

弱小のスペイン船隊を難なく撃滅した米アジア船隊は、米本土からの陸軍増派を待つ間、マニラ包囲のためにフィリピン独立革命軍の協力を仰いだ。一八九八年六月一二日、アギナルドはフィリピン共和国の独立を宣言したが、この際に披露した共和国旗の青・赤・白三色は「星条旗ゆかりの色」であり、アメリカの「無私の支援」に対する感謝のしるしだと述べたほどだった。(1) しかしまもなく革命政府の期待は裏切られた。同年八月、米西戦争の停戦直前に米軍はマニラを単独占領して独立革命軍のマニラ入城を拒んだ。さらに翌一八九九年二月、米上院のパリ講和条約批准審議中に、米比両軍はマニラ郊外で交戦状態に入った。

正規軍の交戦で革命軍は敗走を重ねたが、ゲリラ戦に移行すると各地でねばり強く抵抗して米軍を苦しめた。アギナルドは一九〇一年三月に米軍に逮捕され、アメリカへの帰順と忠誠を誓い、一九〇二年七月にはセオドア・ローズベルト大統領が「反乱の平定」を宣言したが、その後も諸島各地で抵抗が続いた。ようやく「反乱平定」が一段落したとして植民地議会が発足したのは、独立革命の正当な後継者であることを主張して抵抗活動を続けていたマカリオ・サカイ将軍が投降して裁判の末に処刑された、一九〇七年のことである。このあと、メシアニズム的色彩を強めた抵抗運動を続けたフェリペ・サルバドールが逮捕・処刑された一九一二年をもって、独立革命に連なる抵抗運動はひとまず終息したと考えられる。

米軍の投入兵力はのべ十二万にのぼった。一九〇二年の「平定宣言」までだけでも、アメリカの対外戦争史上、当時としては空前の四二〇〇人あまりの戦没者（戦病死を含む）を出した。[2]この数字は、アフガニスタン・イラク両戦争における二〇〇一年以来二〇〇七年一〇月までの米軍戦死者数にほぼ匹敵する。[3]一方フィリピンから見ると、この戦争は、独立革命支援の約束を裏切ったアメリカに対する長期にわたる抵抗戦争であった。戦争がゲリラ戦の様相を呈するにしたがって、被害は革命軍から非戦闘員や住民にも拡大し、後述するように米軍による住民虐殺事件も発生した。南北戦争直伝の市街地の焼き討ちが諸島各地で行われ、ゲリラの糧道を断つため住民を強制移住させた再集住政策は、南部ルソン（バタンガス州）を中心に住民の生活基盤を破壊した。さらに革命と戦争の混乱を背景としてコレラなどの感染症やマラリアが諸島各地で爆発的に流行した。米比戦争史家のジョン・ゲイツは、革命と米比戦争によるフィリピン側戦没者を三万四〇〇〇人、感染症被害による死者を二〇万人程度と推計している。[4]

帝国による忘却

このように深刻で大規模な植民地戦争であったにもかかわらず、米比戦争は、戦後すみやかに忘却の淵に追いやられた。今日、アメリカはもちろんフィリピンの人々にとってさえ、米比戦争を――たとえば日本人にとっての明治維新や第二次世界大戦のように――現在と連なる過去として想像することは、ほとんど不可能である。しかしひとたび歴史学の目でふり返れば、米比戦争が近現代フィリピンの国民国家形成を条件づけた決定的な出来事であったことは疑問の余地がない。米比戦争は現在と無縁だから忘却されているのではない。むしろ忘却それ自体が米比関係とフィリピンの現在を定義しているとさえ言えるのだ。イラク戦争開戦半年あまりを経た二〇〇三年一〇月一八日、国賓として招かれたジョージ・W・ブッシュ大統領がフィリピン議会で行った演説の次の一節は、この見方を裏付ける鮮やかな一例である。

アメリカは、フィリピーノ・ピープルの偉大な物語のなかで演じた役割を誇りにしています。両国の兵士はともに戦ってフィリピンを植民地支配から解放しました。私たちは、ともに戦って諸島を侵略と占領から救いました。バタアン、コレヒドール、レイテ、ルソンといった地名は、私たちがともに戦い、ともに命を失い、ともに勝利した記憶を呼びさまします。それらの戦いのベテランたちが、今日ここにいます。私はあなた方の勇気と奉仕に敬意を表します(5)(拍手)。

ここで言う「植民地支配」とは、スペイン支配のことであり、「侵略と占領」とは、日本のフィリピン占領のことだ。フィリピン・コモンウェルス発足と同時に創設されたフィリピン陸軍は、一九四一年七月、フランクリン・ローズベルト大統領の命令によって極東米陸軍USAFFEに統合され、真珠湾攻撃後、侵攻する日本軍に立ち向かった。バタアン・コレヒドール戦を経て、一九四二年五月、USAFFEは日本軍に降伏したが、フィリピン諸島全土に散開した米比将兵の多くは降伏を拒否してゲリラとなった。一九三〇年代以来の中部ルソン地方農民運動を背景としたゲリラ・フクバラハップ（抗日人民軍の意）も独自の抗日運動を展開して、東南アジア最大規模の組織的な抵抗運動がフィリピンの日本軍を悩ましたのである。この歴史をふまえて、ブッシュ演説の会場となったフィリピン議会には、ＵＳＡＦＦＥの一員として米軍指揮下で戦ったベテラン（退役軍人）たちが招かれ、満場の拍手を浴びたのだった。

このようにスペインや日本との戦いの戦友としての米比友好の正史を語るブッシュ大統領の演説から、米比戦争の過去はすっぽりと欠落している。日本やドイツで米大統領が演説するときには付言されるかもしれない一時的な敵対関係の不幸な過去を乗りこえた友好への賛歌というようなレトリックさえ用意されることがない。米比戦争は、語られる必要のない過去として、あっさりと削除されているのだ。ブッシュ演説は、アメリカ植民地時代にさえ直接には言及しない。ただ、ブッシュお決まりの民主化論が次のように語られるだけである。

デモクラシーについては、いつでも懐疑論者がいます。中東の文化はデモクラシーの諸制度を支えられないという者もいます。同じ疑問が、かつてアジアの文化についても語られました。こうした疑いは、六〇年前、フィリピン共和国がアジアで最初の民主主義国となったときに間違いだと証明されたのです[6]（拍手）。

フィリピン共和国独立を二〇〇三年一〇月から六〇年前に求めるというのは単純ミスにしてはあまりにも出来すぎた勘違いである――一九四三年一〇月には、日本軍占領下でフィリピン共和国（対日協力政府）が「独立」しているのだから[7]。それはさておきブッシュ演説に見いだせるのは、アメリカ（統治）のおかげで、フィリピンが「アジアで最初の民主主義国」になったのだという——米比戦争の忘却によって初めて可能となる——独善的な語りである。忘れることの帝国性を考えさせられる一例だ。それだけではない。一部左翼系議員による抗議や議会周辺の反ブッシュ・デモがあったとはいえ、議場の大多数の議員がブッシュに送った満場の拍手は、記憶喪失がアメリカ側だけの問題ではないことを浮かび上がらせているのである。

生存戦略としての忘却

なぜフィリピンにおいても、米比戦争は忘却されたのであろうか。戦争を重ねてきたアメリカの健忘症に不思議はないとしても、なぜフィリピンの人々は、民族独立の命運を翻弄した重大な戦争を忘れてしまったのだろうか。

ここで鍵になるのが、フィリピンの革命と戦争、そしてアメリカ植民地化の担い手としてのエリートの存在である。一八九二年に結成された革命のための秘密結社カティプーナンは、マニラから近郊のタガログ語圏の諸州に組織が拡大するなかで都市知識人層から地域社会の——地主的背景をもちながら町長、役人、教員などを兼ねた——在地エリート、いわゆるプリンシパリーア層に支持を拡げたと言われている。さらに一八九六年に武装蜂起がマニラから地方に広がると、農民を兵士として動員できるプリンシパリーアたちが革命と戦争の主導権を掌握したと言われている。アメリカは、革命軍幹部とも重なるこのプリンシパリーア層を、「無知な大衆」を扇動する封建的な支配層として敵視した。そしてエリート支配から「無知な大衆」を保護し、公教育を通じて大衆を啓蒙し、エリートへの精神的従属から解放することを統治の大義名分として謳った。

ところが、エリート敵視の統治言説を語る一方で、アメリカが実際に選んだのは、エリートにとって魅力的な自治化政策と通商政策を呼び水にして彼らを対米協力に誘引することだった。革命政府関係者が議席の大半を占めたフィリピン議会が発足したのが、マカリオ・サカイ処刑の一九〇七年であったことは決して偶然ではない。それは、懐柔の成功を象徴していたのである。フィリピン議会は、その後、即時・完全・無条件独立の大義を主張する一方で、アメリカの恩恵を語り、アメリカが求めた条件に適う独立への道を主導することになる。

エリートの政治的・経済的要求に最大限応じたアメリカの植民地政策は、独立革命を成就できなかった彼らの敗北感を和らげたかもしれない。しかしそれは、文明化と自治能力陶冶の大義を語るアメリカの統治言説を受容して、革命の大義を自己否定することを条件としていた。もちろんそのような統治言説が、必ずしも唯々諾々として受け入れられたわけではない。帰順しない革命家たちは容赦なく「山賊」として討伐され続けたし、表現の自由も制限され、独立の主張そのものは容認される一方で、反米愛国のメッセージを忍び込ませた演劇を書いた作家たちが投獄されるなど、反米言説の流布は破壊活動として厳しく禁じられたのである。フィリピン社会のアメリカニゼーションは、あくまで植民地権力による強制という側面を伴っていた。

その一方、庶民レベルでも宗主国アメリカへの憧れが移民熱を引き起こしたほどに、フィリピン社会のアメリカニゼーションにエリートを超えた広がりがあったことも否定できない。その決め手となったのは、公教育やメディアを通じた英語化であった。併合にほとんど抵抗しなかったプエルトリコ社会の英語化を進めなかったのとは対照的に、アメリカ統治は、フィリピンでは、英語による公教育の普及に全力をあげた。硝煙さめやらぬフィリピン諸島各地に一〇〇〇名にのぼるアメリカ人教員が派遣され、フィリピン人教員の養成も急がれた。一九三〇年までにフィリピン人教員は二万五〇〇〇名を超え、恩恵と慈愛に満ちたアメリカ像の無数の複製を諸島各地に撒布した。それは、米比戦争をめぐる集合記憶を消去する装置としても機能したことであろう。

米比戦争後おおむね一九一〇年代から三〇年代前半までの間にアメリカ植民地下フィリピンで生まれた世代の男た

ちについて、「アメリカズ・ボーイズ」という呼び方がある。その前後の世代と比較してもっとも親米感情が強いとされる世代である。フィリピンの歴史家レイナルド・イレートは、米比戦争の忘却の問題に取り組んだ論考で、一九二〇年生まれの父ラファエル・イレートが、その父（イレートの祖父）から——革命軍のためにスパイ活動をしために米軍に監視されていたという——米比戦争時代の経験を全く聞かされることなく、典型的な「アメリカズ・ボーイ」として育ったことを例に挙げる。ラファエルはのちに職業軍人となり、ウェストポイント米陸軍士官学校に学び、コラソン・アキノ政権時代には国防長官を務めた。ラファエルの父は一九〇四年にアメリカによって教員として採用されている。祖父のような人々は、「新しい時代に成功することを切望」するがゆえに、革命に参加した過去、反米だった過去を消し去り、「戦争があったことすら忘れなければならなかった」のだと、イレートは指摘する。[8]「アメリカズ・ボーイズ」は、親世代の沈黙が育てた存在だったと言うわけである。

記憶の反乱者たち——コロルム運動とサクダリスタ

「新しい時代に成功することを切望」するがゆえに過去については沈黙したことが次世代における米比戦争についての国民的な記憶喪失につながったのだとすれば、それは単なる忘却というよりも、アメリカ植民地という現実への人々の適応が生んだ集合的な記憶の抑圧だったことになる。だとすれば、個人の臨床心理におけるように、フィリピン社会という集合的なレベルでも、記憶の抑圧は痛みやストレスを伴い、メランコリックな反応を生んだのではないか。このように考えると、アメリカ植民地期を通じて異端の少数派として「狂信者」扱いされた人々の散発的な蜂起事件は、「記憶の反乱」としての姿を見せることになる。[9]

一九二五年にはペドロ・カボーラによる反乱未遂事件（ヌエバ・エシハ州）、一九三一年にはペドロ・カローサを指導者とする反米独立と土地分配を主張した蜂起事件（パンガシナン州タユグの町役場襲撃）が起きている。いずれも——一九世紀キリスト教異端の抵抗集団にさかのぼるメシアニズム的な民衆運動とされる——コロルム運動の系譜に位置づけられている。さらに一九三〇年代には、ベニグノ・ラモスを指導者とするサクダリスタ運動（サクダルは抗議や真理を意味するタガログ語）が中南部ルソン地方で支持を伸ばし、一九三四年選挙では反エリート政党としてはじめて議会に進出した（下院三議席）。同党は議会路線派と急進派に分裂したが、フィリピン・コモンウェルス憲法制定国民投票直前の一九三五年五月、米主権下のコモンウェルスは真の独立への裏切りであるとして、急進派が各地で蜂起した。ラグナ州カブヤオでは警察軍との衝突で五三名のサクダリスタが死亡、蜂起全体ではサクダリスタ側で五九名、警察軍側に四名の死者が出た。米比戦争「平定」後としては最大規模の蜂起事件は、アメリカにも大きな衝撃を与えた[10]。

カボーラやカローサは、フェリペ・サルバドールや、ホセ・リサール、ボニファシオなどのフィリピン歴史英雄の霊魂が彼らを訪れて、民衆蜂起を命じていると語っていた。カボーラはまた、日本皇帝が帝国海軍を派遣して、大地主・エリートとアメリカをフィリピンから追放する夢を語っていた。こうした空想的な語りゆえに、これらの運動は空想的で宗教的な狂信者の運動として片付けられてきた。しかし、見方を変えれば、彼らの間では、英語化によって上書きされない過去の記憶や伝統意識が、よりよく保存されたと考えることもできるのではないか。

これらの反米・反エリート運動を支えた社会層は既存の研究で仔細に特定されているとは言えない。しかし、アメリカ植民地下で進んだ農民層分解で下層農民（土地なし農業労働者など）に転落するなどして、貧困から就学できず英語化の洗礼を受けなかった人々などを、その中核として想像することは許されるだろう。彼らが語った反米・反地主・反エリートの論理は、アメリカ植民地化の「恩恵」から排除され取り残されたと感じている者たちによる、アメリカと有利な講和を結んだ戦後社会の成功者たちに対する怨嗟の声でもあった。

この点に注目した作品としても読めるのが、「アメリカズ・ボーイ」のイレート将軍を父に持つ歴史家レイナルド・イレートの『キリスト受難詩と革命』である。同書はカティプーナンによる独立革命運動とその思想が、いかにタガログ語で語られるフィリピンの民衆的なキリスト教信仰の精神世界と深く結びついていたか、さらにその民衆的伝統がいかにマカリオ・サカイやフェリペ・サルバドール、さらにはコロルムの抵抗運動に継承されたかを、スペイン支配下でタガログ語地域を中心に普及したパシオン（聖週間に詠唱される長編のキリスト受難詩）の世界観に注目して明らかにした[11]。一九三一年のタユグ蜂起でも、蜂起参加者達は自らの行動をイエスの受難を重ね合わせ、銃火に倒れても数日後の復活を信じて警察軍に立ち向かった。また、サクダリスタ運動を「世俗的運動」に分類する見方もあるが、同運動に関する寺見元恵の研究は、運動参加者には何よりも「祈り」が求められ、一九三四年の選挙でもサクダリスタ党の候補者には「喜んでわが身を捧げ十字架を背負う覚悟」が求められるなど、この運動でもパシオン的世界観と宗教的伝統が脈々と生きていたことを明らかにしている[12]。

イレートや寺見が探り出したフィリピン民衆運動の宗教性、運動指導者たちの霊的能力、蜂起参加者が信じた不死身と復活のファンタジーをもって、これらの運動を非歴史的で超現実的な感性の産物として片付けるのは間違いである。むしろ諸運動の宗教性は、「信心」という回路を通じた集合的な記憶保存のひとつの方法だったと捉えるべきだろう。カティプーナン流の三角形のシンボルや、指導者に対してしばしば用いられた「最高指導者」の尊称、水平的な兄弟愛の理念など、これらの民衆運動におおく共通している様式や言説には、革命の伝統への愛着と過去の記憶が埋め込まれていた。たとえ革命や米比戦争を具体的に知らずとも、参加した運動の様式と文法を通じて、彼らは記憶の守護者となり得ていたのである。

それにしてもなぜ両大戦間期の民衆運動や反乱事件は、アメリカ植民地権力だけでなく、フィリピン国民史のなかでも異端視され、忘却されたのだろうか。両大戦間期にはまだあり得たこれら運動への同情的な見方は、共和国独立後はほとんど姿を消し、その名誉回復はイレートや寺見の研究を待たなければならなくなる。反エリート運動としての急進性が排斥されたことが基本的な理由だとしても、ここでやはり決定的だったのは、日本占領期の経験であろう。

日本の侵略と占領に対して、USAFFEゲリラやフクバラハップをはじめ、フィリピン各地で国民的抵抗運動が展開されたなかで、両大戦間期の反乱者たちの間では積極的な対日協力者となった人々が少なくなかった。もっともよく知られているのは、サクダリスタ党急進派と重なる人々で、一九三五年の蜂起事件の直前に日本に事実上亡命したベニグノ・ラモス（一九三八年に帰国、投獄されたが日本軍によって釈放された）が再度結党したガナップ党（ガナップは完全を意味するタガログ語）である。ところが日本軍は意外にも――フィリピンの全国民的な「親米思想」に当惑したにもかかわらず――ガナップ党の政治利用を避けた。同党を重用すればフィリピン社会からさらに決定的な反発を受けることを恐れたからである。結局、日本軍が彼らの本格的利用に踏み切ったのは、フィリピンを日米戦の天王山とする決断が下ったあとの戦争末期一九四四年一二月になってからで、日本軍は、兵補的存在としてガナップ党員を中心にマカピリ（フィリピン愛国同志会）を結成させた。日本軍がマカピリに最も期待したのは、市民の間に潜伏する抗日ゲリラの摘発であった。しばしば覆面を被って日本軍によるゲリラ摘発に同行・協力するマカピリの姿は、現在に至るも、フィリピンの国民的記憶の中で激しい憎悪とともに語られる光景である。

マカピリ参加者の多くは、日本軍の敗走にともない抗日ゲリラに捉えられて激しい報復の対象となり、なぶり殺しにされ、あるいは対日協力者として逮捕されて特別国民裁判所でその責任を厳しく追及された。出所後も村八分同様の扱いを受け、社会復帰は困難を極めた。戦後の政財界に復帰を果たしたエリートとは異なり、今日でも名誉回復が進んでいないこれらの人々の対日協力問題について、寺見元恵は、「素朴な愛国的民衆」を「国家的反逆者」に仕立ててしまった悲劇であったと結論づけている。[13] マカピリの悲劇は、日本軍による占領と圧制、そして各地に頻発した残虐行為の被害の深刻さを示している。第二次世界大戦下におけるフィリピンの戦争犠牲者は、民間人犠牲者一〇万人とされるマニラ戦（一九四五年二月〜三月）をはじめ、全土で一一一万人を超えたとされる。米兵の犠牲を最小限に食い止めるために無差別的な砲爆撃が行われたことも見逃せないが、弾圧、粛清、婦女子の強かん、虐殺など日本軍による戦争加害は、もしそれがなければ生き残れたかもしれない「反米」の記憶を抹殺し、民主主義のための「よい戦争」でともに戦い、ともに血を流したという記憶によって上書きしてしまったのである。

「生きた記憶」の最後の反乱―ベトナム戦争とラピアン・マラヤ事件

こうしていったん完全に抹殺された米比戦争の記憶の古層が、長い時を経て、いま一度マニラ首都圏の街頭で唐突にその断面を地表に露出させる事件があった。「ラピアン・マラヤの反乱」あるいは「ラピアン・マラヤの虐殺」と呼ばれる事件である。ベトナム戦争の直中の一九六七年五月二一日のことである。ベトナム戦争反戦運動の「嵐」がいよいよフィリピンの大学キャンパスでも吹き荒れ始めようとしていた頃の出来事であった。

第二次世界大戦後、親米反共国家として歩んできたフィリピンであったが、一九六〇年代に入ると、長い間眠っていた反米ナショナリズムと呼べる現象が、基地問題を焦点として次第に強まった。親米一辺倒と見られていたディオスダード・マカパガル大統領が推進する対ベトナム戦争協力の文民行動隊（ＰＨＩＬＣＡＧ）の派遣プログラムを議会上院で阻止したフェルディナンド・マルコスは、一九六五年一一月の大統領選挙で、台頭するナショナリズムや社会経済改革を求める世論を背景にマカパガルを破った。しかし、そのマルコスがアメリカに恩を売る形でＰＨＩＬＣＡＧの派遣に踏み切ると、学生を中心とした反米ナショナリズム運動はさらに急進化した。もっとも、こうしたナショナリズムの高まりは、この時点ではまだ、独立革命や米比戦争の過去にさかのぼる歴史意識をともなったものとは言えなかった。

そのような中で、突如、米比戦争の過去を「生きた記憶」として知る世代の『最高指導者』バレンティン・デ・ロス・サントスを信奉する年配の男たちが中心となって現代都市の街頭で蜂起した事件が、「ラピアン・マラヤの反乱」であった。ホセ・リサールやボニファシオなどフィリピン歴史英雄たちの霊魂と会話する能力があると称する八六歳のサントス老人は、一九四〇年代以来、マニラ周辺の農村を中心に結社を拡大し、一九五七年の大統領選挙に泡沫候補として出馬した人物であり、ベトナム戦争に協力するマルコス大統領を非難し、その辞任を求めていた。衝突当日、サントス老人を信奉する団員たちはマルコスから辞表を受け取るためにマラカニアン宮殿（大統領官邸）に行進しようとして警察や警察軍と衝突し、機関銃掃射を浴びて、あえなく三〇名余りが「虐殺」されたのである。団員たちが手にしていた武器はボロ（竹槍）だけで、弾除けの「護符」を身につけ、不死身を信じていたという。路上に団員の死骸が積み重なったあとサントス老人は逮捕連行され、マニラ精神病院に強制入院させられた。一ヵ月後に肺炎で死亡したと発表されたが、病院で受けた虐待が死因だったのではないかと言われている。

当時、事件は狂信的カルトの自暴自棄の反抗として片付けられ、せいぜいあるアメリカ人研究者が、世俗的な民衆運動の挫折ゆえにフィリピン社会でくり返されてきた千年王国運動のひとつとして位置づけたに過ぎなかった。[14] しかし、ひとたびこれをイレートや寺見の研究が探し出したフィリピン民衆運動の精神世界の系譜のなかに位置づければ、事件は、サカイ、サルバドール、コロルム蜂起、サクダリスタ運動の伝統にきわめて忠実な人々による「記憶の反乱」だったと理解することができる。そして、これを最後に同種の反乱事件がくり返されなかったことを考えると、サカイ処刑から六〇年後、米比戦争の体験世代がまだ高齢者とはいえ生きていた一九六七年におきた「ラピアン・マラヤ」事件は、米比戦争の「生きた記憶」のまさに「最後の反乱」だったと言えるだろう。

興味深いことに、それは新たな世代による米比戦争の記憶回復の営みの契機ともなった。なぜなら、事件直後に渡米してコーネル大学に留学したイレートが一九七三年に提出した学位論文をもとにして一九七九年に出版した『キリスト受難詩と革命』は、この事件を理解するために著者イレートがフィリピン民衆カトリシズムの精神世界をたどる魂の旅とも言える作品構成となっているからだ。同書の冒頭には「最高指導者」サントス老人の姿が、またエピローグには警察軍との衝突直前の団員たちを捉えた写真が掲載されている。とりわけ後者は、緊張した険しい顔立ちの年配の男性たちが、三角形の襟元のデザインが目立つ独特の制服を着て隊列を組み、祈りを捧げている印象深い光景である。そして同書は単にフィリピン民衆思想史研究として画期的であっただけでなく、米比戦争についての――「平定」宣言（一九〇二年七月）後の抵抗運動に焦点をあててではあるが――本格的な歴史叙述の最も早い時期の作品でもあった。[15]「生きた記憶」の最後の反乱者たちは、「アメリカズ・ボーイズ」の世代を飛び越して、その子供らの世代の知識人に、米比戦争の過去への目を開かせた。このように考えることができるのであれば、ここで米比戦争の記憶は辛うじて「相続」され、後続の世代から「記憶の戦士」としてのフィリピン史家たちを育てるきっかけになったとも言えるだろう。

ソンミ虐殺事件と「バランギガ」

「ラピアン・マラヤ」事件の翌年、一九六八年の三月一六日、ベトナム戦争史に残る米軍のいわゆる「ソンミ虐殺事件」が発生した。米軍により、五〇〇名あまりの村人のうち三〇〇名以上が虐殺された事件である。事件は翌一九六九年一一月、シーモア・ハーシュのスクープ報道として全世界の知るところとなり、一九七〇年三月に軍事法廷が始まり、翌一九七一年九月に現場指揮官だったキャリー中尉が有罪評決を受けた。[16] 米軍のベトナムにおける戦争加害の実態を世に知らしめることになったこの事件は、興味深いことに、わずかながらとはいえ、アメリカにおける米比戦争の記憶回復の契機となった。呼び起こされたのは、「バランギガ」と「サマール」の不名誉な過去である。

一九〇一年九月二八日、サマール島南端の町バランギガに駐屯していた米軍部隊（第九歩兵部隊C中隊）が、地元住民を組織したゲリラに奇襲攻撃されて壊滅的打撃を受け、四八名が殺害された。カスター第七騎兵隊の全滅（一八七六年）以来の事件としてセンセーショナルに報じられたこの戦いは、単独の戦闘としては米軍にとっては米比戦争における最大の敗北だった。そして第七騎兵隊全滅のときと同様に、米軍は報復に燃えて、ジェイコブ・スミス准将指揮下の陸軍とリトルトン・ウォーラー少佐の率いる海兵隊部隊が激烈なゲリラ掃討作戦を展開した。この過程で、一九〇二年一月、サマール島の西南岸の町バセイで、非戦闘員の大量処刑などの残虐行為が発生した。注目されるのは、このことが見逃されず、ベトナム戦争時代と同様に、戦争批判と結びついて米国内で大問題になったことだった。同年三月、事件は軍事法廷にもちこまれ、裁判でウォーラーは、スミスが、一〇歳以上の男子はみな戦闘員とみなして「殺し、焼き払い、捕虜は取らず、サマール島内を『人気のない荒野』にせよ」と口頭で命令したと主張した。このセンセーショナルな証言は全米に報道され、上官に責任を転嫁できたウォーラーは無罪、スミスは退役処分となったのである。[17]

ソンミ虐殺事件の軍事法廷は異なった展開をたどった。上官責任が問われず、もっぱら現場指揮官のキャリー中尉が断罪され、終身刑の有罪判決を受けた。これに対しては全米でキャリーへの同情論が巻き起こり、結局、ニクソン大統領はキャリーを大幅に減刑した。このときの新聞記事でキャリーに同情を寄せたアメリカ人たちのなかに、上官命令で民間人を処刑しなければならなかった経験を語る米比戦争ベテランの言がある。[18] 上官が退役処分となったサマール島事件は、ソンミ事件以降の判例研究でも盛んに参照されてゆく。

さらに事件は、アジアにおける米軍の戦争加害の原点として米比戦争再発見の契機となった。スチュアート・ミラーは、ソンミ事件（アメリカでは「ミ・ライ虐殺事件」として知られている）の判決の半年後に「一九〇〇年のミ・ライ――フィリピンにおけるアメリカ人」と題したエッセイを発表し、加害の観点からベトナム戦争と酷似する過去として米比戦争をとりあげた。同様の趣旨でミラーは、一九七一年三月、ニューヨーク・タイムズに「アジアでの戦争――一九〇〇年」と題したエッセイを発表した。そのイラストとして紙面に大きく掲載されたのが、一九〇二年三月に新聞『イブニング・ジャーナル』に掲載されたサマール島における住民処刑の想像図であった。ミラーはその後、ベトナム戦争と米比戦争のアナロジーに注目した作品を一九八二年に発表している。[19]

このように米比攻防の舞台となったバランギガとサマールは、戦争をめぐる加害・被害と正義をめぐる記憶が錯綜する場である。それを象徴するのが、バランギガ・カトリック教会の鐘の返還問題である。C中隊に対する奇襲攻撃の合図として鳴らされたという言い伝えがある鐘である。「虐殺」に対する報復的な平定作戦で町を徹底的に破壊した米軍は、鐘を戦利品として持ち去った。そして、第九歩兵部隊の米本国における駐屯地だったワイオミング州シャイアンに三つの鐘のうち二つをもちいた慰霊碑が建てられた。墓碑以外の米比戦争の追悼碑としては、知られているほとんど唯一の例である。長らく不明だった残るひとつの鐘は、第九歩兵部隊が二〇世紀を通じて携行し、今はその駐屯地である韓国ソウルの基地内に置かれていることが近年明らかになった。[20]

フィリピン側から見ればこれらの鐘は、民族的抵抗の歴史を物語る貴重な歴史遺産である。革命・米比戦争の百周年を前に鐘の返還を求める運動が地元から高まり、一九九七年にはフィリピン政府が米政府に対して鐘の返還を公式に要請する事態に発展した。しかし現在もなお返還は実現していない。地元ワイオミング州などの米軍ベテラン（退役軍人）関係者たちが、同胞の追悼碑に手をつけるなど論外であるとして反対しているのである。[21]この問題はその後もしばしば報道されており、著書も出版され、ウェッブサイトも立ち上がるなどしていて、フィリピン側でも問題の所在を知る者が知識人の間で徐々に増え始めている。将来的には、記憶の摩擦の火種となりかねない問題である。

記憶の米比戦争

このように米比戦争の開戦（一八九九年）・「平定」（一九〇二年）・サカイ処刑（一九〇七年）の百周年を次々と迎え、米比戦争の歴史像が遅まきながらも潜在的に「歴史問題」化しつつあるなかで起きたのが九・一一事件（二〇〇一年）であり、アフガン戦争そしてイラク戦争（二〇〇三年）であった。これらの戦争でも、専門家レベルではあるが、米比戦争が再び脚光をあびる契機となった、イラク戦争が泥沼化の様相を呈し始めた二〇〇四年五月末、ワシントン・ポスト紙が組んだ特集記事「アメリカの諸戦争のなかでイラク戦争はどこに位置するか」のなかでは、戦史家たちが最も類似性の高い過去の戦争として米比戦争を挙げている。[22]アギナルドとフセインの逃走と逮捕、抵抗勢力としてのタガログ族とスンニ派、初戦の勝利と長引くゲリラ戦争など、両者には事実さえ知っていれば誰でも気づくアナロジーが溢れている（問題は事実が知られていないことだ）。さらに興味深いことに、米海兵隊が一九三〇年代に編纂した米比戦争の教訓に基づく「小規模戦争マニュアル」が軍関係者のあいだで注目を集めている。[23]非正規戦争に負けたベトナム戦争ではなく、勝った米比戦争の教訓に学ぼうというわけである。

ベトナム戦争と対比して米比戦争を「成功例」として捉える見方は、一九七〇年代からあった。ジョン・ゲイツは、ベトナム戦争と比較してはるかに小規模の兵力で反乱を平定できたのは、軍事力に頼らない慈悲と寛容、協調と改革を旨とする占領政策によるものだったと強調する。[24] 戦史家ブライアン・マクリスター・リンは、ミラーなどニュー・レフト系の研究者が反帝国主義運動のプロパガンダや信頼性の低い報道を安易に史料として用いており、現代の人道主義の基準を機械的に過去に投影していると批判する。そしてサマールやバタンガスなどで一部に虐殺行為や軍法違反はあったものの、米軍の士気・能力・軍紀は全体として良好であり、総じて言えば米比戦争はアメリカにとって「最も成功した反乱平定」戦争であったと強調している。[25]

米比戦争「成功」論の背後には、エリート支配からの大衆の解放を掲げた戦争当時の米政府による自己肯定的な「よい戦争」像が見え隠れする。意外にも、ベトナム反戦世代のフィリピン研究者もまた、一九八〇年代から九〇年代にかけて、この「よい戦争」像を再生産してきた。たとえばグレン・メイは、米比戦争最後の戦場のひとつバタンガス州戦史の研究で、在地エリートの一貫した主導権と住民のエリートへの消極的服従という側面を批判的に強調している。[26] こうしたエリート批判の革命・米比戦争史像は、エリート支配の弊害が言われて久しいフィリピンの政治社会改革に期待する善意の産物とも理解できるが、米比戦争それ自体が言い訳のできない侵略戦争であった事実をふまえれば、それがとりわけ「アメリカ人研究者」の側から語られるときには独善の誹りを免れない部分がある。これに対して、フィリピン側からは当然、強い反発がある。

一九九〇年代半ば以来、アメリカ人研究者が語る米比戦争史像に対する反駁の先頭に立ってきたのが、レイナルド・イレートやフィリピン中部（ビサヤ地方）史研究の第一人者モハーレスである。彼らは、アメリカのフィリピン研究が、エリートを戦争の主敵として単純化し図式化していた米軍および米植民地政府文書を鵜呑みにしていると批判する。とりわけモハーレスは地主エリートとして単純に表象されてきた在地エリートの社会経済史的な存在形態の複雑性や多様性に注目する必要を説き、世紀転換期フィリピン社会のダイナミズムから生じた多様な階層間の対立や連携を背景とする革命と米比戦争は、植民地文書が語るように単純に図式化できるものではないと論じている[27]。

さらにイレートやモハーレスは、「エリートの対米協力／民族に対する裏切り」という図式についても疑問を呈する。とくにイレートは、開戦後三年にわたって各地の革命軍司令官が戦いを継続したことや、感染症が拡大するなかバタンガスで強行された再集住政策が地域社会を壊滅的に疲弊させたことなどを考えれば、戦争はアメリカに対するエリートの安易な妥協、あるいはゲイツやリンが強調する寛容な占領政策の成功によって終わったのではなく、むしろ軍事征服の貫徹として捉えるべきだとする。ここにおいて、米比戦争の帰趨に「暴力」がどこまで決定的要素であったのかという問いが戦争史の実像の問題として浮かび上がっているのである[28]。

米比戦争史像をめぐる論争でも、「バランギガの鐘」問題でも明らかなのは、アメリカに「奪われた」記憶＝歴史を「奪い返す」という視点である。現に世界に対して帝国的な権力を行使しているアメリカという存在があり、ブッシュ演説に見られるように過去を帝国的に忘却し、一方的に解釈するアメリカという存在がある以上、過去を対抗的に読解することは、たしかに必要だ。そのような意味で、筆者も含めて日本の研究者の多くが、これまで米比歴史家論争についてはおおむねフィリピン側に共感する見解を抱き、述べてきた。ただ確認しておかなければならないのは、このような意味における対抗的な読解が、すぐれて国民国家の政治と結びつきやすく、歴史家を記憶の米比戦争を戦う「国軍戦士」にしかねないということだ。はたしてそれでよいだろうか。ナショナル・ヒストリーに回収されてゆくことは、民衆史や地方史という観点からフィリピンの公定ナショナリズムと国民史をむしろ鋭く批判してきたイレートやモハーレスの本意ではないはずである。しかし、戦争の記憶をめぐる政治がすぐれて国民国家の政治として語られている現実をふまえれば、この構図から脱出することはどの戦争史の場合も非常に難しいように思われる。

気になるのは、米比戦争の記憶を主体的に取り戻すフィリピン歴史家の営みが目立つ一方で、日本はもちろんフィリピンにおいてさえ日本軍のフィリピン占領の記憶が「風化」していることである。日本軍占領期の歴史研究もフィリピンにおいては決して盛んとは言えない。はたして過去を忘れ果てた日本人に対してあえて戦争の記憶を語らないフィリピン人は、もうひとつの「生存戦略としての忘却」を選んでいるのであろうか。だとすれば、もうひとつの「記憶の反乱」が起こらないと誰に言えるだろうか。そのとき、日米比の記憶の国際政治学が向かう先はどこなのか、「生きた記憶」が姿を消したあとを引き受ける歴史家たちがどこを向くのか、それぞれのナショナル・ヒストリーを超えられるのか。記憶の戦争をめぐる迷路からの出口は、まだ見えていないのである。

（1） Gregorio F. Zaide. *Documentary Sources of Philippine History*. 12 vols. Vol. 9. Manila : National Book Store, 1990, 241.

（2） Allan Reed Millett and Peter Maslowski. *For the Common Defense : A Military History of the United States of America*. New York ; London : Free Press ; Collier Macmillan, 1984, 296–297.

（3） 二〇一〇年七月二〇日現在、アフガニスタン・イラク両戦争を含めて五五六八人に達した。http://projects.washingtonpost.com/fallen/

（4） Ken De Bevoise. *Agents of Apocalypse : Epidemic Disease in the Colonial Philippines*. Princeton, NJ : Princeton University Press, 1995 ; John Morgan Gates, "An Experiment in Benevolent Pacification." (microform : the U.S. Army in the Philippines, 1898–1902, 1967).

（5） Office of the Press Secretary, White House. "For Immediate Press Release : Remarks by the President to the Philippine Congress, October 18, 2003." http://www.whitehouse.gov/news/releases/2003/10/20031018-12.html.

（6） Ibid.

（7） この演説では、別の箇所で、ホセ・リサールがスペインに処刑された一八九六年を正確に「一〇七年前」と述べているので、「六〇年前」と言えば一九四三年を指すことになる。しかし、一九四三年一〇月に「独立」したのは、日本軍の占領下における対日協力政府としての「フィリピン共和国」である。現在のフィリピン共和国は戦後の一九四六年七月四日にアメリカから独立を付与されて成立した国家である。

（8）レイナルド・C・イレート「南ルソンにおける植民地戦争――比米戦争の記憶と忘却――」内山史子訳、加藤哲郎・渡辺雅男編『二〇世紀の夢と現実――戦争・文明・福祉――』、彩流社、二〇〇一年、一八九‐二〇〇頁。

（9）「記憶の反乱」としてフィリピンの民衆蜂起を捉える視点の可能性について、筆者は下記で試論を発表した。"Memory and Mourning : The Six Decades after the Two Wars," The First Philippine Studies Conference of Japan, November 11, 2006. Tokyo Green Palace Hotel, Ichigaya, Tokyo.

（10）Motoe Terami-Wada. "The Sakdal Movement, 1930–34." ***Philippine Studies*** 36, no. 2 1988 ; Joseph Ralston Hayden. ***The Philippines, a Study in National Development.*** New York : The Macmillan company, 1942, 376–400 ; David R. Sturtevant. ***Popular Uprisings in the Philippines, 1840–1940.*** Ithaca, N.Y.: Cornell University Press, 1976, 215–255.

（11）Reynaldo C. Ileto. ***Pasyon and Revolution : Popular Movements in the Philippines, 1840–1910.*** Quezon City : Ateneo de Manila University Press, 1979.（邦訳　レイナルド・C・イレート『キリスト受難詩と革命――一八四〇～九〇年のフィリピン民衆運動――』、川田牧人・高野邦夫・宮脇聡史訳、法政大学出版局、二〇〇五年。）

（12）Terami-Wada. "The Sakdal Movement, 1930–34." 141, 146–147.

（13）寺見元恵「日本軍に夢をかけた人々――フィリピン人義勇軍――」池端雪浦編『日本占領下のフィリピン』、岩波書店、一九九六年、八九頁。

（14）David R. Sturtevant. "Rizalistas : Contemporary Revitalization Movements in the Philippines." in ***Agrarian Unrest in the Philippines,*** Athens : Ohio University, 1969.

（15）レイナルド・C・イレート『キリスト受難詩と革命』。

（16）"Opposition to Calley's Conviction and Sentence Grows in Nation." ***New York Times,*** April 2, 1971, 16.

（17）バランギガ事件およびサマール戦争についてはそれぞれ下記の研究が新しい。Roland O. Borrinaga. ***The Balangiga Conflict Revisited.*** Quezon City : New Day Publishers, 2003 ; Brian McAllister Linn. ***The Philippine War, 1899–1902*** (***Modern War Studies***). Lawrence : University Press of Kansas, 2000, 306–321.

（18）"Opposition to Calley's Conviction and Sentence."

（19）Stuart Creighton Miller. "Making War in Asia - in 1900." ***New York Times,*** March 20, 1971, 29 ; Stuart Creighton Miller. ***"Benevolent Assimilation" : The American Conquest of the Philippines, 1899–1903.*** New Haven : Yale University Press, 1982.

(20) Borrinaga. *The Balangiga Conflict Revisited.*

(21) James Brooke. "U.S.-Philippines History Entwined in War Booty." *New York Times*, December 1, 1997 ; Slobodan Lekic. "Battle's Heavy Toll Resounds in Conflict over Church Bells." *Washington Post*, April 8, 1998, A21.

(22) Thomas E. Ricks. "Where Does Iraq Stand among U.S. Wars? : Total Casualties Compare to Spanish-American, Mexican and 1812 Conflicts." *Washington Post*, May 31, 2004, A16.

(23) Max Boot. "The Back Page : A How-to Manual ; a Century of Small Wars Shows They Can Be Won." *New York Times*, July 6, 2003.

(24) http://www.wooster.edu/history/jgates/pdfs/5.pdf

(25) Linn. *The Philippine War, 1899–1902*, 322–328.

(26) Glenn Anthony May. *Battle for Batangas : A Philippine Province at War.* New Haven : Yale University Press, 1991, 286–292.

(27) Reynaldo C. Ileto. *Knowing America's Colony : A Hundred Years from the Philippine War.* Honolulu : Center for Philippine Studies, School of Hawaiian, Asian and Pacific Studies, University of Hawai'i at Manoa, 1999, 41–65. 翻訳 レイナルド・C・イレート「オリエンタリズムとフィリピン政治研究」永野善子訳、永野善子編『フィリピン歴史研究と植民地言説』、めこん、二〇〇四年、七四–一二三頁。Resil B. Mojares. *The War against the Americans : Resistance and Collaboration in Cebu 1899–1906.* Quezon City : Ateneo de Manila University Press, 1999, 205–211,242n

(28) これらいわゆる米比歴史家論争については、永野善子編訳による『フィリピン歴史研究と植民地言説』がくわしい案内となっているのでそちらを参照していただきたい。

【文献案内】ベトナム戦争と南洋諸島の占領と戦争の記憶を読み解く

平山陽洋（1〜8）
大久保由理（9〜12）

1

『はるか遠い日――あるベトナム兵士の回想』

レ・リュー著　加藤則夫訳

（めこん、2000年）

ベトナム戦争で功をあげた兵士を主人公とするこの小説では、「戦時」におけるその勇敢な姿ではなく、戦争前と戦争後の「平時」における、かれの苦悩に満ちた日常生活が中心に描写される。この作品の原著は、ドイモイ政策が導入された一九八六年に刊行されているが、八〇年代前半の「平時」のベトナムは、社会主義諸国からの経済援助が激減し計画経済が破綻するなかで、「戦時」に形成された社会システムが立ち行かなくなった時期であった。著者が小説のなかであえて「平時」を中心的に描いたのは、八〇年代前半の混迷した社会生活について、見つめ直すためであっただろう。むろん読者は、小説のなかの「平時」の生活が、そこにほとんど描かれていない「戦時」の生活に暗に規定されていることを読み取るべきである。八〇年代の文学界で広く追求されたのは、「戦時」との関連性から「平時」を問い直す作業であったのだから。（平）

2

『ツバメ飛ぶ』

グエン・チー・フアン著　加藤栄訳

南ベトナムの一地方を舞台としたこの小説では、ひとりの女性を主人公としたふたつの物語が交錯して叙述されていく。ひとつは、南ベトナムに組して悪逆を尽くす「裏切者」に家族を殺された少女が、「ツバメ隊」という少年少女のゲリラ組織に身を投じ、その「裏切者」に復讐をはたすという物語。もうひとつは、戦争が終わり党幹部となった彼女が、自分が殺害した「裏切者」の妻であり、夫の経歴のために戦後社会から村八分にされて生きる女性に会いに行くという物語。それらふたつの物語で焦点化されるのは、ゲリラの少女の身体に加えられたレイプや拷問という暴力と戦後におけるその後遺症であり、また、戦後に社会から排斥されることを恐れながら狂人である身振りをして生きた、「裏切者」の妻の苦悩である。さらに、重層的に描かれた女性の身体という主題を、恋愛や家族、性についてのエピソードが際立たせていく。原著は一九八九年の出版。（平）

（てらいんく、2002年）

3

バオ・ニン著　井川一久訳

『戦争の悲しみ』

（河出書房新社、2008年）

一九九一年に上梓され、その後各国語に翻訳されたこの作品は、ベトナム戦争の描き方をめぐって、ベトナムの国内外で大きな話題を呼んだ。国外でこの作品が、戦争を生きた人びとの「悲しみ」を率直に描いたものとして評価される一方で、国内においては、その戦争を否定的に描きすぎているとして、共産党や国家組織によって体制批判の作品として受け止められもした。著者自身はその後の発言で、アメリカの侵略に抗するためにベトナムの人びとが武器をとったことの正当性を否定するつもりはないと主張している。小説で試みられたのは、「正当」な戦いにおいてさえ生じる悲惨な出来事や「悲しみ」を描くことであったと思われる。その試みの意義は、戦争遂行が「正当」であったか否かという、事後的に単純化された問いのみによって説明されてはならない。本書を構成するのは、単純な説明や物語化を拒むような、「悲しみ」の入り組んだ諸相であり、その記憶の力動である。

なお、池澤夏樹編集の世界文学全集第一集第六巻に収録の本邦訳は、一九九七年にめるくまーるより出版された『戦争の悲しみ』を、訳者の井川一久氏が全面改訳したものである。異なる邦訳版として、大川均氏訳の『愛は戦いの彼方へ―戦争に裂かれたキエンとフォンの物語』（遊タイム出版、一九九九年）がある。　（平）

4

マーク・ベーカー著　高橋宗瑠訳

『NAM―禁じられた戦場の記憶』

（透土社、1990年）

ベトナム戦争の時代をアメリカの一大学生として過ごし、表面的にであるにせよ大学での反戦運動に関った経験があるという著者が、戦後のアメリカ社会のなかでベトナム帰還兵が黙殺される状況に違和感を覚えるようになり、その証言を聞き集めて記録した作品。本書では、白人や黒人の合衆国兵士、そして従軍した看護婦といった人物たちが戦争を回顧した個々の証言が、それらがいつどこでだれによって発されたものであるかが明記されないまま、すべて雑然とつなぎ合わされて配列されていく。ベトナム戦争が「私の世代」に決定的な影響をもたらしたと述べる著者にとって、本書はいわば、個々の証言の個別性を抜き去りながら、それらを「私の世代」の集団的な痛ましい物語として再構成する試みであったのかもしれない。原著が出版されたのは一九八一年であるが、八〇年代とはまさに、アメリカ社会のなかでベトナム戦争をめぐる集合的な記憶が問われる時代となった。（平）

5

生井英考著『負けた戦争の記憶――歴史のなかのヴェトナム戦争』

（三省堂、2000年）

軍事顧問として南ベトナムに赴いた経験のある作家、トバイアス・ウルフの回想記への言及から、本書ははじまる。一九九四年に上梓された『ファラオの軍隊で』というその作品には、「負けいくさの思い出」という副題が付されていた。著者は、本の表紙に「Lost War」という文字が刻まれていることに、アメリカ社会におけるベトナム戦争をめぐる集合的記憶の変化を読み取る。というのも、八〇年代のアメリカにおいては、ベトナム戦争を指す際に「Lost War」という言葉の使用は慎重に回避され、その代わりに「tragedy」という感傷的な語がやんわりと用いられたりしたのだという。それでは、八〇年代における、「負けた」ことを直視しないようなベトナム戦争の記憶化とはなんだったのか、そしてそれが九〇年代にどう変容したのか。本書は、小説、証言集、映画、記念碑など多彩な文化的テクストを題材に、その記憶の動態を鮮やかに解き明かしてくれる。（平）

6

黄皙暎著、高崎宗司、佐藤久、林裔訳『武器の影』（上・下）

（岩波書店、1989年）

（岩波書店、1989年）

『客地』『張吉山』『客人』などの作品でも有名な著者が、ベトナムに従軍した自身の経験をもとに書きあげたのが、本書である。原著上巻は一九八五年に、下巻は八八年に刊行されている。小説の舞台は激しい戦闘が繰り広げられる中部ベトナムであるが、そこで描かれているのは、ダナンを中心に形成された闇市場に、米軍や韓国軍、そして南ベトナム軍から奢侈品や戦闘食糧、医薬品や武器などが横流しされる様相であり、闇市場に引き寄せられる各国軍人やブローカーたちの思惑と欲望である。もちろんブローカーのなかには、南ベトナム民族解放戦線の協力者も混じっている。著者は、アメリカの軍事介入と開発援助によって南ベトナムの社会にもたらされた、複雑に入り組んだ人間関係と利益関係を描くことで、冷戦期にアジア各地に建設された米軍

基地の問題を喚起し、アメリカの影響のもとに再編された社会のあり方について鋭く問うかのようである。（平）

7

安正孝著、金利光訳『ホワイト・バッジ』

（光文社、1993年）

一九八五年に韓国で出版された小説『戦争と都市』が著者自身により英訳され、White Badge という題でアメリカで刊行されたのが八九年。原作は同年に韓国で『白い戦争』と改題され、九二年に『White Badge』の題で映画化された。邦訳は英語版から。ベトナム帰還兵の主人公は、八〇年代初頭とおぼしき年に都市に埋没し倦怠感に満ちた生活を送っている。夏のある日、トラウマを抱えたかつての戦友の訪問をきっかけに、物語は時間を遡り、戦争中の南ベトナムに舞台が移される。

ベトナムに到着した主人公は、現地社会に朝鮮戦争期の韓国の姿を重ね合わせ、同情的な視線を注ぐ。しかし、戦闘を重ねるなか当初の同情は失われ、「韓国とは何のかかわりもない」戦争に派兵されたことへの怒りが沸き起こる。そして、韓国民が一丸となった経験として朝鮮戦争が回顧されるようになる。自身も帰還兵である著者の叙述のなかで、朝鮮戦争とベトナム戦争の記憶が、帰還兵の「戦後」の時間において複雑に交錯する。（平）

8

清水知久著『ベトナム戦争の時代—戦車の闇・花の光』
吉沢南著『ベトナム戦争と日本』

（岩波ブックレット、シリーズ昭和史、No.12）

（有斐閣新書、1985年）

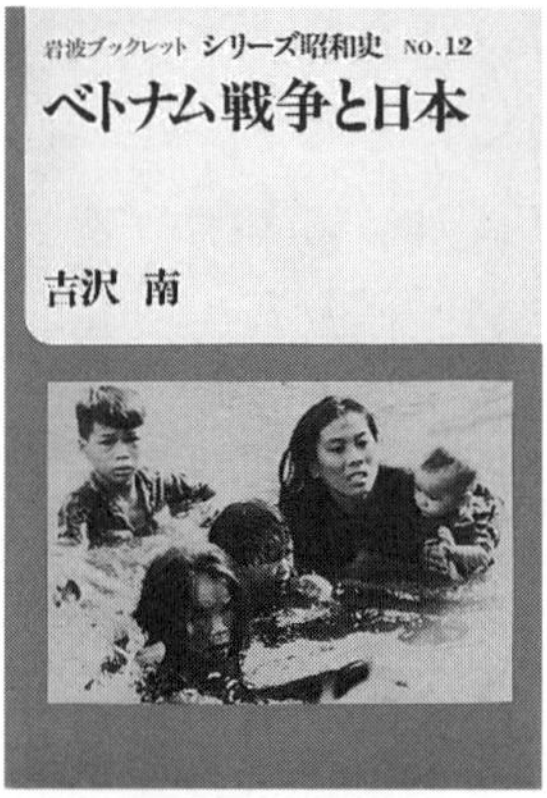

（岩波書店、1988年）

一九八〇年代に刊行されたいずれの作品も、ベトナム戦争をきっかけとして「ベトナム」と深く関った研究者によるもの。アメリカ史の研究者であり、六八年の著作『アメリカ帝国』において、アメリカの「民主主義」が対外膨張と国内における不平等の再生産を基盤としていることを批判した清水氏は、同年に和田春樹氏の提唱で生まれた「ベトナム戦争に反対し、朝霞基地の撤去を求める大泉市民の集い」に参加している。他方、中国現代史を学び六六年から翌年にかけ北京に留学もした吉沢氏は、七〇年代にはベトナム現代史の研究を深め、そこでの「民衆」の主体的な役割を捉えようとしていった。そのように「ベトナム」と関ったふたりが八〇年代に刊行した二作品では、ベトナム戦争後の日本社会に対するそれぞれの著者の微妙な思いが、たしかに投影されている。一方で、日本の戦争加担と特需の構造を論じながら、反戦運動の盛り上がりを紹介した『ベトナム戦争と日本』を著者に執筆せしめたのは、本書末尾で暗に示されているような、ベトナム戦争末ごろからの日本の「民衆」の意識や姿勢に対する、ある種の苛立ちであったろう。すなわち、七三年の石油ショック以降において、「民衆の意識」が「生活防衛の保守主義」へと傾斜し、日本とアジアとの関係を主体的に問う姿勢が失われてしまったことへの苛立ち。あるいは、ベトナム戦争の歴史的経緯について簡潔に叙述し、その時代に反戦運動に関った人びとが発した「希望」の声を紹介した『ベトナム戦争の時代』の著者は、その時代を早くも忘れ去る八〇年代の日本社会において、「センチメンタル」なかたちではあれ、かつて光輝いた「希望」を何とか語り継ごうとしたのだろう。八〇年代においてこそのそれぞれの著者の思いを汲み取るとき、それ以降を生きた読者に突きつけられるのは、現在の日本社会のあり方を見据えながら、「ベトナム戦争の時代」についてどのように想像力を練り直すべきかという問いである。（平）

9

クリス・ペレス・ハワード著 伊藤成彦訳

『マリキータ―グアムのひとつの物語』

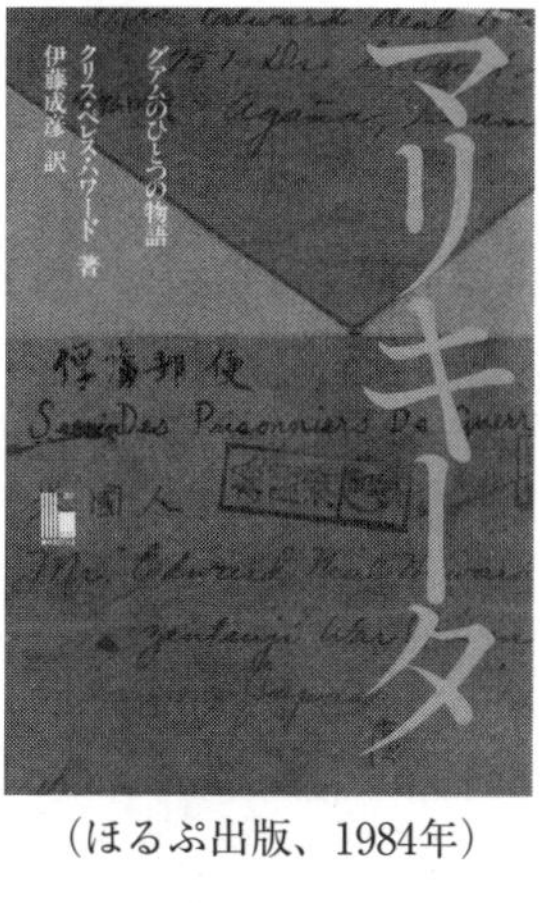

（ほるぷ出版、1984年）

（原著はCris Perez Haward, *Mariquita—A tragedy of Guam*, PPH and Co., Guam, 1982.）

チャモロ人のマリア・アグオン・ペレス、愛称マリキータとその夫である米海軍軍人との間に生まれた著者によって書かれたノンフィクション形式の小説。本書には、夫・エドワードとの出会いとその幸せな結婚生活から、一転して、日本占領時代の、軍の将校によって時には性的労働をも要求される過酷な使役に耐え、最終的には殺害された主人公の生涯が描かれており、著者の静かで深い怒りと哀しみが伝わってくる。著者は一九八三年七月に開催されたアジア文学者ヒロシマ会議に招待されて来日しており、それを契機として日本語に翻訳された。グアムでは版を重ね広く普及しており、グアムのチャモロの人々にとって日本の占領がどのような経験になっているかを知ることができる。（大）

10

石上正夫著

『日本人よ忘るなかれ　南洋の民と皇国教育』

（大月書店、1983年）

グアムとは歴史的背景が異なる日本委任統治領旧南洋群島の一つ、ロタ出身のフィリップ・メンディオラの生涯を軸として、皇民化教育を受けたチャモロの視点から日本占領期のミクロネシアを伝える一冊。特に彼は南洋興発の通訳を経て南洋警察補助員となり、最終的にはグアムのチャモロの現状をさぐるための特務機関員を務めた。当時のグアムで起こった虐殺やレイプの状況が、チャモロでありながら日本軍の「特殊班」という微妙な立場であるメンディオラの目を通して、さらに著者の裏付け調査を通して明らかにされている。そのほかロタで発生した虐殺事件や、メンディオラによる戦後テニアン市長としての核汚染への抗議活動についても言及されており、旧南洋群島における三〇年の日本占領が一人のチャモロに与えた影響について理解することができる。（大）

11

『太平洋戦争写真史 グアムの戦い』

平塚柾緒著

（月刊沖縄社、1981年）

月刊沖縄社による太平洋戦争写真史シリーズの一冊。掲載写真のほとんどは、アメリカの従軍記者の撮影によるものだが、当時は未公開であったものが多く、日本側には記録写真がほぼ存在しないために貴重な記録資料となっている。その具体的な戦闘記録と写真によって、グアムの戦いの全貌を知ることができる。なかでも注目すべきはほとんど語られることのなかった元日本兵のチャモロ虐殺に関する証言が掲載されていることである。また、ジャングルへ逃亡した民間人が日本兵によって殺害される証言もあり、沖縄戦と極めて近い状況がグアムでも発生していたことがわかる。（大）

12

『日本領サイパン島の一万日』

野村進著

（岩波書店、2005年）

旧南洋群島への先駆的移住者であり、南洋随一といわれた料亭「よか楼」経営者であった山形県出身の山口百次郎と、彼のあっせんにより移住した同県出身の石山正太郎を軸として、日本占領下のサイパンでの日本人の生活と戦時の苦闘を描いたノンフィクション作品。これは著者がさきに出版した『海の果ての祖国』（時事通信社、一九八七年）に、特に戦後の捕虜収容所でおこった「勝ち組」「負け組」に関わる殺人事件の調査を加えて、全面的に改稿したものである。詳しい聞き取り調査を交えて、当時のサイパン在住日本人の暮らしぶり―その先駆者としての苦悩と歓びを、「内地人」だけでなく、現地のチャモロやカナカ、そして移住してきた多数の朝鮮人や沖縄県民の姿にも目配りしながら克明に描いている。本書に登場する山口洋兒氏は南洋関係史料収集家としても著名。（大）

あとがき

今井昭夫

本書は、東京外国語大学海外事情研究所が一九九九年から二〇〇一年にかけて開催した「戦争の記憶」に関わるシンポジウムやワークショップで発表された論考を中心に、今回新たに書き下ろされた論文を幾つか付け加えて編まれている。地域的にはベトナム、インドネシア、フィリピンなど、アジアが主要な対象となっている。筆者（今井）はベトナム地域研究を専攻としているが、その立場から本書の編集意図や戦争の記憶に対する基本的観点を補足的に若干説明しておきたい。

ポスト冷戦期に入って、東アジアでは歴史認識や戦争の記憶をめぐっての日中、日韓の間の応酬がより激しくなってきている。歴史認識や戦争の記憶を用いてナショナリズムのゲームをしているとの評もなされているほどであるが、お互いに自らの主張を通すことに急いて、相手に思いをいたすことが等閑になってはいないだろうか。本書にも寄稿されている韓国のバン・ヒョンソク氏は「アジア人同士がいかにお互いのことを知らないか」と述べておられるが、戦争の記憶のあり方についてはとりわけそのように言えそうである。われわれ日本人はどれだけアジアの人の戦争の記憶を知り理解しようとしてきたのだろうか。太平洋戦争についても、「アジアへの侵略」を行なった「侵略戦争」であったのか、「アジアの解放」を目指した「自衛戦争」であったのか、あるいは「両方の面があった」のか、日本国内では議論は分かれるが、日本軍の軍政下に置かれたアジア人自身がそれをどう受け止めてきたのかを具体的に検証してきた研究は、思いのほか少ないのではなかろうか。この状況を克服するために、「互いの理解と交流を通して、互いを尊重していく」というバン・ヒョンソク氏の言は筆者の考えと重なるものがある。

戦争体験や戦争の記憶がナショナリズムを形成する上で大きな影響力をもつことは夙に指摘されていることであるが、ベトナムにおいても脱植民地化・民族解放の「建国説話」として意義付けられ、現体制の正当性を賦与するものとなっている。それは「公式的記憶」として国民に対し上からの定着化が図られているが、本書ではそのような「公式的記憶」の一面性を浮き彫りにし、相対化を試みている。その一つは、ベトナム戦争の記憶を、関係諸国のそれぞれのナショナル・ヒストリーに回収しないで、開かれたものとして捉えようとすることである。言うまでもなく、ベトナム戦争はベトナム国民だけの経験ではなく、多くの国の人々が関わった戦争である。大量の軍隊を派遣したアメリカやその同盟軍を派遣した韓国、北ベトナムを支援した中国など、複数の国のベトナム戦争の記憶が対話する場として本書は構想されている。本書の元となっている一九九九年と二〇〇一年開催のシンポジウムでは、アメリカにおけるベトナム戦争の記憶に関する研究の第一人者である生井英考氏やベトナム戦争中の韓国軍による「虐殺」を研究している韓国のク・スジョン氏、中国のベトナム戦争関与について明らかにした朱建栄氏に参加していただいた。ク・スジョン氏には、韓国の朴政権がいかにベトナム戦争に参戦していったのかをご報告いただいた。さらに、シンポジウムではアメリカ在住のベトナム人で、かつてのサイゴン政権の軍人で作家であるファン・ニャット・ナム氏にもご参加いただいた。ナム氏は「北」による「南」の解放という説明を否定し、ベトナム戦争の南北内戦性を強調した。このようにベトナム戦争の多面性（民族解放戦争、代理戦争、南北内戦など）をも浮き彫りにすることをシンポジウムや本書では企図した。

二つに、個々人の記憶を掘り起こすことである。ベトナムでは戦争に関する「公式的記憶」は公式的政治文献、公式的戦史、歴史教科書、博物館展示等で公にされているが、高級軍人や高位の政治家の回想録を除いて、個々人の戦争の記憶については、あまり公にされていない。私見では、ベトナム国内における戦争に関する「公式的記憶」にはこれまであまり語られてこず、どちらかというと忌避されてきた三つのものがあった。それは旧サイゴン政権側だった人物の記憶、カンボジア紛争や中越戦争の記憶、普通の人々の私的記憶である。党や政府は「公式的記憶」の再強化や広報には熱心であるが、それに直接結びつかないような一般人を対象とした戦争の記憶の聞き取り調査などにはあまり熱心に取り組んでこなかった。一般の人々の間からも、戦争の記憶を記録して残し、後の世代に語り継いでいこうとする自発的動きもあまり見られないように感じられる。筆者はここ数年、東京外国語大学二一世紀COE「史資料ハブ地域文化研究」オーラルアーカイヴ班の事業の一環として、また個人の科学研究費補助金による研究として、ベトナムでベトナム戦争体験についての聞き取り調査をしてきた。ベトナムでベトナム人研究者などと会って、こんな聞き取り調査をやっているという話をすると、「それはとても興味深い研究テーマですね」と一応の社交辞令を言われるが、実際には「そんなことを今更ほじくり返してどうするんだ」と思っている風情の反応をされることが少なからずある。このような状況であるからこそ、「公式的記憶」以外の多様な記憶を掘り起こすことにおける、われわれ外国人研究者の存在意義もあるのではないかと自分を納得させ調査を続けている。

ベトナム戦争の「公式的記憶」は、大国アメリカに戦って勝利し、ベトナム民族に民族解放と統一をもたらした輝かしい栄光の歴史である。しかしながらベトナム民族全体として戦争によって何を獲得したのかという視点と共に、ベトナム人個々人があの戦争で何を得、何を失ったのかという視点を欠くことは出来ないという思いを、最近は強くもつようになってきた。筆者は二〇〇六年九月にベトナム北部農村でベトナム戦争中に青年突撃隊隊員だった女性たちの聞き取り調査を行なったが、あらためて普通の人々の私的記憶を掘り起こすことの意義を再確認させられた。青年突撃隊に参加した女性の多くが未婚のまま現在老齢を迎えつつある。そのうちの一人レ・ティ・セムさん（六二歳）は、ずっと独身で一人暮らし。三〇〇㎡たらずの農地を耕作して生計を立てている。五畳程度の広さの小さな家に住み、家の中には茶器とベッド以外に殆ど家財道具らしいものはない。兄弟三人を戦争で失っている。貧しさと孤独の中でベトナム戦争後三〇年余りを過ごしてきたセムさんにインタビューしている間、彼女個人にとって「戦勝で得たものは何だったのか」と筆者は自問しないわけにはいかなかった。

こういった問いに、ベトナム戦争終結後のベトナム文学やベトナム映画はそれなりに応えてきた。「戦後」ベトナムにおける「公式的記憶」と文学の営みとの間の葛藤を最も典型的に示しているのが、平山論文が扱っている作家グエン・ミン・チャウであろう。ベトナム戦後文学のそのような模索の最大の成果の一つがバオ・ニンの『戦争の悲しみ』である。韓国のバン・ヒョンソク氏はバオ・ニンの文学を、勝者のもつ矜持と自負の代わりに虚無と荒廃をもつ文学だと評しているが、けだし正鵠を射たものである。バン・ヒョンソク氏をはじめとする。「自己憐憫に囚われた」韓国の「八〇年代世代」はまた、ヴァン・レーというベトナム人文学者にバオ・ニンとは異なる魅力を発見し、強い共鳴感を寄せている。ベトナム国内でもさほど有名とは思われないヴァン・レーが、韓国ではバオ・ニンと並んで評価されていることが非常に興味深い。韓国ならではの特徴的なベトナム文学の読み込み方であろう。本書所収のバオ・ニンの短編小説「記憶の季節」は本邦初訳である。『戦争の悲しみ』の愛読者の中には、この小説を読んで肩透かしをくらった感じをもつ方もいるかも知れない。この小説は、独立直後からベトナム戦争後の現在までの時期のベトナムが、一人の人物の回想を通して描かれている。主人公は、裕福な知識人家庭の出身者で、北ベトナムにおいて

「革命」の側に立たず、反革命罪などで収監されたことのある人物である。抗仏・抗米の戦争についてはいわば「局外者」である。このような「局外者」の記憶によって、戦争の「公式的記憶」とは異なった切り口でベトナム現代史の記憶の地層が掘り起こされている。この小説ではベトナム戦争はいわば陰画であって直接的には描かれていないが、作中人物はみな革命や戦争に翻弄されており、戦争は「隠された」主題となっている。最後に主人公が辛い記憶の底からかつての恋人の真情を思い起こし、小説は幕を閉じられている。

ベトナムにおける戦争の「公式的記憶」では、民族解放闘争に直接的に繋がる戦争の記憶が重んじられ、それ以外の戦争の記憶は軽んじられる傾向にある。このような「公式的記憶」における「戦争の選択」は、ベトナムの場合、カンボジア紛争や中越戦争への言及が少ないことに示されている。中野論文はフィリピンにおいて米比戦争の記憶が見えなくなった経緯について明らかにし、その記憶の抑圧に対する「記憶の反乱」の可能性を説いており、たいへん興味深い。また「公式的記憶」の場合、戦争体験の序列性が見られることがある。直接的戦闘の記憶、それも戦勝の記憶が序列の最高位に就き、敗北や惨めな戦場の記憶、銃後での記憶などは副次的な記憶として取り扱われがちである。そのことは戦争の記憶のジェンダー性とも繋がってくる。戦争の語り、とりわけ戦場の記憶の語りは男性の特権性を帯びた経験であり、戦争の記憶の語りが男性の権威づけとしての戦勲の語りとなり、ひいてはジェンダー差別を補強するものになることも考えられる。ベトナムの場合、戦闘する女性の表象も「公式的記憶」の中に取り込まれているとはいえ、ジェンダーの問題がないとは言えない。本書所収の平山論文では、グエン・ミン・チャウの小説を通して、戦時ベトナムにおける女性表象形成の問題が論じられている。ベトナムでは、戦闘および銃後の後方支援活動や空爆以外の女性の記憶については、ほとんど「公式的記憶」で触れられることはない。そのような中で、ズオン・フオンの小説『夫のいない水辺』（一九九〇年）は、主にベトナム戦争中の時期の北ベトナム農村を舞台にした小説であるが、「公式的記憶」では語られることの少ない女性にとっての戦争体験（とりわけ結婚相手不足をめぐる具体的な問題）や農村の雰囲気などが扱われている貴重な作品である。

戦争の記憶は旅とも繋がりが強い。現在のベトナムでは戦争の記憶ゆかりのスポットは重要な観光資源の一つである。一方で、戦争とは関係がありそうもない観光地に思いもかけず戦争の傷跡が潜んでいたりする。大久保論文で扱われているグアムがリゾート地だとは知っていても、旧日本人兵士遺族の慰霊の旅の対象地であることはあまり知られていないし、まして現地のチャモロ人と戦争の記憶をめぐる断裂があることなどほとんどの日本人は知らないであろう。戦争は二重の意味で「巡礼」である。一つは戦争中の「巡礼」である。兵士たちは郷里を離れ、長期間にわたって戦場を遍歴し、さまざまな出会いをし、郷里に戻る。ベトナムでは、抗仏・抗米の戦争を通じて、多くの若者が生まれて初めて郷里を離れて戦場に赴いた。各地を遍歴して国土への理解を深め、国内のいろいろな人と出会い同胞感を強めた。そしてこの「旅」によって「箔をつけて」郷里に戻った。戦争の記憶は、兵士たちにとっては旅の記憶でもある。二つは戦後の「巡礼」である。かつての戦場の再訪や戦死者の慰霊の旅である。ベトナムへの外国人観光客の中には、ベトナムに参戦したフランス人やアメリカ人の退役軍人が結構多く含まれるが、近年、ベトナム人の間でも退役軍人会などがかつての戦場を訪問する旅行団などを組織するようになった。戦争の記憶は旅へと人を駆り立てるようである。

戦争の「公式的記憶」は国内的に政治的正当性を主張するためのものであるが、対外的な外交カードになる時もある。ポスト冷戦後のアメリカの「一人勝ち」のような国際環境において、ベトナムという小国が大国アメリカに負けなかったというベトナム戦争の教訓はますます貴重になってきている。ベトナムの文学者バオ・ニンが来日した時、彼は筆者にこう尋ねた。「日本は第二次大戦でアメリカと戦って敗北し、原爆を投下されるなどの大きな被害を受けたのに、戦後、どうして日本人はアメリカ人と親しくなっているのか」と。太平洋戦争で戦った両国が、戦後、すんなりと親しい同盟国になったことが、バオ・ニンにとって不思議に感じられたらしい。筆者は、ベトナムだって国交正常化まで戦後二〇年はかかったが、同様ではないですか、と返答したが、バオ・ニンの問いにはいろいろな思いが込められていたらしい。ベトナムはアメリカに勝ったとはいえ、アメリカを遥かに上回る戦死者や戦争被害者がおり、その関係者のアメリカに対する感情は複雑である。一方でアメリカに対する憧憬も国民の間に強く存在している。米越関係は国交正常化以降、おおむね順調に発展しており、二〇〇五年に改訂された中学校の歴史教科書では「アメリカ帝国主義」という言葉はほとんど使われなくなっている。しかしアメリカは人権問題や宗教の自由の問題でベトナムに揺さぶりをかけ続けている。それに対して、ベトナムは、「戦争の記憶」という外交カードを持ち出し、アメリカに切り返している。

二〇〇六年八月に韓国を訪問したベトナムの著名な歴史研究者ズオン・チュン・クオック氏は、韓国におけるベトナム戦争に対する受け止め方についての文章を書いている（『時代』紙二〇〇六年九月四－一〇日号）。彼によれば、現在、多くの韓国人は韓国のベトナム参戦を誤りだったと見なしており、政治家やベトナム参戦兵士からも謝罪や後悔の念を述べる声が彼に寄せられたという。クオック氏は二〇〇五年の第二次大戦終結三〇周年に際して、一九四五年大飢饉の記念碑建設を提唱した人物であるが、今のベトナム人は過去の問題に囚われることが少なく、歴史も忘れやすいのではないかとの指摘に対して、大要こう答えている。「二〇世紀だけでも、ベトナムは多くの国から侵略され、長年にわたって国を失い、幾多の戦争を経てきた。もし過去に囚われていると私たちベトナムは、誰と共生していけばいいのだろうか。ベトナムは過去を忘れないが、いつも未来に向かわなければならない。戦争と恨みのために失われた時間を償うために。和解と参入が求められている将来のために。（中略）歴史上、民族間に戦争と恨みによって隔絶された深淵が生じることがある。それらの深淵は、塞いで忘却することもできるし、さらに深く掘って恨みを増すこともできる。しかしなすべきことは、その過去の中に元々あった事実をそのまま保ちながら、共に新たな架橋をして乗り越え、現在の利益のために、深淵を貴重な教訓として見ることである」。温度差はあるが、多くのベトナム人の考え方を代弁する言であろう。

本書は当初の計画では二〇〇六年の初頭に刊行する予定であった。そのため、とくにバン・ヒョンソク氏には無理を言ってごく短期間で急いで執筆していただいた。

それにもかかわらず、種々の理由で刊行が遅れてしまい、編者としては、たいへん申し訳なく思っている。遅ればせながら刊行にこぎつけることができたが、寄稿者と編集者の皆さんに心からのお詫びとお礼を申し上げたい。また編集者として協力してくれた御茶の水書房の橋本育氏にも、感謝する。

編者を代表して

◆索引◆

＊本書では書き手によりベトナム、ヴェトナムと表記が異なるが、ここではベトナムでまとめている。
＊注の語句はイタリック表記にしている。

人名

ア行

カ行

サ行

タ行

ナ行

ハ行

マ行

ラ行

ワ　行

事　項

ア　行

カ　行

サ　行

タ　行

国名・地名

ア　行

カ　行

サ　行

タ　行

ナ　行

ハ　行

執筆者・訳者一覧（＊は編者）

生井英考	（いくい　えいこう）	共立女子大学教授
今井昭夫*	（いまい　あきお）	東京外国語大学大学院教授
朱建栄	（しゅ　けんえい）	東洋学園大学教授
平山陽洋	（ひらやま　あきひろ）	北海道大学グローバルCOEプロジェクト学術研究員
バン・ヒョンソク	（ばん　ひょんそく）	作家、韓国・中央大学校教授
バオ・ニン	（ばお　にん）	作家
川口健一	（かわぐち　けんいち）	東京外国語大学大学院教授
岩崎　稔*	（いわさき　みのる）	東京外国語大学大学院教授
レムコ・ラーベン	（れむこ　らーべん）	ユトレヒト大学準教授
青山　亨	（あおやま　とおる）	東京外国語大学大学院教授
大久保由理	（おおくぼ　ゆり）	立教大学非常勤講師
中野　聡	（なかの　さとし）	一橋大学教授

記憶《きおく》の地層《ちそう》を掘《ほ》る——アジアの植民地支配《しょくみんちしはい》と戦争《せんそう》の語《かた》り方《かた》

2010年10月28日　第1版第1刷発行

編著者　今井昭夫
　　　　岩崎　稔
発行者　橋本盛作

〒113-0033　東京都文京区本郷5-30-20
発行所　株式会社御茶の水書房
電話　03-5684-0751

Printed in Japan

組版・印刷・製本／シナノ印刷（株）

ISBN978-4-275-00893-0　C3030

ロシア
(旧ソ連)
アメリカ
合衆国
モンゴル
北朝鮮
韓国
中国
日本
ラオス
ビルマ
(ミャンマー)
タイ
香港
ベトナム
カンボジア
フィリピン
シンガポール
インドネシア
バリ
ロンボック
北マリアナ
諸島
サイパン
グアム
テニアン
ロタ
マーシャル諸島
マーシャル群島
ハワイ
ベラウ
カロリン諸島
ミクロネシア
ラバウル
ニューギニア
オーストラリア